KB128420

정석
격국용신
종합분석론

양성모

박영사

격국용신 완전정복

　　격국용신론은 월지를 중심으로 성격(成格)여부를 보는 것이고 억부용신론은 일간을 중심으로 강약을 보는 것이며 조후용신론은 일간 대비 월지로 한서온냉에 따르는 기후를 보는 것이다. 격국론과 억부론과 조후론은 분명히 다르기 때문에 격국용신, 억부용신, 조후용신은 각각 따로 보아야 하고 또 그 구별을 정확히 해야 한다.

저자 약력

중산 양 성 모 교수

전문분야: 수상학, 관상학, 명리학,
　　　　　성명학, 매화역수, 육효학
이메일: joongsan510@hanmail.net
연락처: 010-3162-5018

〔학위 및 경력〕

동양학박사
동양 최초 대한민국 1호 수상학 박사
현) 상명대학교 경영대학원 부동산학과 초빙교수
현) 글로벌사이버대학교 동양학과 특임교수
현) 동양문화교육협회 회장
현) 중산동양학연구소 소장
전) 경기대학교 행정사회복지대학원 동양문화학과 초빙교수
전) 서경대학교 경영문화대학원 동양학과 초빙교수
전) 국제뇌교육대학원 동양학과 동양철학최고위과정 지도교수
전) 가천대학교 글로벌미래교육원 사주명리학 주임교수
전) 경기대학교 사회교육원 수상학 관상학 주임교수

〔저 서〕

『정석명리학개론』, 『손금과 적성』, 『셀프관상미용관리법』
『격국용신완전정복』, 『실용풍수지리』, 『명리상담통변론』
『단기완성타로카드』, 『이름과 성공』

〔강론서〕

『명신작명대전』, 『육효학강론』, 『수상학강론』
『관상학강론』, 『매화역수강론』

〔논 문〕

박사학위논문 "수상학 이론고찰과 활용방안에 대한 연구"
석사학위논문 "사주의 오행특성과 골질환의 관계분석"

목차

서문

사주명리학의 이론 중에 가장 핵심적으로 파악해야 할 부분이 격국(格局)과 용신(用神)이라는 점은 의심의 여지가 없다. 지나온 역사 속에 명리학자들은 격국과 용신의 답을 구하기 위하여 끊임없이 연구하고 노력하여 왔다. 현재도 수많은 학자들이 격국과 용신의 다양한 이론을 정립하고 다각도로 연구하고 있으니 사주명리학에서 격국과 용신에 대한 이론은 가장 중요하고 심도 있게 다루어져야 할 부분이다.

격국용신법에 대한 여러 이론들이 설왕설래 하나 종합적으로 일목요연하게 정리가 된 책이 없어 공부하는 사람들이 격국용신법의 원리와 근본을 정확하게 이해하지 못하고 있음에 아쉬움을 금할 수 없던 차에 차일피일 시간을 미루다 이번에 작심을 하고 본서를 정리하게 되었다.

본서를 저술하는 과정을 통하여 다시 한 번 인식하게 된 것은 여러 서적에서 밝힌 격국과 용신에 대한 다양한 이론들이 각기 나름대로의 당위성을 가지고 있으며 더하여 현대사회에 있어 한 사람의 심리와 적성에도 격국과 용신이 상당한 역할을 하고 있음이 분명하다는 것이다.

혹자는 격국 용신 무용론(無用論)을 주장하기도 하나 사주 명리학에서 격국과 용신을 무시하고 한 사람의 운명을 심도 있고 정확하게 간명하기란 실로 어려운 것이니 우리들은 더욱 깊이 격국용신의 이론을 연구하고 통합 정리하여 활용하도록 해야 할 것이다.

격국은 사주 주인공의 기본적인 스타일을 말하는 것으로 격을 통하여 그 사주그릇의 종류와 크기와 부귀빈천의 심도를 가늠할 수 있는 것이다. 하나의 사주에서 그 구조를 통하여 격을 정하고 그 격에 알맞게 유용한 용신을 설정하면 그때 비로소 사주를 정확하게 추명할 수 있는 기반이 이루어지는 것이다.

본서의 서두에는 자평명리의 고전들이 담고 있는 격국과 용신에 대한 여러 학설의 비교와 후대에 끼친 영향 등 변천과정을 논하였으니 정독하여 격국용신법에 대한 전반적인 이해에 도움이 되기 바란다.

본 저술의 주된 내용은 격국의 설정법과 그에 따른 취용법으로 내격취용법과 외격취용법을 모두 기술하였으며 격국론의 전반적인 이해를 돕기 위하여 잡격(雜格)까지 설명하여 명리학의 격국용신에 대한 모든 근간(根幹)을 다루었다. 또한 다양한 사례를 들어 격국과 용신의 활용관계를 이해하도록 하였다. 그리고 명리학계에서 처음으로 억부용신과 격국상신 그리고 조후용신을 상대 비교하여 하나의 사주를 입체적으로 분석하는 시각을 제시하였다.

　　『정석 격국용신 종합분석론』을 접하는 독자제위께 이 책이 격국과 용신을 이해하고 합리적으로 사주를 분석하는 방법을 익히는 데 조금이라도 도움이 되길 바라며 더하여 본서에서는 여러 격국용신 이론들을 종합 정리하였으니 명리이론의 통합을 위한 징검다리가 될 수 있기를 바란다.

丁酉年 中秋 唫思堂에서 重山 梁星模

1장. 격국용신론 변천과정[1]

　　중국의 시대별 순서는 하(夏 약 BC21세기~BC16세기) - 은(殷 약 BC16세기~BC1066년) - 주(周 BC1066~BC256) - 춘추시대(春秋時代 진·제·초·월·오 BC770~476) - 전국시대(戰國時代 초·제·진·연·한·위·조 BC475~221) - 진(秦 BC221~206) - 한(漢 BC202~AD220) - 삼국(三國 위·촉·오 AD220~280) - 진(晋 AD265~420) - 남북조(南北朝 AD420~581) - 수(隨 AD581~618) - 당(唐 AD618~907) - 5대10국(五代十國 AD907~979) - 송(宋 AD960~1127) - 남송(南宋 AD1127~1279) - 원(元 AD1260~1370) - 명(明 AD1368~1644) - 청(淸 AD1616~1911) - 중화민국(中華民國 AD1912~)으로 이어져 내려왔다. 이러한 중국의 역사 속에서 사주학 발달의 간단한 개괄을 살펴보면 다음과 같다.

　　고대 중국에는 주역에 의한 음양의 학설이 먼저 존재했고, 춘추전국 시대에 비로소 메소포타미아 문화의 영향을 받아 태양계의 오행성으로 운명을 판단하는 오행학설이 유포되기 시작했다. 중국에서 年月日時의 干支를 가지고 시간을 기록한 것은 동한순제(東漢順帝 서기126년) 이후의 일이다. 그 이전에는 세성(歲星)으로 년지(年支)를 기록하지 않았다.

　　전국시대(戰國時代)에는 귀곡자(鬼谷子)와 낙록자(珞璟子)가 있었고, 한대(漢代)에는 사마계주(司馬季主), 동중서(董仲舒), 동방삭(東方朔), 엄군평(嚴君平)이 이름을 떨쳤다.

---

1) 이용준(2004), 『四柱學의 歷史와 格局用神論의 變遷過程 研究』, 경기대학교 국제문화대학원, 석사학위논문 참조 pp. 66~83.

삼국시대(三國時代)에는 관로(管輅)와 제갈공명(諸葛孔明)이 있었으며, 진대(晉代)에는 갈홍(葛洪)과 곽박(郭璞)이 있었고, 남북조(南北朝)시대에는 위령(魏寧)과 도홍경(陶弘景)이 있었다.

당대(唐代)에는 원천강(袁天罡), 일행(一行), 이필(李泌), 이허중(李虛中) 등이 있었는데, 이허중은 당사주를 만든 사람으로 그의 저서는 이허중명서(李虛中命書)가 있다.

오대(五代)에는 진희이(陳希夷), 서자평(徐子平) 등이 있는데 진희이는 마의상서(麻衣相書)를 저술한 관상(觀相)의 대가이며 서자평은 자평명리학(子平命理學)의 시조이다. 명리학(命理學)은 이 시대에 일대 전환기를 맞게 되는데, 서자평 이전에는 사주를 볼 때 年柱의 干支를 위주로 하고 日柱와 月柱의 간지는 보조로 삼아 오행의 생극(生剋)과 쇠왕(衰旺)을 대입해서 사람의 길흉화복을 예단했다. 서자평은 송나라 고종 때의 사람으로 1135년경에 낙록자삼명소식부주(珞碌子三命消息賦註)를 썼고, 그와 비슷한 시기에 日干 위주의 사주학을 창안했다. 연해자평에 수록된 '계선편(繼善篇)'은 그의 저술이다.

송대(宋代)에는 주렴계(周濂溪), 소강절(邵康節), 서대승(徐大升) 등이 명망을 떨쳤는데, 그중에 특히 중요한 인물은 서대승이다. 오대(五代)의 '서자평이론(徐子平理論)'을 계승한 서대승이 '日干을 주체로 삼고 다른 간지의 오행을 보조로 삼는 방법'을 활용해서 사람의 운명을 예언했던바 이론적으로 기초를 확립했을 뿐만 아니라 실제로 높은 적중률을 나타내었다. 그 후 당금지라는 사람이 연해와 비결집 연원(淵原)을 합본하여 연해자평(淵海子平)이라는 책을 발행했는데, 이것이 지금까지 전해오는 연해자평이다.

명대(明代)에는 유백온(劉伯溫), 만육오(萬育吾), 장남(張楠) 이라는 사람이 있는데 유백온은 기문둔갑비급대전(奇門遁甲祕笈大典)을 저술한 기문의 대가이기도 한데 기문의 대가이면서도 자평명리학에 아주 심오한 이론을 전개하여 적천수(滴天髓)를 저술하였다. 현대의 모든 명리서적들은 이 적천수의 이론을 어떤 형태로든지 받아들이고 있다. 그리고 장남은 명리정종(命理正宗)이라는 책을 통해서 서균(徐均)이 지은 연해자평(淵海子平)의 분명하지 않은 부분을 좀 더 명확하게 보충했다. 그리고 만육오는 엄청난 분량의 삼명통회(三命通會)를 저술했다.

청대(淸代)에 이름을 날리고 또 후학을 위해서 훌륭한 저서를 남긴 사람으로는 진소암(陳素菴), 심효첨(沈孝瞻), 임철초(任鐵樵) 등이 유명하다. 청나라 초기에는 여춘대가 궁통보감(窮通寶鑑)을 저술했다. 또 청나라 초엽에 진소암은 적천수 원본을 주해한 적천수집요(滴天髓輯要)를 저술하였으며 명리약언(命理約言)을 저술했다. 명리약언에서는 특징적으로 육친론(六親論)에서 나를 생해주는 오행이 부모라는 원칙을 고수하였다. 청나라 중엽에는 심효첨이 자평진전(子平眞詮)을 저술하였는데 1747년(건륭 41년 丙申년)에 호공보가 이를 발행했다. 임철초는 1773년(건륭 38년) 음력 4월 18일 진시에 출생하여 73세 되는 1846년에 적천수에 주석을 달아 적천수천미(滴天髓闡微)를 저술하였다. 이 책은 나중에 출판이 될 때 적천수징의(滴天髓徵義)라는 이름과 적천수천미(滴天髓闡微)라는 이름으로 출판이 되었지만 내용은 대동소이하다.

근대(近代)에 와서는 서락오(徐樂吾), 원수산(袁樹珊), 위천리(韋千里), 일본의 아부태산(阿部泰山) 오약평(吳若萍-俊民), 양상윤(梁湘潤), 화제관주(花堤館主), 하건충(何建忠) 등의 대가들이 명리학의 발전에 크게 공헌하였다. 서락오는 많은 저서와 평주를 남겼다. 궁통보감(窮通寶鑑)은 원래의 이름이 난강망(欄江網)이었는데, 궁통보감이라는 이름으로 부활시켰으며 적천수징의(滴天髓徵義), 적천수보주(滴天髓補註), 자평진전평주(子平眞詮評註)를 내었고 자평수언(子平粹言)을 저술했다. 원수산은 명리탐원(命理探原)이라는 책을 저술하고 명보(命普)라고 하는 사주모음집을 저술했는데 1933년에 진소암의 주석을 함께 넣어 적천수천미를 발행하였다. 위천리는 실제로 사주를 감정한 고고집(呱呱集)과 명학강의(命學講義)와 팔자제요(八字提要)를 저술하였다. 그리고 日本의 아부태산(阿部泰山)은 적천수상해(滴天髓詳解)를 저술하였다. 대만의 화제관주(花堤館主)는 명학신의(命學新義)라는 책에서 최초로 심리학자 칼 융의 이론을 대입하였으며 하건충(何建忠)은 화제관주의 명학신의(命學新義)를 바탕으로 팔자심리학(八字心理學) 전 후편 2권을 출간하였다. 그리고 오준민(吳俊民-若萍)은 명리신론(命理新論)을 저술하였다. 한국의 도계 박재완은 위천리의 명학강의(命學講義)를 번역하여 명리요강(命理要綱)의 이론 체계를 세웠으며 팔자제요(八字提要)를 번역하고 거기에 일지론을 첨가하여 명리사전을 만들었으며 이석영(李錫暎, 自彊)은 사주첩경(四柱捷徑)을 저술하였다.

이렇게 오랜 세월을 두고 계승 발전 되어온 사주명리학에서 가장 기본이 되는 핵심이론은 격국(格局)과 용신(用神)이다. 지나온 역사 속에서 여러 걸출한 명리학자들은 격국과 용신의 해답을 구하기 위하여 끊임없이 연구하고 노력하여 왔다. 현재에도 수많은 학자들이 격국과 용신의 다양한 이론을 정립하고 다각도로 연구하고 있으니 사주명리학에서 격국과 용신에 대한 이론은 가장 중요하고 심도 있게 다루어져야 할 부분이다.

혹자는 격국용신무용론을 주장하기도 하나 사주명리학에서 격국과 용신을 무시하고 한 사람의 운명을 심도 있고 정확하게 간명하기란 실로 어려운 것이니 우리들은 더욱 깊이 격국용신의 이론을 연구하고 통합 정리하여 활용하도록 해야 할 것이다.

격국용신의 중요성과 설정방법과 활용방법은 뒤에서 논하기로 하며 우선 본장에서는 선학들의 격국용신이론(格局用神理論)의 변천과정(變遷科程)을 살펴 전반적인 격국과 용신에 대한 이해를 높이기로 한다.

✦ 1. 서자평(徐子平)

사주명리학은 명리학자들에 의해 꾸준히 발전하여 왔다. 그중에 대표적인 사람이 서자평이다. 서자평은 낙록자삼명소식부주(珞琭子三命消息賦註), 옥조신응진경주(玉照神應眞經註), 명통부(明通賦)를 저술한 것으로 알려져 있다. 이 중에서 낙록자삼명소식부주와 옥조신응진경주는 주석을 달면서 자기의 의견을 피력한 것이고, 명통부는 자신의 저술이라고 알려져 있다. 중국 문화의 전통에는 주석을 달면서 저술을 하지 않는 풍토〔述而不作〕가 있었는데 서자평 역시 그런 셈이다. 이 책들에 나타난 격국(格局)의 종류와 용신(用神)법을 보면 다음과 같다.

1) 낙록자삼명소식부주(珞琭子三命消息賦註)

원저자는 낙녹자(珞琭子)이다. 낙록자에 대해서는 진(晋)의 주세자(周世子)라는 설, 도굉경(陶宏景)이라는 설, 북송인(北宋人)이라는 설〔四庫全書〕, 동한(東漢)에서 당초(唐初)의 인물이라는 설〔양상윤〕 등이 있다. 이 낙녹자에 서자평이 주석을 단 시기는 대만의 추문요(鄒文燿)에 따르면 서기 1135년 이후이다. 『낙록자삼명소식부주』는 서자평이 주석을 통해 자평학의 진면목을 나타낸 것으로 사주학 역사상 매우 중요하다.

가) 격국론

녹마동향(祿馬同鄕), 삼기위귀(三奇爲貴), 장성부덕(將星扶德), 구진득위(句陳得位), 진무당권(眞武當權), 음양상합(陰陽相合), 음양불합(陰陽不合), 수화기제(水火旣濟), 불견지형(不見之形), 생시좌록(生時坐祿), 동봉염열(冬逢炎熱), 하초조상(夏草早霜), 무합유합(無合有合), 녹유삼회(祿有三會), 문희불희(聞喜不喜), 당우불우(當憂不憂), 재명유기(財命有氣), 배록불빈(背祿不貧),

건록불부(建祿不富), 신왕귀절(身旺鬼絶), 귀왕신쇠(鬼旺身衰), 비천녹마(飛天祿馬), 생월대록(生月帶祿), 금목성기(金木成器), 금화량정(金火兩停), 목토비화(木土比和), 거지위복(去之爲福), 반안천록(攀鞍天祿), 마렬재미(馬劣財微)

위는 『낙록자삼명소식부주』의 격국의 명칭이다. 임오(壬午)일주 사주는 녹마동향이고, 삼기가 있으면 귀하게 된다는 것이 삼기위귀이고, 월장(月將)이 사주에 있고 일덕(日德)이 있으면 좋게 보는 장성부덕 등 사주 전체의 기세를 살펴 격국과 용신을 정하는 것이 아니고 사주의 단편적인 어떤 특징을 잡아 해석하는 단식(單式)판단법이라고 할 수 있다. 이렇게 된 이유는 낙록자삼명소식부 자체가 고법 사주학 책이고, 그것을 주해(註解)한 내용이기 때문에 어쩔 수 없이 나타난 현상이라고 볼 수 있다.

나) 용신론

일간의 강약을 따져서 중화(中和)를 이루어야 한다고 본다. 일간의 강약은 득시(得時)를 하는 것이 가장 중요하다고 보며, 지장간(支藏干)과 월령용사(月令用事)를 중요하게 보고 있다. 현대적의미의 억부용신론(抑扶用神論(論))과 같다.

2) 옥조신응진경주(玉照神應眞經註)

동진(東晋)의 곽박(郭璞)이 저술했다고 알려진 『옥조신응진경』은 사주(四柱)라는 단어가 기록된 최초의 저술이다. 옥조신응진경은 고금도서집성(古今圖書集成)의 성명부(星命部)에 있는데 옥조신응진경에 서자평이 주석을 달았다. 옥조신응진경은 육임의 원리에 따라 日干을 중심으로 보는 것으로 옥조신응진경의 원문이 서자평에 의해 일간 위주의 자평학으로 발전하는데 있어서 가교 역할을 한 것으로 보인다.

가) 격국론

팔자순양(八字純陽), 팔자순음(八字純陰), 남다북소(南多北少), 남소북다(南少北多), 동왕서쇠(東旺西衰), 동쇠서왕(東衰西旺), 토인봉목(土人逢木), 화인봉수(火人逢水), 금인봉화(金人逢火), 목인봉금(木人逢金), 금인봉목(金人逢木), 화인봉금(火人逢金), 목인봉목(木人逢木), 금인봉금(金人逢金), 화인봉화(火人逢火), 신왕대관(身旺帶官), 유기봉관(有氣逢官), 목왕무의(木旺無依), 금왕무의(金旺無依), 금목교치(金木交馳), 수화상상(水火相傷), 목괘생춘(木卦生春), 화봉수괘(火逢水卦), 세일조시(歲日朝時), 격합거중(隔合居中), 합어편지(合於偏地), 임정회패(壬丁會敗),

고목다수(孤木多水), 을경왕상(乙庚旺相), 자협합축(子夾合丑), 지지상형(地支相刑), 상하상극(上下相剋), 자림미위(子臨未位)

이상은 『옥조신응진경주』에 기록된 격국들의 일부이다. 천간 지지의 음양오행에 따라 생극합화(生剋合化)하는 관계를 기준으로 사주의 등급과 길흉을 판단하였다.

나) 용신론

길흉 판단의 기준은 신강신약이 되는데 신강신약은 같은 오행이 많은가 적은가가 판단의 기준이다. 수토동궁설(水土同宮說)과 음생양사설(陰生陽死說)을 채택한 것도 특징이다. 천후(天后), 태상(太常), 태을(太乙)과 같은 육임(六壬)의 용어가 등장한다. 육임은 일간을 위주로 판단하는 학문이기 때문에 그 영향이 일간 위주의 사주학을 창안한 서자평에게 직접적인 영향을 주었다고 볼 수 있다.

3) 명통부(明通賦)

명통부는 1578년에 출판된 삼명통회(三命通會)에 서자평의 저서로 기재되어 있는데 사고전서(四庫全書) 자부(子部) 술수류(術數類)에 수록되어 있다. 삼명통회에 있는 명통부는 낙록자삼명소식부주와 대동소이한 내용으로 사주(四柱), 팔자(八字), 일간(日干), 간지 오행의 생사휴왕(生死休旺), 명성(命星=일간), 강약(强弱), 부견지형(不見之形), 길흉(吉凶), 육친(六親), 세운(歲運), 격국(格局) 등을 설명하고 있다.

가) 격국론

월령정관격(月令正官格), 월령정재격(月令正財格), 월령정인격(月令正印格), 일록귀시격(日祿歸時格), 월령칠살격(月令七殺格), 시상편재격(時上偏財格), 삼록격(三祿格), 삼인격(三刃格), 시봉칠살격(時逢七殺格), 상관격(傷官格), 식신격(食神格), 월령편재격(月令偏財格), 일좌정재격(日坐正財格), 도식격(倒食格), 포태격(胞胎格), 인수격(印綬格), 세덕격(歲德格), 양인격(陽刃格), 금신격(金神格), 덕귀격(德貴格), 잡기재관격(雜氣財官格), 상관격(傷官格), 비천록마격(飛天祿馬格), 관인격(官印格), 재관격(財官格), 자요사격(子搖巳格), 전식합록격(專食合祿格), 육음조양격(六陰朝陽格), 형합격(刑合格), 전인합록격(專印合祿格), 곡직격(曲直格), 염상격(炎上格), 종혁격(從革格), 윤하격(潤河格), 육을서귀격(六乙鼠貴格), 임기용배격(壬騎龍背格), 정란차격(井欄叉格), 공귀격(拱貴格), 공록격(拱祿格) 등이

기재되어 있다.

명통부에 기재되어 있는 격국(格局)은 그 이후의 사주학에 지대한 영향을 미쳤다. 월령(月令)을 중시하여 사주의 격국(格局)을 정하는 것을 원칙으로 하면서 다른 여러 가지 요소들을 참고하는 이 방법은 격국론(格局論)의 기본 골격이 되어 현재에 이르고 있다. 명통부를 통하여 정격(正格)과 잡격(雜格)등 격국(格局)의 기본 틀이 거의 완성되었다고 볼 수 있다.

나) 용신론

일간의 강약을 보고, 육신(六神)의 길흉을 따진 후에 대운(大運)과 일년 운을 배합하였는데 간지(干支)의 오행이 계절에 따라 왕상휴수사(旺相休囚死)가 달라짐을 논했다. 명통부의 용신론이 현대 사주학에 미친 영향은 억부용신의 채택, 오행의 왕상휴수사, 십신(十神)이 가지고 있는 길흉의 성질 등이다. 명통부의 격국용신론(格局用神論)을 통하여 현대 사주학의 격국(格局)과 용신(用神)과 운을 보는 틀이 기본적으로 정해졌다고 할 수 있다.

✦ 2. 연해자평(淵海子平)

연해자평(淵海子平)은 자평학을 종합적이고 체계적으로 집대성한 책으로 중국 당말 송초 오대십국 시대에 서자평(徐子平)이 체계화한 자평학을 남송의 서대승(徐大昇)이 계승하여 저술한 연원(淵源)이 있었는데, 명(明) 숭정(崇禎 1628~1644) 연간에 당금지(唐錦池)가 편찬한 책이다.

연해자평은 5권인데 1권과 2권은 음양오행(陰陽五行), 천간지지(天干地支), 육십갑자(六十甲子), 신살론(神煞論), 격국론(格局論)이고, 3권은 육친론(六親論), 소아(小兒), 여명(女命), 성정(性情), 질병(疾病)이고, 4권은 신강 신약, 과갑(科甲), 건후(建候), 5권은 구결(口訣)과 시결로 되어 있다.

자평삼명통변연원 서문

사주학의 모든 격국론(格局論)과 용신론(用神論)의 판단 기준이 연해자평 이라고
해도 과언이 아닐 정도인데. 특히 십신(十神)의 성질을 깊이 있게 체계적으로 논하고
있어서 현대 사주학에서 사주로 심리를 판단하는 방법에 까지 커다란 영향을 미치고
있다. 그러나 연해자평(淵海子平)은 실용적 목적으로 합본하였기에 서술이 지나치게
간략하게 축약되어 있고, 분류가 정연하지 못한 일면이 있다.

1) 격국론

정관격(正官格), 잡기재관격(雜氣財官格), 월상편관격(月上偏官格), 시상편재격(時上偏財
格), 시상일위귀격(時上一位貴格), 비천록마격(飛天祿馬格), 도충격(倒沖格), 을기서귀격(乙己
鼠貴格), 육을서귀격(六乙鼠貴格), 합록격(合祿格), 자요사격(子搖巳格), 축요사격(丑遙巳格),
임기용배격(壬騎龍背格), 정란차격(井欄叉格), 귀록격(歸祿格), 인수격(印綬格), 잡기인수격
(雜氣印綬格), 육임추간격(六壬趨艮格), 육갑추건격(六甲趨乾格), 구진득위격(句陳得位格),
현무당권격(玄武當權格), 염상격(炎上格), 윤하격(潤河格), 종혁격(從革格), 가색격(稼穡
格), 곡직격(曲直格), 일덕수기격(日德秀氣格), 복덕격(福德格), 기명종재격(棄命從財格),
상관생재격(傷官生財格), 기명종살격(棄命從殺格), 상관대살격(傷官帶殺格), 세덕부살격(歲
德扶殺格), 세덕부재격(歲德扶財格), 협구격(夾丘格), 양간부잡격(兩干不雜格), 오행구족격(五
行具足格) 등이 기록되어 있다.

연해자평은 격국(格局)의 명칭에서 서자평의 격국론(格局論)과 큰 차이를 보이지 않는데 종격(從格)을 처음으로 주장했으며 격국(格局)이 생사(生死)를 좌우한다는 이론까지 전개할 정도로 격국(格局)에 많은 비중을 두고 있다. 그리고 십이운성(十二運星)과 공망(空亡)과 형신살(刑神煞)이론이 격국론(格局論)에 영향을 미치고 있는 것도 특징이다.

2) 용신론

신강(神强)신약(身弱)을 기준으로 하여 억부(抑扶) 하거나 십신(十神) 자체의 고유한 길흉의 성향을 기준으로 보거나, 사주 구조의 특수성에 따라 다르게 정하는 경우 등 다양한데 특히 정관(正官), 재성(財星), 정인(正印), 식신(食神)의 사길신격(四吉神格)은 길하고 칠살(七殺), 편인(偏印), 양인(羊刃), 상관(傷官)의 사흉신격(四凶神格)은 흉하다는 관점은 후대 자평진전의 순역이론(順逆理論)에 커다란 영향을 미쳤다.

지장간론(支藏干論), 월령용사론(月令用司論), 절기론(節氣論), 생왕론(生旺論), 일주론(日主論), 대운론(大運論), 성정론(性情論), 질병론(疾病論), 태세길흉론(太歲吉凶論), 화기론(化氣論) 등은 사주 판단의 기본 이론이고, 정진론(定眞論), 희기편(喜忌篇), 계선편(繼善篇), 사언독보(四言獨步), 오언독보(五言獨步), 십간체상(十干體象), 십이지체상(十二支體象), 정관시결(正官詩訣), 화기시결(化氣詩訣), 천원일기시결(天元一氣詩訣), 형시결(刑詩訣), 극처시결(剋妻詩訣), 극자시결(剋子詩訣), 운통시결(運通詩訣), 운회시결(運晦詩訣), 대질시결(帶疾詩訣), 수원시결(壽元詩訣), 여명시결(女命詩訣), 장생시결(長生詩訣), 묘고시결(墓庫詩訣) 등의 시결(詩訣)을 통하여 사주학의 핵심 비결을 압축해서 서술하였다.

✦ 3. 명리정종(命理正宗)

명리정종(命理正宗)은 일명 신봉통고(神峯通考), 신봉벽류(神峯闢謬)라고도 한다. 저자는 明代의 장남(張楠)인데 장남은 자(字)가 신봉(神峯)이고 호(號)가 서계일수(西溪逸叟)이며, 강서성 임천(臨川)현 사람이다. 명리정종은 6권으로 구성되어 있는데 연해자평(淵海子平)의 학설을 대부분 수용하면서 잘못된 점을 바로잡고, 동정설(動靜說), 개두설(蓋頭說), 병약설(病藥說) 등의 새 이론을 추가했다. 명리정종은 연해자평(淵海子平)과 맥락을 같이 하기에 격국(格局) 명칭은 연해자평과 대부분 일치하나 용신론(用神論)에서는 독창적인 병약설(病藥說)을 새로이 주장했다.

1) 격국론

정관격(正官格), 상관격(傷官格), 시상일위귀격(時上一位貴格), 관살거류격(官殺居留格), 월지정재격(月支正財格), 기명종재격(寄命從財格), 시상편재격(時上偏財格), 월편재격(月偏財格), 상관식신격(傷官食神格), 인수격(印綬格), 양인격(陽刃格), 비겁건록격, 전록격, 잡기재관인수격(雜氣財官印綬格), 시묘격(時墓格), 금신격(金神格), 비천록마격(飛天祿馬格), 도충록마격, 자요사격(子搖巳格), 축요사격(丑遙巳格), 임기용배격(壬騎龍背格), 정란차격(井欄叉格), 육을서귀격(六乙鼠貴格), 육음조양격(六陰朝陽格), 형합격(刑合格), 합록격(合祿格), 곡직인수격(曲直印綬格), 가색격(稼穡格), 염상격(炎上格), 윤하격(潤河格), 종혁격(從革格), 년시상관성격(年時上官星格), 종화격(從化格), 협구공재격(夾丘拱財格), 세덕부살격(歲德扶殺格), 전재격(專財格), 일덕격(日德格), 일귀격(日貴格), 괴강격(魁罡格), 육임추간격, 육갑추건격(六甲趨乾格), 구진득위격(句陳得位格), 현무당권격(玄武當權格), 재관쌍미격, 공록격(拱祿格), 공격(拱格), 일록귀시격(日祿歸時格), 사위순전격(四位純全格), 천원일기격(天元一氣格), 오합취집격(五合聚集格), 복덕격(福德格) 등의 격국(格局)이 거론되고 있는데 연해자평(淵海子平)의 격국론(格局論)과 대동소이하다.

2) 용신론

동정설(動靜說), 개두설(蓋頭說), 병약설(病弱說)은 명리정종에서 최초로 주장된 학설인데 이 학설은 현재까지 사주학에 그대로 전승(傳承)되고 있다.

동정설(動靜說)은 운(運)에서 오는 천간은 사주 지지를 극할 수 없고 운에서 오는 지지는 사주 천간을 극할 수 없다는 학설로 운을 볼 때 천간은 천간끼리 보고 지지는 지지끼리 보아야 한다는 것이다.

개두설은 천간은 동(動)하는 것이고 지지는 정(靜)한 것이며, 천간은 드러난 얼굴과 같고 지지는 옷 속에 감추어진 몸과 같아서 모든 길흉은 천간의 동태(動態)를 가지고 판단할 수 있으므로 천간이 지지보다 중요하다는 학설이다.

병약설(病藥說)은 병이 있으면 이것을 치료하는 약이 있어야 하는데, 사주의 병에는 조고왕약(雕枯旺弱)이 있고, 약에는 손익생장(損益生長)이 있음을 자세하게 설명하고 있다. 이처럼 병과 약이 모두 있어야 크게 성공을 하고 단순히 중화(中和)가 된 사주는 성공을 못한다고 주장한다.

병약설(病藥說)은 현재 용신(用神)을 정하는 다섯 가지 원칙 중에 하나인데 사주학 역사상 병약설(病藥說)을 최초로 주장했다는 점에서 명리정종의 의미가 크다. 조왕(雕旺)은 조탁(彫琢)하지 않은 옥처럼 지나치게 강해서 다듬을 수가 없게 된 것을 말하며 고약(枯弱)은 오행이 지나치게 극을 당해 약해져서 병이 된 것을 말하는데 이런 경우는 운에서 도와주어도 성공하기 힘들다고 말한다. 손(損)은 지나치고 남는 것을 극하고 덜어냄을 말하며 익장생(益長生)은 약한 것을 생조(生助)하거나 통근(通根)을 만나서 성공이 되는 것을 말한다.

✦ 4. 삼명통회(三命通會)

저자 만민영(萬民英)은 明代 사람으로 1550년 진사에 급제하고 지현(知縣), 어사(御使), 참의(參議) 벼슬을 했는데 자(字)는 여호(汝豪), 호(號)는 육오(育吾)이다. 그래서 만육오(萬育吾) 또는 육오산인(育吾山人)이라고 한다. 만민영은 삼명학, 자평학, 오성학에 두루 조예가 깊었는데 저서에는 삼명통회(三命通會)와 성학대성(星學大成)이 있다.

삼명통회(三命通會)는 명리학의 온갖 자료를 수집해서 망라한 백과사전(百科事典)이라고 할 수 있는데 음양오행(陰陽五行)과 천간지지(天干地支)의 기원에서부터 그 책이 저술되기 이전에 존재했던 사주학의 제반 학설을 대부분 수록해 놓았다.

1) 격국론

격국(格局)의 명칭은 기존의 연해자평과 명리정종에 수록된 내용대로 나오면서 거기에 여러 가지 이론이 첨가되었다. 예를 들어 천원좌록(天元坐祿)은 일간이 일지에 록(祿)을 깔고 앉은 것이고, 세덕정관(歲德正官)은 연주(年株)의 간지(干支)에 정관(正官)이 있는 것인데 이와 같이 단편적인 특징으로 사주를 해석하는 방법을 예시하여 사주 해석의 융통성을 넓혔다. 또 일간(日干)을 생시(生時)에 대조하여 12時支에 배정하여 길흉을 판단하는 사주 실례를 3500개나 들었는데, 동일한 특징적인 유형을 추출하여 낸 것이기 때문에 일종의 격국(格局)으로 보아도 된다. 일반적으로 격국(格局)은 일간(日干)과 월지(月支) 지장간(支藏干)을 대조하여 설정하는데 삼명통회에서는 그와 같은 일반론과 함께 일간과 시지를 대조하여 격(格)을 잡는 색다른 시도를 한 것이 특징이다.

2) 용신론

사주학에서 용신(用神)이라는 용어가 최초로 등장한 것이 삼명통회의 옥정오결(玉井奧訣)에 나오는 '전집용신(專執用神) 절상희기(切祥喜忌)'라는 구절이다. 그 구절에 대해 만육오가 주석을 단 내용을 보면, "오로지 一位의 用神을 잡아야 하는데, 용신(用神)은 존장(尊長)이 되고 권신(權神)이 되고 호령(號令)이 되고 본령(本領)이 되고 의탁(倚托)이 되니, 이것은 소홀히 할 수가 없는 것이고 이에 매달려서 추명해야 한다."라는 내용이 있다.

삼명통회에는 이밖에도 운의 추론에서 길흉을 판단하는 용신(用神)의 원리에 대한 설명이 많기 때문에 사주학 연구의 귀중한 보고(寶庫)라고 할 수 있는데 최초로 야자시설(夜子時說)을 주장하고 있는 점도 특기할만한 사항이다.

✦ 5. 명리약언(命理約言)

명리약언(命理約言)의 저자는 진지린(陳之隣)인데 자(字)는 언승(彦昇)이고 별호는 소암노인(素庵老人)이다. 명대(明代) 1637년 방안(榜眼)에 급제하여 청조(淸朝)의 시독학사, 예부상서, 홍문원대학사. 상국(相國)을 지냈는데 후에 1666년 유배지에서 사망하였다. 1933년에 위천리가 교정하여 정선명리약언(精選命理約言)이라는 서명(書名)으로 출판하였는데 저술에서 출판까지 300년의 격차가 있다.

명리약언(命理約言)은 48법, 20편, 48론, 35칙으로 구성되었는데 말 그대로 명리(命理)에 대한 이론을 간단히 정리한 책이다. 그 이전의 여러 고서(古書)에서 주장하고 있는 학설들의 핵심적 내용을 집약(集約) 정리하면서 격국론(格局論)과 용신론(用神論)도 아주 간단명료하게 요약하고 있는 것이 특징이다.

1) 격국론

명리약언(命理約言)에서는 사주학 역사상 최초로 잡격(雜格)에 대한 설명을 완전히 삭제했으며 잡격(雜格)을 모조리 배격하였다. 오로지 10정격(正格)과 종격(從格), 화기격(化氣格)만 인정하고 있는 것이 가장 큰 특징이다.

2) 용신론

명리약언(命理約言)에서는 사주를 보는 것은 억부(抑扶)에 지나지 않는다고 단언해 억부용신(抑扶用神)의 중요성을 최대한 강조하였다. 억부용신론(抑扶用神論)은 현재까지 사주학에서 용신(用神)을 정하는 다섯 가지 원칙 가운데 첫째를 차지할 정도로 중요한데, 이 책에서 최초로 그 중요성을 강조하였으며 그 이후의 용신론(用神論)에 가장 큰 영향을 미쳤다.

✦ 6. 적천수(滴天髓)

적천수(滴天髓)에는 여러 판본과 저자들이 있다. 적천수집요(滴天髓輯要)는 경도(京圖)의 원문(原文)과 유성의(劉誠意)의 원주(原註:古註)가 수록되었는데 1658년 청(淸)의 상국(相國) 진소암(陳素庵)이 편찬하였다.

적천수천미(滴天髓闡微)는 경도(京圖)의 원문(原文), 유성의(劉誠意)의 원주(原註: 古註)와 임철초(任鐵樵)가 새롭게 주석한 증주(增註: 新註)로 이루어졌는데 1933년 원수산(袁樹珊)과 형원주인(衡園主人) 손씨(孫氏)가 간행하면서 천미(闡微)라는 제목을 붙였다.

적천수징의(滴天髓徵義)는 적천수천미(滴天髓闡微)의 내용 가운데 유성의(劉誠意)의 원주(原註: 古註)가 빠진 것이다. 1935년(중화민국 24년) 서락오(徐樂吾)가 간행하면서 징의(徵義)라는 제목을 붙인 것이다. 그런데 징의(徵義)에는 천미(闡微)에 없는 임철초(任鐵樵)의 증주가 일부 들어있다.

적천수보주(滴天髓補註)는 서락오(徐樂吾)가 적천수를 해설한 책이다.

적천수는 명리약언의 주장을 받아들여 잡격(雜格)을 배격하고 억부용신(抑扶用神)을 중시하였다. 그러나 육친(六親)에 있어서는 육효(六爻)의 이론을 수용하였고, 풍부한 실례와 통변(通辯)의 자세한 설명을 한 것이 특징이다.

1) 격국론

적천수(滴天髓)의 가장 큰 특징은 종왕격(從旺格), 종강격(從强格), 종기격(從氣格), 종세격(從勢格) 등의 4從格이다.

종왕격(從旺格)은 사주가 거의 비겁(比劫)으로 이루어졌는데 인성(印星)까지 있어 그 왕성함이 극(極)에 달해 왕(旺)한 오행을 따르는 것을 말한다.

종강격(從强格)은 사주에 인성(印星)이 태왕하고 비겁(比劫)까지 중첩하였는데 재관(財官)이 전혀 없을 때 강왕한 인성(印星)을 따르는 것을 말한다.

종기격(從氣格)은 재(財), 관(官), 식상(食傷)을 막론하고 사주의 기세(氣勢)가 완전히 한 곳으로 치우쳐 있을 때 그 치우쳐 있는 오행을 따르는 것을 말한다.

종세격(從勢格)은 일주가 뿌리가 전혀 없고 사주에 식재관(食. 財. 官)이 아울러 왕성하면 그 왕성한 세 가지 오행의 기운을 따르는 것을 말한다.

2) 용신론

적천수(滴天髓)에서는 억부(抑扶), 조후(調候), 통관(通關), 종왕(從旺)의 원칙을 따르고 있다. 적천수(滴天髓) 용신론(用神論)의 핵심은 강한 것이 무리를 지어 약하고 적은 것을 대적할 때에는 약한 것을 버리고 강한 것을 따른다는 강중적과(强衆敵寡)에 있다. 4 종격과 그에 따르는 용신법(用神法)은 다음과 같다.

종왕격(從旺格)은 그 旺한 오행을 따라서 비겁과 인수(印綬)가 용신(用神)이 된다. 종강격(從強格)은 인수(印綬)와 비겁(比劫)으로 용신(用神)을 정한다. 종기격(從氣格)의 용신(用神)은 木火 또는 金水가 된다. 종세격(從勢格)은 그 세력을 따라 용신(用神)을 정하는데 세 가지의 오행이 서로 상전(相戰)하지 않아야 하므로 관살(官殺)과 식상(食傷)을 통관하는 재성(財星)이 용신(用神)이 된다. 그러나 만약 어느 한 가지 오행이 유독 강할 경우에는 그 강왕한 오행이 용신(用神)이 된다.

적천수(滴天髓) 용신론(用神論)에는 왕자의설불의극(旺者宜洩不宜剋)의 원리에 기초해 신강한 사주에서 관살(官殺)의 극제 보다는 식상의 설기(洩氣)를 우선하는 원칙이 있다. 이는 신강한 사주에서 관살(官殺)의 극제(剋制)를 선호했던 연해자평의 입장과는 반대되는 것이다. 종격(從格) 사주는 비겁(比劫)이나 재(財), 관(官), 식상(食傷), 인성(印星)을 막론하고 왕(旺)한 것을 설기(洩氣) 하는 것으로 용신(用神)을 삼을 수 있다는 것이 적천수의 입장이다.

✦ 7. 자평진전(子平眞詮)

자평진전(子平眞詮)의 원래 이름은 수록(手錄)이며 청나라 건륭 4년(1739년)에 진사(進士) 급제한 심효첨(沈孝瞻)이 수고(手稿)한 것을 건륭 41년(1776년) 호공보(胡空甫)가 최초로 책으로 간행하면서 제목을 자평진전(子平眞詮)이라고 붙였다. 그 후에 여러 판본이 있었는데, 현재 우리들이 접할 수 있는 판본은 광서 21년(1895년)에 조전여(趙展如)가 간행한 판본이다. 중화민국 25년(1936년)에 방중심(方重審)과 서락오(徐樂吾)가 다시 조전여의 판본을 장절(章節)을 조정하여 출판하였는데, 이것이 오늘날 우리가 흔히 보는 자평진전(子平眞詮)이다. 한글번역본은 1996년에 박영창이 도서출판 달과 별에서 자평진전평주(子平眞詮評註) 초판을 발행하였다.

자평진전(子平眞詮)에서는 사길신(四吉神)과 사흉신(四凶神)의 격(格)을 구별하고 그에 따라서 격국(格局)과 용신(用神)을 정하는 원칙을 달리하고 있다. 정관(正官), 재성(財星), 정인(正印), 식신(食神)은 4길신이고, 칠살(七殺), 상관(傷官), 양인(陽刃), 편인(偏印)은 4흉신이다. 4길신은 순용(順用)하고 4흉신은 역용(逆用)하는 원리가 자평진전(子平眞詮)의 핵심 이론으로 이런 원칙에 따라서 정해지는 용신(用神)을 순역용신(順逆用神)이라고도 하고 격국용신(格局用神)이라고도 부른다. 자평진전에서는 월지정기(正氣)를 위주로 격국(格局)을 정하는 것을 원칙으로 하고, 월지 지장간(支藏干)의 투출(透出)이나 지지의 합국(合局)은 보조적으로 격을 구성하는 요소로 보고 있다.

격국(格局)의 순용이란 상신(相神)을 오행의 관계에서 상생(相生)하는 것을 쓰는 것이고, 역용이란 상신(相神)을 오행의 관계상 상극(相剋)하는 것을 쓰는 것을 말한다. 4길신의 격이 순용되고 4흉신의 격이 역용되면 성격(成格)이 되는 것이고, 그와 반대가 되면 파격(破格)이 되는 것이다. 연해자평(淵海子平)에서는 정관(正官)은 길하고 칠살(七殺)은 흉하다고 했을 뿐이지 정관격(正官格)과 칠살격(七殺格)이 어떻게 다르며 운을 볼 때 어떻게 응용을 하는지에 대해서는 자세한 설명이 없었는데, 자평진전(子平眞詮)에서 비로소 격국(格局)과 상신(相神)의 관계를 밝혀 놓았다.

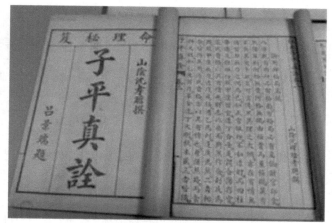

1) 격국론

순용(順用)과 역용(逆用)을 주장하고 있는 자평진전은 성격(成格)과 파격(破格)의 상황이 매우 중요하다. 성격(成格)과 파격(破格)을 표를 이용하여 정리하면 다음과 같다.

⟨1차 成格表⟩

正官格	① 財星이나 印星이 있을 때 ② 傷官, 劫財, 七殺, 刑冲 등이 없을 때.
財格	① 正官이 있을 때, ② 食傷이 있을 때(傷官이 있을 때는 평범)
印綬格 (偏印格)	① 印綬와 正官이 兩全할 때. ② 印綬가 輕한데 七殺이 있을 때. ③ 편인이 태과할 시 재성을 만났을 때, ④ 편인투식(偏印透食: 편인격인데 식신이 있는 것)이 되었을 때.
食神格	① 食神生財 할 때, ② 食神帶殺시 無財일 때
七殺格	① 食神制殺 할 때, ② 殺印相生 할 때, ③ 身殺兩停을 이룰 때
傷官格	① 傷官生財 할 때, ② 傷官佩印(傷官旺한데 印綬有根)이 되었을 때, ③ 상관은 旺하고 신약한데 칠살 투출하면서 인수가 있을 때, ④ 傷官帶殺시 財가 없을 때.
羊刃格	① 官殺 투출 시 傷官이 없을 때, ② 食傷 투출 시 財星을 만났을 때,
建祿格	① 正官이 투출하였을 때, ② 食傷 투출 시 財星을 만났을 때

⟨2차 成格表⟩

正官格	① 傷官이 있을 때 財星이나 印綬 투출하면, ② 七殺이 있을 때 合殺하면
財格	① 比劫 있을 때 食傷이 투출하면, ② 比劫 있을 때 正官이 比劫을 제압하면, ③ 七殺이 있을 때 食神으로 七殺을 제압하면, ④ 七殺이 있을 때 羊刃이 합살하면
印綬格 (偏印格)	① 財가 있을 때 比劫이 財를 제압하면, ② 財가 있을 때 財星을 合去하면
食神格	① 偏印이 있을 때 財星이 투출하면, ② 棄食取殺에 印星이 투출하면.
傷官格	① 財가 있는데 七殺이 투출하였을 시 七殺을 合去하면
羊刃格	① 官星이 용신일 때 食傷이 있다면 印綬가 있을 시
建祿格	① 正官 용신인데 傷官을 만났을 때 상관을 合去하면, ② 財가 용신에 七殺이 있을 때 七殺을 合去하면

正官格	① 傷官을 만나면, ② 七殺을 만나 혼잡 되면, ③ 正官이 刑沖이 되면
財格	① 財가 輕한데 비겁이 重하면, ② 七殺이 투출하여 財生殺이 되면
印綬格 (偏印格)	① 印綬가 輕한데 財가 투출하면, ② 신왕한데 七殺이 투출한 것
食神格	① 印綬가 천간에 투출하면, ② 財星이 있는데 칠살이 투출하면
七殺格	① 칠살이 용신인데 身印兩旺한 것, ② 財를 만나고 七殺을 제압하지 못하면
傷官格	① 金水傷官格이 아닌데 正官이 투출하면 ② 傷官生財가 되었는데 七殺이 투출하면 ③ 傷官佩印에 상관이 輕하고 身이 太旺하면
羊刃格 建祿格	① 사주에 官星이 없을 때, ② 財星이 있을 때 食傷이 투출하지 않으면

〈2차 敗格表〉

正官格	① 財가 있는데 傷官까지 투출 하였을 때, ② 正官이 투출했지만 正官이 合去되었을 때.
財格	① 正官이 투출하였는데 상관까지 투출하였을 때
印綬格 (偏印格)	① 食傷이 투출하면서 財까지 투출하였을 때, ② 七殺이 투출하였는데 재까지 투출하였을 때
食神格	① 食神帶殺 시 재성이 투출하였을 때, ② 印星이 있는데 七殺을 만났을 때.
七殺格	① 食神으로 제복하는데 印星이 투출하였을 때.
傷官格	① 傷官生財인데 財星이 合去 되었을 때, ② 傷官佩印인데 印綬가 沖去되거나 合去되면.
羊刃格 建祿格	① 正官이 투출했는데 傷官을 만났을 때, ② 七殺이 투출했는데 七殺이 合去되었을 때, ③ 신약할 때 財가 투출했는데 또 七殺을 만났을 때.

2) 용신론

자평진전(子平眞詮)의 용신론(用神論)은 격국론(格局論)과 같은 것이다. 순용할 것을 순용(順用)하고 역용(逆用)할 것을 역용하면 그것이 상신(相神)이 된다. 용신(用神)과 격국(格局)의 개념과 동일한 것이 자평진전(子平眞詮)의 특징으로 격이 곧 용신(用神)이다. 희신(喜神)과 기신(忌神)은 운의 길흉(吉凶)을 판단하는 척도가 된다. 자평진전은 운을 보는 법이 아주 정밀한 이론체계를 지니고 있다. 공식처럼 잘 정리된 운을 보는 법을 익히면 길흉의 판단을 아주 정밀하게 할 수 있다.

서락오(徐樂吾)는 자평진전평주(子平眞詮評註) 발문(跋文)에서 다음과 같이 말했다.

"격국(格局)에는 정격(正格)과 변격(變格)이 있다. 정격은 오행(五行)의 상궤(常軌)를 가지고 격국(格局)을 논하는 것이며 변격은 오행의 편승(偏勝)을 가지고 격국(格局)을 논하는 것이다. 자평진전은 정격(正格), 즉 오행의 일반적인 이치를 논한 책이고 적천수(滴天髓)는 변격(變格), 즉 오행의 변화를 논한 것이다.

오행의 일반적인 이치를 가지고 격국(格局)을 논하는 자평진전은 오로지 월령(月令)을 중히 여겨 격국(格局)을 정하니, 재격(財格), 정관격(正官格), 식신격(食神格), 인격(印格), 칠살격(七殺格), 상관격(傷官格), 양인격(陽刃格), 건록격(建祿格)으로 격국(格局)을 나눈다. 정격에서는 용신(用神)을 논함에 있어서 일주(日主)를 억부(抑扶)하거나 월령(月令)을 억부하는 오행을 용신(用神)으로 삼는 것이 일반적이고, 병약(病藥)의 원리를 가지고 용신(用神)을 정하기도 한다.

그 반면에 변격에서는 오행의 변화(變化)를 중히 여겨 기세(氣勢)를 중시하므로 일행득기격(一行得氣格), 양신성상격(兩神成象格), 종격(從格), 화격(化格)으로 격국(格局)을 분별하기에, 그 왕(旺)한 오행을 용신(用神)으로 삼거나 순국(順局), 반국(反局)에 의해서 용신(用神)을 정하니, 결국 변격(變格)에서는 성정(性情)과 기세에 따라서 용신(用神)을 정하며 조후(調候)와 통관(通關)의 원칙에 의해서도 용신(用神)을 정하니 월령(月令)만을 위주로 하지는 않는다.

적천수에서는 정팔격(正八格)의 상법(常法)을 논한 경우가 거의 없는데 다만 관살혼잡(官殺混雜)과 상관견관(傷官見官)의 두 경우는 언급하고 있다. 그 이유는 일반적인 이치 가운데 변화가 있기 때문이다. 그 반면에 자평진전에서는 외격(外格)을 생략하고 한두 가지만 논하였다. 이렇게 된 이유는 자평진전과 적천수의 주지(主旨)가 다르기 때문이다. 심지어 격국(格局)의 고저(高低)를 논함에 있어서도 자평진전에서는 유력(有力)과 무력(無力), 유정(有情)과 무정(無情)을 기준으로 삼은 데 반해서, 적천수에서는 청탁(淸濁)과 진신(眞神)과 가신(假神)으로 고저를 판별하였다. 하지만 말은 달라도 그 원리는 일치한다. 이 두 권의 책을 서로 보완하여야 사주를 제대로 볼 수 있을 것이다."

✦ 8. 궁통보감(窮通寶鑑)

궁통보감(窮通寶鑑)은 일명 조화원약(造化元鑰), 난강망(欄江網)이라고도 하는데 저자가 정확하게 알려져 있지 않다. 저서의 내용 중 인용된 예문들이 주로 명(明)나라시대 유력 인사들의 사주가 많은 것을 보아 명대(明代)에 만들어진 저서로 추측을 하는데 이를 청대(淸代)에 여춘대(余春臺)가 간행을 했다. 이 책의 서문에 "오행 생극의 이론이 한나라의 유학자들로부터 시작 되었는데 당나라의 이허중에 이르러 천간지지를 팔자에 배정하고 오로지 재관인(財官印)을 취해 사람의 득실을 논했다. 그 후에 여러 선현들이 천관(天官), 자미(紫微), 신금(神禽) 등의 책을 지어 서로 참용(參用)하였다. (중략) 내가 이 책을 읽어보니 의론(議論)이 정확하고 자세하여 취사(取捨)가 합당하고 오행생극과 팔괘 착종(錯綜)의 묘(妙)가 있었고 (중략) 편집을 할 때 그 번잡한 것은 줄이고 너무 간단한 것은 늘렸으며 (중략) 이 책은 진정한 명학(命學)의 지남(指南)이고 자평의 모범이라서 그 이름을 궁통보감이라 고쳤다"[2]라고 쓰여 있는 것을 보면 여춘대가 『난강망』의 원문을 임의로 고쳐 『궁통보감』이라 출간 한 것을 알 수 있다. 여춘대의 『궁통보감』은 발행연도를 알 수 없는데 대만의 서락오가 1937년에 이를 다시 출간 유포시켰다. 그 후 서락오는 『궁통보감』의 내용에 근대 중국인들의 사주를 예문으로 들어 자세하게 해설한 내용을 수록하여 『조화원약평주』를 1941년에 발간하였다. 『궁통보감』은 열 개의 천간을 12개의 월지에 대입하여 필요한 오행을 배정하여 설명하고 있다. 그 내용은 일간별로 기후의 배합에 따른 득실을 따지는데 이가 바로 조후용신의 근본이 되는 것이다.

---

2) 『궁통보감』(1986년), 대만 굉업서국, p. 4.

✦ 9. 결론

1) 격국용신론의 요약정리

앞에서 살펴보았듯이 사주학의 격국용신론(格局用神論)은 시대를 따라 여러 학자들의 손을 거치면서 변화 발전하여 왔는데 이를 요약정리하면 아래와 같다.

가) 서자평(서자평)은 과거 年柱 위주의 고법 사주학에서 일간 위주의 신법 사주학을 창안한 후 낙록자삼명소식부주, 옥조신응진경주, 명통부 등을 저술하여 격국론을 주창하면서 격국에 따른 사주 그릇의 크기와 운의 성패를 예단하였다.

나) 정통사주학의 고전이라 할 수 있는 연해자평에서는 서자평의 이론을 대부분 그대로 수용하면서 다양한 사주의 실례를 넣고 격국론을 더욱 체계 있게 발전시켰다. 연해자평에서 처음으로 종격을 주창했는데 연해자평이 사주학의 모든 격국론과 용신론의 판단 기준이 된다고 해도 과언이 아니다.

다) 명리정종에서는 격국의 명칭은 연해자평과 대부분 일치한다. 그러나 용신론에서 동정설, 개두설, 병약설 등 독창적인 여러 학설이 주창되었다.

라) 삼명통회에서는 그 동안의 모든 이론들을 집대성하여 사주학의 각종의 이론과 비결을 모두 소개하였다. 그러다보니 아주 방대한 체계를 갖추기는 했지만 오히려 복잡하고 난해한 면도 있다.

마) 명리약언에서는 명리에 대한 이론을 간략하게 정리하여 격국용신론을 요약하면서 잡격을 배격하고 억부용신 한 가지만을 강조하였는데 10정격과 종격, 화기격만을 인정하고 있는 것이 커다란 특징이다.

바) 자평진전에서는 연해자평의 육신론에 입각해서 순용과 역용의 이치를 설명하고 있는데 四吉神과 四凶神의 격을 구별하여 그에 따른 격국과 용신의 원리를 설명하고 있다.

사) 적천수에서는 명리약언의 주장을 받아들여 잡격을 배격하고 억부용신을 중시하였는데 특징적으로 종왕격, 종강격, 종기격, 종세격 등의 4종격을 주창하여 격국용신론을 더욱 발전시켰다.

아) 궁통보감은 열 개의 천간을 12개의 월지에 대입하여 필요한 오행을 배정하여 설명하고 있다. 그 내용은 일간별로 기후의 배합에 따른 득실을 따지는데 이가 바로 조후용신이다.

자) 적천수 이후에 서락오는 자평수언에서 억부(抑扶), 조후(調候), 병약(病弱), 통관(通關), 전왕(專旺)의 용신을 정하는 다섯 가지 원칙을 정립하였다.

이처럼 유구한 역사를 지닌 격국용신론은 현재도 계속 유지, 변형, 발전되고 있다. 그러나 안타깝게도 현재 사주명리학계에서는 위의 여러 격국용신론들이 통일되어 있지 못하다. 그러기에 각자 자기가 공부한데로 특정 이론을 선택하여 그대로 사용하거나 또는 자신의 실관경험을 덧붙여 창의적으로 활용하고 있다.

훌륭한 이론의 기틀이 될 수 있는 새로운 학설이 나오지 않는 한, 사주를 분석하는 데는 거의 격국과 용신의 방식을 크게 벗어날 수 없다. 사람의 기분과 감정, 인식, 느낌, 표현이 제각기 다르듯이 하나의 사주를 놓고 여러 사주학자들은 각기 다른 방식으로 각기 다르게 느끼고 설명을 할 수 있다. 하지만 그가 무슨 옷을 입고 있는가는 다 함께 알 수 있듯이 명리학을 연구하는 사람들은 최소한 통일된 격국용신법(格局用神法)으로 사주를 분석 감명하기 위하여 다 함께 노력하여야 할 것이다.

필자는 최종적으로 명리약언, 적천수, 자평진전의 격국용신법(格局用神法)을 긍정적으로 받아들이며 자평수언에서 서락오가 정립한 다섯 가지 용신법(用神法)을 수용하여 아래와 같이 결론을 정리한다. 그러나 일부는 취사선택하여 적용하며 그것은 필자들의 주관에 의한 것이다.

2) 격국의 결론

위에서 보듯 실로 방대한 종류의 격국(格局)들이 여러 차례의 변천(變遷)과정을 거쳐 첨삭(添削)되었음을 알 수 있다. 그중에는 허황되거나 중첩되고 견강부회하는 내용도 없지 않으나 공식화되어 현재까지 적용되는 훌륭한 이론들이 많으니 논의와 임상경험을 토대로 다음과 같이 결론을 정리한다.

가) 내격(內格)의 격국명칭(格局名稱) 중에서 칠살격(七殺格), 양인격(陽刃格), 건록격(建祿格)은 공부하는 사람들에게 혼동을 준다. 격국명(格局名)은 십신(十神)으로 불려지는 열개의 명칭(名稱)을 그대로 적용하는 것이 편하다고 생각한다. 그러므로

칠살격(七殺格)은 → 편관격(偏官格)으로,

양인격(陽刃格)은 → 겁재격(劫財格)으로,

건록격(建祿格)은 → 비견격(比肩格)으로 개칭하여 사용한다.

내격의 여러 가지 혼동되고 중복된 명칭을 통일시켜 십정격(十正格)의 비견격(比肩格), 겁재격(劫財格), 식신격(食神格), 상관격(傷官格), 편재격(偏財格), 정재격(正財格), 편관격(偏官格), 편인격(偏印格), 정인격(正印格)으로 격국 명칭을 부른다.

나) 외격(外格)에서 종격(從格)의 명칭 중 역시 혼동이 야기되는 격의 명칭을 육신의 명칭을 바로 적용하여

종살격(從殺格)은 → 종관격(從官格)으로
종아격(從兒格)은 → 종식격(從食格)으로
종왕격(從旺格)은 → 종비격(從比格)으로
종강격(從强格)은 → 종인격(從印格)으로 개칭(改稱)한다.

그동안 임상실험결과 이들 종격은 분명히 하나의 격으로 성립 한다는 결론을 얻었다. 앞으로 종격(從格)은 종관격(從官格), 종재격(從財格), 종식격(從食格), 종비격(從比格), 종인격(從印格)으로 지칭한다.

다) 화기격(化氣格)(化水格, 化木格, 化金格, 化土格, 化火格)은 상당히 난해한 이론이라고 생각하나 실제 임상에서 드물기는 하지만 사주체의 기세가 합화(合化)하는 오행을 수용할 경우 화기격(化氣格), 또는 가화격(假化格)이 성립되는 경우가 있었다. 그러므로 화기격이 많은 활용은 안 될지언정 적게라도 작용이 있는 한 격으로 취급한다.

라) 일기격(一氣格)(曲直格, 炎上格, 稼穡格, 從革格, 潤下格)은 일간과 같은 오행으로 치우친 종왕격(從比格)과 같다. 사주 전체의 오행에 따르는 특징적 성정 이해를 위해 성립과정을 알고 이해할 필요가 있다.

마) 그 외 암충격, 암합격, 일귀격, 복덕수기격, 형합격, 일덕격, 괴강격, 금신격, 시묘격, 비천록마격, 시상일위귀격, 도충격, 육을서귀격, 합록격, 자요사격, 축요사격, 임기용배격, 정란차격, 귀록격, 육음조양격, 공록격, 육임추간격, 육갑추건격, 구진득위격, 현무당권격, 일덕수기격, 복덕격, 오행구족격 등을 포함하여 기타 제반 특별격 및 잡격은 모두 오행의 원리상 크게 논할 가치를 느끼지 못했다. 그러나 학문을 하는 사람은 역사적 문헌을 알아야 하고 혹 부정을 하더라도 그 배경과 근원을 알아야 하는 것이니 활용을 하지 않는 것과는 별도로 읽어둘 필요는 있다고 생각한다. 특히 연해자평은 명리학의 태종(太宗)이라 할 수 있을 만큼 학사 발전에 영향이 가장 컸던 책이므로 여기서 논했던 모든 격국 명칭과 작용력은 연구하는 차원에서 부록(附錄)에 설명해 놓겠다.

3) 용신의 결론

위 고전(古典)에서 보는 바와 같이 용신의 활용은 사주를 운용하는 이론과 격국의 변천에 따라 함께 변할 수밖에 없었다. 결과적으로 타고난 사주의 조건에 맞춰서 용신을 설정해야 한다는 결론을 얻을 수 있는 것이다.

그러므로 아래에 용신의 종류와 결론적으로 취용할 수 있다고 생각되는 용신법(用神法)을 제시한다.

가) 용신(用神) 설정법은 다음과 같다.
❶ 억부용신(抑扶用神)
❷ 조후용신(調候用神)
❸ 병약용신(病藥用神)
❹ 통관용신(通關用神)
❺ 전왕용신(專旺用神)
❻ 격국용신(格局用神)

위 여섯 가지 용신법(用神法)은 모두 사주의 환경을 다각적으로 참고한 합리적인 용신법이다.

병약용신(病弱用神)에 대한 이견도 있으나 임상경험을 통하여 얻은 결과는 종종 기신(忌神)으로 분류되는 운에서 흉하지 않았던 것은 비록 기신(忌神)이지만 오히려 용신(用神)을 보호할 수 있는 묘(妙)한 작용이 있었기 때문이다. 용신과 기신으로만 판단이 안되는 부분에서는 참고할 필요가 있다.

나) 전왕용신(專旺用神)은 강한 세력을 따라서 격 자체를 용신으로 삼는다. 종격의 성립은 곧 용신의 설정으로 직결된다. 종(從)하는 여러 가지의 형태에 따라 용신을 정한다. 격(格) 자체를 용신(用神)으로 삼으니 전왕용신 부터는 결국 격국용신(格局用神)이 된다.

다) 격국용신(格局用神)은 4길신(정관, 식신, 인수, 정재)의 격국은 순용(順用)하고 4흉신(칠살, 양인, 상관, 편인)의 격국은 역용(逆用)하는 것으로 순역용신(順逆用神)을

정하는 것을 말한다.

격국용신(格局用神)은 자평진전 이론의 타당성과 함께 중요시할 부분이 매우 많다. 이 시대는 그야말로 개인주의 시대이며 다양성의 시대이며 전문성과 개인기가 없으면 성공하기 어렵다는 현실도 있으나 진화된 선진사회 일수록 개인의 삶 보다는 공존의 삶 즉 사회성과 적응능력을 더욱 중시하게 되는 현실에 미루어 볼 때 그 적용을 매우 적극적으로 고려해야 한다고 생각한다. 즉 환경과 적응을 중시하는 공동체적인 이기적 유전자를 참고한다면 순역용신(順逆用神)은 사주가 가진 구조특성상의 사회적 이해관계가 따르는 분명한 작용이 있으므로 사주를 감명함에 좀 더 확대 적용할 필요가 있다.

개인의 길흉을 단정함에는 억부용신법을 우선하지만 한사람의 적성과 사회성, 직업적 성취도 등을 분별함에는 직업적 동기와 환경을 중시하는 격국 이론의 특성상 오히려 격국용신법을 중시하여야 할 부분이 매우 많다.

라) 이상과 같이 고전의 변천과정을 탐구하며 현실에서의 격국론과 용신론의 가부간 (可否間)을 정리하여 용신법(用神法)의 결론을 사주의 체질에 따라 용신(用神)이 설정되는 위의 방식으로 결론을 내리니 사주분석에 있어 많은 참고가 되기 바란다.

2장. 자평명리 기본 격국용신론

✦ 1. 사주 강약의 의미

1) 억부론이란?

사주를 판단할 때 일차적으로 중시하는 것이 억부론이다. 억부론이란 사주전체의 상황과 일주의 강약을 따져 중화를 이루는 오행이나 육신을 용신으로 정하는 것이다. 그러나 일간의 강약을 따져 생조(生助) 하거나 극(剋), 설(泄), 분(分) 하는 육신이나 오행을 찾는 것은 매우 중요하지만, 억부용신 만으로 그 사주의 격국과 용신을 전부 판단하고, 운세의 길흉화복을 논한다는 것은 상당히 문제가 있다.

억부용신은 일간이 다른 오행과 육신을 감당할 수 있는지의 능력과, 가족관계나 재물 등 육친에 대한 대처능력의 판단 기준이 된다. 예를 들면 비겁으로 신왕한 일주가 처와 돈에 해당하는 재성을 대하는 태도와, 반대로 식상이나 관성이 많아 신약한 일주가 재성을 대하는 태도가 억부용신에 따라서 현격하게 다르게 나타난다.

그러므로 억부용신은 일간의 성격을 파악하고, 육친을 감당하고 대처하는 자세와 능력을 판단하는 기준으로 삼는 것이며 그에 따라 일간 자신의 기호나 바램, 그리고 개인적인 생활에 관한 것을 판단할 때 잘 살펴보아야 하는 것이다.

그러나 억부용신 하나만을 가지고 한 사람의 직장이나 사업 등의 사회적인 모든 활동을 판단하는 것은 무리가 있다. 개인적인 상황을 파악하는 억부용신과 사회적인 상황을 파악하는 격국용신이 일치하면서 억부에 의한 중화가 시급한 사주라면 당연히 그 용신의 상태에 따라서 운명이 현저하게 달라지는 것은 당연하지만, 신강신약의 차이가 현격하지 않은 중화된 사주는 억부용신 하나만 가지고 사주의 길흉을 판단한다는 것은 공존의 존재로서 사회성을 중시하는 이 시대에는 합당하지 못한 일면이 있다. 특히 현대는 옛날의 농경사회처럼 튼튼한 근력과 힘이 생활에 중요한 비중을 차지하는 것도 아니고, 지식과 정보, 조직과 전략, 처세와 선택이 모든 승패를 좌우하는 요인이 되는 시대이므로 과거처럼 억부용신만을 가지고 사주의 길흉성패의 모든 것을 판단하여서는 안 된다.

사주를 추명 하는 방법은 대략 다음과 같이 나눌 수 있으며 이 외에도 더 많은 이론들이 있으나 넓은 의미에서 보면 다음의 범주에서 크게 벗어나지는 않는다. 그러므로 사주를 봄에는 아래의 이론들을 두루 참고 하여야 할 것이다.

가) 억부론(抑扶論) = 자존의 생존법(적천수적 관점)
나) 격국론(格局論) = 공존의 생활법(자평진전적 관점)
다) 조후론(調候論) = 안정적 자기관리법(난강망적 관점)
라) 신살론(神殺論) = 거역 할 수 없는 운명의 굴레(오성학적 관점)
마) 물상론(物象論) = 물상개념을 이용한 사주통변술
바) 십이운성론 = 천간육신의 상태분석방법론
사) 육친십성분석론 = 심리분석 및 적성분석법
아) 질병론(疾病論) = 오행의 편성과 생극제화의 관계
자) 행운론(行運論) = 대세운의 생극합충에 의한 운명의 변화

2) 통근(通根)이란?

고서에서 논하듯이 일간이 통근하지 못하고 태약 하거나 합이 되었다고 해서 무조건 종격이나 화기격 등으로 판단하는 것은 상당히 위험한 판단이다. 이와 같은 외격의 이론은 과거 전제주의국가 또는 반상을 따지던 시절에는 잘 통했을지 몰라도 현시대에는 잘 통하지 않는 이론이다. 요즘은 얻어먹을 힘만 있어도 남의 간섭과 지배를 받지 않으려하고, 또 몸이 불편한 장애인이라도 머리로 세계를 지배하고 흔들 수 있는

세상이기 때문에 명리학도 이런 시대의 흐름에 따라 바꾸어 해석해야 할 것이다.

그러므로 일주의 강약을 따져 사주의 중화를 살피는 것은 중요한 일이지만 너무 신강신약에 집착하거나 얽매이지는 말아야 한다.

아울러 일주의 강약을 논할 때에도 득령과 실령, 득지와 실지, 득세와 실세 등을 세밀하게 논하여 등급을 매기거나, 간지 하나하나에 소수점까지 동원하여 점수를 매기는 방법으로 민감하고 세세하게 신약신강을 따지지는 않는다. 한때는 그런 방법을 비롯하여 여러 가지로 강약을 판단해 보았지만, 현실적인 효용에서 많은 괴리가 있으므로 일정한 기준 이외의 신강신약은 너무 집착하지 않는 게 좋다.

사주의 강약을 구분하는 근본 기준은 일간의 통근여부이다. 통근은 일간에만 국한되어 있는 것이 아니고 다른 육신 모두 항상 통근과 투출을 살펴야 한다.

통근에는 강약이 있다. 예를 들어 우선 먼저 어느 자리에 통근했냐하는 것을 살펴야 하는데, 일간의 경우 月支에 통근하는 것이 가장 안정되고 힘이 강한 것이며, 그 다음은 日支, 그 다음이 時支, 마지막으로 年支 순으로 통근하는 위치에 따라 강약이 다르다.

그 다음에는 같은 통근이더라도 어떤 상태의 통근인가를 살펴야한다. 예를 들어 甲木이 통근하는 경우를 따지면, 녹왕지인 寅卯에 통근하는 경우와 생지에 해당하는 亥水에 통근한 경우와, 여기(餘氣)에 해당하는 辰土에 통근하는 경우와 고지(庫地)에 해당하는 未土에 통근하는 경우 각각 그 강약이 다르다. 통근의 강약을 정하는 우선순위는, 제일 강한 통근은 일간의 록왕지에 통근하는 것이 가장 강하며, 그중에서 子午卯酉 旺支에 통근하는 것이 1순위이다. 즉 甲木이나 乙木의 경우 卯木에 통근하는 것을 제일이고, 그 다음 寅木에 통근하는 것이 강하다. 다음으로 生地인 亥水와 餘氣인 辰土에 통근하는 경우는 지장간의 사령 여부를 따져서 우선순위를 가리고, 마지막이 고장지(庫藏支)인 未土에 통근하는 것이다.

여기서 꼭 알아야 할 것은 지장간에 동일한 오행이 없는 상태에서 생해주는 인성은 통근이 아니라는 것이다. 통근과 생조를 받는 것은 엄연히 구별해야 하는 것이다. 예로 甲子의 경우는 通根이 아니고 生만 해주는 것이다.

일단 일간이 월지에 통근하였다면 격국용신을 정할 때에는 어지간해서는 강약을 논하지 않고 일간이 어느 위치에 있던 녹왕지에 통근하면 어지간한 일은 감당할 수 있는 능력이 있는 것으로 간주해 신왕하다는 표현을 쓴다. 즉 고서에서 보면 身旺官旺한 사주이니 身旺財旺한 사주니 하는 말들은 얼핏 판단하기에는 모순이 있는 말

같으나 위에 말한 통근의 개념과 신왕의 개념을 안다면 이해할 수 있다. 다시 말해 사주에 관살이 旺하면 일주는 자동으로 신약하게 되는데 어찌하여 신왕관왕한 사주가 될 수 있을까 생각하게 되는데, 여기서 신왕이란 말은 일주가 녹왕지에 통근하여 왕성한 관살도 충분히 감당할 수 있다는 뜻이 된다.

예)
甲 甲 辛 戊
子 寅 酉 申

이 사주는 甲木이 辛酉月에 태어나고 년주에 戊申이 있어 官殺이 태왕하다 그러나 일간이 좌하에 寅木 祿地를 깔고 앉고 시주에서 甲子가 생조해 주니 일간의 세도 건왕하다 그러므로 신왕관왕(身旺官旺)이 된다. 즉 일간과 관성이 똑같이 통근하여 힘이 있을 때 신왕관왕하다는 얘기를 쓰는 것이다. 이처럼 실제로 일간이 통근하고 관성이나 인성, 재성이나 식상이 천간에 있으며 통근이 잘 되어있는 사주는 특별한 경우를 빼고는 거의 무난한 사주로 보아도 무리가 없다. 그 만큼 통근이라는 개념은 중요한 것이다.

*생지와 고지에 통근했을 경우 사주전체의 상황에 따라서 강약이 달라질 수 있으므로 주의해야 한다.

✦ 2. 강약구분법

1) 통근(通根)

통근이란 천간의 오행이 지지에 뿌리를 내렸다는 뜻이다. 사주에서 일간이 지지에 통근하면 강하게 되고 용신이나 희신이 통근을 하게 되면 튼튼하고 행동반경이 넓어 능력과 폭넓은 성과를 발휘하게 된다. 그러나 반대로 忌神이 통근하면 그 흉함의 뿌리가 깊다. 같은 통근이라도 子午卯酉가 가장 강하고 그 다음 寅申巳亥의 正祿과 生地를 구별하여 정하고 辰戌丑未의 庫藏地의 지장간에 통근하는 순서로 뿌리의 강약을 판단할 수 있다. 또한 지지 육합 삼합 방합을 이루는 오행이 천간의 뿌리가 된다면 그 힘과 능력은 매우 강하게 된다. 그러나 천간의 뿌리가 되는 지지가 합하여 타 오행으로 변질 될 경우 오히려 그 뿌리를 잃게 된다. 참고로 꼭 알아 두어야 할 것은 甲乙이 子에게, 丙丁이 卯에게, 庚辛이 辰土나 未土에게, 壬癸가 酉에게 생을 받는 것은 그 힘을 강하게 생해주기는 하지만 지장간에 그 오행의 本氣가 없으므로 통근하였다고 하지는 않는다.

〈오행별 통근 강약의 우선순위〉

천간	오행	통근강약의 순서
甲乙	木	卯, 寅, 亥, 辰, 未 (子는 통근이 아니고 生助)
丙丁	火	午, 巳, 寅, 未, 戌 (卯는 生助)
戊己	土	午, 巳, 未, 戌, 辰, 丑, (寅은 戊의 長生地)
庚辛	金	酉, 申, 戌, 丑, 巳(辰은 生助)
壬癸	水	子, 亥, 申, 丑, 辰(酉는 生助)

2) 사령(司令)

사주의 월지 지장간 중 누가 주도권을 잡고 있는지를 본다. 월지에 사령한 것은 아주 든든한 배경이 있는 것과 같다. 월지에서 일간을 지지하는 것은 일간에게 커다란 배경이 있는 것이다.

예)

甲 己 戊 辛

戌 未 戌 巳

위 사주는 비겁으로 최강 사주이고 따라서 설기해야 하므로 억부용신은 辛金이다. 水가 없는데 위 사주에서 水는 財星에 해당한다.

통근과 사령을 따져보면, 일간 己土는 지지 전체에 통근을 했고, 甲木은 未土에 통근했으나 戌未刑을 당해 뿌리가 잘렸다. 己土와 戊土를 비교하면 戊土가 강하다. 辛

金과 甲木 중에서는 辛金이 월지에 뿌리를 내려 강하다.

월지, 자기가 앉은자리, 子午卯酉에 뿌리내린 경우, 겁재보다 비견에 뿌리를 내린 경우 더 강한데, 戊土는 己土보다 월지 정기에 뿌리를 내렸고 또한 祿地인 巳火에 뿌리가 있다.

3) 득령(得令)과 실령(失令)

득령이란 일간이 월지에서 그 기운을 얻었다는 뜻이다. 일간을 월지에 대비했을 때, 육신으로 비견·겁재·정인·편인이 되는 것을 말하는데, 이를 두고 旺相이라고도 한다. 예로 甲乙일생이 寅卯나 亥子월에 출생하면 득령 했다고 하는데 이는 일주가 旺하다는 뜻이다.

이와 반대는 실령이라 하는데, 이는 월령의 기를 얻지 못했다는 뜻이다. 즉 일간을 월지에 대비한 육신이 식상·재성·관성이 될 때인데 이 경우 일간이 休囚死 되었다고도 한다.

〈일간별 득령 도표〉

일간	월지(득령)
甲 乙	寅 卯 亥 子(辰 未는 通根)
丙 丁	巳 午 寅 卯(戌 未는 通根)
戊 己	巳 午 辰 戌 丑 未(寅은 戊의 長生地)
庚 辛	申 酉 戌 丑 辰 未(巳는 金의 長生地)
壬 癸	亥 子 申 酉(丑 辰은 通根)

4) 득지(得地)와 실지(失地)

득지란 일간을 일지에 대비하여 비겁이나 인성일 때를 말한다. 또는 지지에 뿌리를 내렸다고 하여 유근(有根), 땅에 발을 붙였다하여 착근(着根)이라고도 하는데 이와 같이 되면 일주가 안정되고 강해진다. 이와 반대로 일지에 식상, 재성, 관성이 있으면 실지(失地)라 한다.

그러나 甲辰, 乙未, 丙戌, 丁未, 壬辰, 癸丑일 등은 예외로 득지(得地) 한 것으로 특수하게 취급한다. 그 이유는 앉은자리에 통근했기 때문인데, 이 점을 유의해야 한다.

〈일간별 득지 도표〉

일간	일지(득지)
甲 乙	寅 卯 亥 子(辰 未는 通根)
丙 丁	巳 午 寅 卯(戌 未는 通根)
戊 己	巳 午 辰 戌 丑 未
庚 辛	申 酉 辰 戌 丑 未(巳는 金의 長生地)
壬 癸	亥 子 申 酉(丑 辰은 通根)

예)

丁 甲 戊 甲
卯 寅 辰 寅

甲木일간이 木旺節에 득령 했고 득지했다. 위의 경우 월지에서 인성, 비겁이 아닌데도 득령 했다고 보는 것은 木이 자기 계절인 봄에 태어났기 때문이다.

5) 득세(得勢)와 실세(失勢)

득세란 일간이 월지와 일지를 제외한 나머지 천간과 지지에서 인성과 비겁의 생조(生助)를 많이 받고 있는 것을 말한다. 印星이 많이 있거나 비겁이 많이 있는 경우를 득세했다고 말하는데 구체적으로 말하면, 사주 중에 비겁과 인성이 3 자 이상 있어 비록 失令했더라도 일주를 돕는 세력을 강하게 형성하고 있을 때 득세했다고 하는데, 이와 반대되는 것은 '실세(失勢)'라 한다. 다봉(多逢)을 판단할 때 주의할 점은 같은 숫자일지라도 지지와 천간의 힘이 다르다는 것이다.

〈일간별 득세 도표〉

일간	득세
甲 乙	壬 癸 甲 乙 亥 子 寅 卯(辰 未는 通根)
丙 丁	甲 乙 丙 丁 寅 卯 巳 午(戌 未는 通根)
戊 己	丙 丁 戊 己 巳 午 辰 戌 丑 未
庚 辛	戊 己 庚 辛 辰 戌 丑 未 申 酉 (巳는 金의 長生地)
壬 癸	庚 申 壬 癸 申 酉 亥 子(丑 辰은 通根)

예1)

甲 甲 戊 辛
戌 寅 戌 巳

실세 득지 실령 – 신약사주로서 중약(中弱)에 해당한다.

예2)

辛 辛 辛 辛
卯 亥 丑 丑

득세 실지 득령 – 신왕사주이나 월지 丑 중에 癸水가 사령 했을 때는 득령으로 보지 않는다. 옆의 천간에 辛金이 3개나 있어도 월지에 酉金이 하나 있는 것과 그 힘이 비슷하다.

예3)

丁 庚 己 己
亥 申 巳 丑

득세 득지 실령 - 일단 실령하여 신약한 사주다. 그러나 위 사주는 약변강 사주이다. 지지에 巳丑으로 金이 반합을 이루고 있다. 그러나 월지에서 득령하지 못하면 어지간해서는 신강하다고 판단하면 안 된다. 월지에서 실령하면 대개는 신약사주로 본다.

예4)

乙 庚 庚 甲
酉 戌 午 申

득세 득지 실령 - 신약사주이다. 득지하고 득세했어도 火局을 이루고 있어 약하다. 그러나 통근과 득세로 일주 또한 旺하다.

✦ 3. 왕상휴수사(旺相休囚死)

오행의 왕쇠강약(旺衰强弱)을 쉽게 알기 위해서 왕상휴수사(旺相休囚死)라 하여 왕(旺)하고 쇠(衰)함을 구분하는데, 이는 주로 일간의 강약이나 용신. 희신. 기신 등의 강약을 파악하여, 길흉의 정도를 판단하는데 참고한다.

활용방법은 일주 또는 그 밖의 오행을 월지에 대비하여 정하는 것으로써, 예를 들어 甲乙 木은 봄이 되면 木기운이 가장 왕성하므로 旺이라 하고, 여름에는 木은 자식인 火를 生하고 휴식하는 것과 같다 해서 休라 한다. 가을에는 金기운이 왕성하여 金剋木이 되니 죽은 것과 같으므로 死라고 하며, 겨울에는 水生木으로 다시 木의 기운이 살아나는 시기이므로 相이라 한다. 그리고 四季 즉 辰戌丑未月은 木剋土로 木이 힘을 빼앗기고 갇혀 있는 것과 같아서 囚라 한다.

이것을 다시 木의 계절인 寅卯月에 대입하여 본다면, 甲乙은 제 철인 봄을 만나 木기가 가장 왕성하여 旺이라 하고, 丙丁은 木으로부터 生을 받는다하여 相이라 하며, 壬癸는 봄철에 水生木으로 그 기운을 빼앗기고 쉬게 되므로 休라 한다. 庚辛은 금극목으로 木을 극하면 죄인과 같다하여 囚라하고, 戊己土는 木으로부터 극을 당하여 죽은 것과 같으므로 死라고 한다.

天干	五行	春	夏	秋	冬	四季
甲乙	木	旺	休	死	相	囚
丙丁	火	相	旺	囚	死	休
戊己	土	死	相	休	囚	旺
庚辛	金	囚	死	旺	休	相
壬癸	水	休	囚	相	旺	死

✦ 4. 사주 강약의 단계

1) 身强四柱

가) 최강(最强)사주: 득령, 득지, 득세한 사주

나) 중강(中强)사주: 득령, 득세하였으나 실지한 사주

다) 강(强)사주: 득령, 득지하였으나 실세한 사주

라) 약변강(弱變强)사주: 실령하였으나 득지 득세한 사주

2) 身弱四柱

가) 최약(最弱)사주: 실령, 실지, 실세한 사주

나) 중약(中弱)사주: 실령, 실세하였으나 득지한 사주

다) 약(弱)사주: 실령, 실지하였으나 득세한 사주

라) 강변약(强變弱)사주: 득령했으나 실지, 실세한 사주

3) 사주강약 구분 조견표

구분	최강	중강	강	약변강	강변약	약	중약	최약
득령	○	○	○	×	○	×	×	×
득지	○	×	○	○	×	×	○	×
득세	○	○	×	○	×	○	×	×

* 최강사주 최약사주는 종격사주(從格四柱)와 구분해야 한다.
* 종격인가 보통 격국인가를 구분할 때는 대운도 참고해야 한다.
* 신강신약을 판단할 때는 합과 형충파해의 작용을 참고 한다.
* 弱變強 사주나 強變弱 사주를 판단할 때는 신중을 기해야 한다.

✦ 5. 격국과 억부용신의 이해

사주에서 월지는 그 사주 전체의 기후와 왕쇠강약을 주관한다. 그러므로 일간은 월지에 의해 가장 큰 영향을 받으며 본질적인 성격이 규명지어진다. 그 다음 사주내의 타 간지들과의 육친십성의 관계에 따라 기질과 작용력 등이 결정지어 지는 것이다.

격국은 일간에게 월지 지장간 중 유력한 존재를 대입하여 정하는 것이며, 대입된 각각의 형태를 놓고 격을 갖추었다는 의미로 격국이라 하고, 또 각각의 형태에 따라 십성의 명칭을 붙여서 부르는 것인데 그 격국에 따라 사주 주인공인 일간의 기본적 유형이 정해진다.

고로 격국은 사주의 기본적인 형태를 말하는 것으로 격을 통하여 그 사주의 종류와 크기를 알고 부귀빈천의 심도를 가늠할 수 있다. 하나의 사주에서 그 구조를 통하여 격을 정하고 그 격에 알맞게 유용한 용신을 설정하면 그때 비로소 사주를 정확하게 추명할 수 있는 기반이 이루어진다.

격국과 용신의 이름은 정관격, 편관격 그리고 정인용신, 정재용신 등으로 각기 다르게 쓰고 부르기도 하고 또는 사주가 정재격이고 식신 용신일 때나 편재격에 상관용신일 때 정재용식신격 또는 편재용상관격 등으로 격국과 용신의 이름을 묶어서 부르기도 하며, 독특한 작용을 하는 사주는 식신제살격, 재다신약격, 살중용인격처럼 격국과 용신을 참고한 고유한 명칭으로 부르기도 한다.

1) 월지를 기준하여 격국을 설정하는 이유

격을 정하기 위해서는 사주의 월령을 보아야 한다. 일주가 어떤 월지에 출생했는가 보고, 월지 지장간 중 천간으로 투출한 것이 무엇인가를 보아야 한다. 그다음 사령하고 있는 월령의 여부를 파악한 후 청탁을 구분하고 신강과 신약을 판단하여 사주에 맞는 용신을 정해야 한다.

〈적천수천미〉에서는 양인(羊刃)과 록(祿)은 격으로 취할 간(干)이 없으므로 월령 이외의 지지에서 투출한 간을 찾아 용신으로 쓴다고 했으나 이는 합리적이지 못하다고 생각한다. 그 이유는 현대 명리는 심리를 움직이는 십성의 작용이 더 유용하게 활용되니 8정격 으로 논할 필요 없이 그대로 비겁을 격으로 인정하여 10정격으로 구분 호칭하는 것이 오히려 타당하다고 생각한다.

전통적으로 격국법에는 생지나 왕지, 사고지의 지장간활용법이 전래되지만 그대로만 적용되고 설정되지는 않는다. 사생지에서 여기(餘氣)는 격으로 쓰지 않는다고 하나 예를 들어 寅月에 戊土가 투출 했을 때 지지에 寅午火局을 이루어 생하거나 또는 巳月에 여기 戊土가 時干으로 투출되었을 때, 더하여 戊戌時, 戊午時등으로 시지에서도 戊土를 도울 경우 등은 충분히 격으로 삼을 수 있다.

결론적으로 격국은 월지의 정기, 중기, 여기 중에서 투출된 유력한 干과 일간과의 십성의 관계에 따라 명칭을 붙여 격을 정하고 그에 따라 필요한 용신을 정하면 되는 것이다.

격에 따라 사주 그릇의 크기와 부귀빈천의 심도를 평가할 수 있으나 모든 사주가 격이 뚜렷하고 순순하여 귀하기란 그리 쉽지만은 않다. 격이 뚜렷하지 않아도 오행의 흐름이 반듯하고 용신이 建旺하면 편안한 삶을 살아가는 것을 충분히 볼 수 있다. 예를 들어 관살이 혼잡되어 사주의 격이 혼탁하나 인수가 健實하여 殺을 중화시키면 마치 殺印相生格과 같이 귀하게 사는 경우가 있다.

그러므로 사주를 분석하는 데는 격국 뿐만이 아니고 사주 전체의 육친십성의 구성과 오행의 생극합충(生剋合冲)의 환경적 조건 또한 중요한 요소가 되는 것이다.

그렇다면 왜 월지에서 격국을 정해야 하고, 사주의 그릇을 판단하는 것이며 용신을 구해야 하는지 계절적 관점에서 알아보자.

가) 年支는 오행의 기운일 뿐 사주전체의 기후를 주관하지 않는다.

년지는 단순한 오행의 기운만으로 일간과 사주내의 타 간지오행에게 생극합충의 영향을 줄 뿐이지 그 자체가 사주의 기온을 주관하지는 않는다.

예) 연지 亥는 단지 水오행일 뿐이다.

庚 丙 丁 己
寅 申 卯 亥

위 사주는 丙火 일간이 卯月생으로 연지의 亥水는 봄철의 水 오행일 뿐임을 알 수 있다. 일간 丙火를 극할 수 있는 水의 역할이지만 기온을 주관하여 춥지는 않다. 이 사주에서는 시간의 庚金을 억부용신(抑扶用神) 한다.

나) 月支는 사주의 계절을 주관한다.

월지는 12지지가 순환하여 寅卯辰(봄), 巳午未(여름), 申酉戌(가을), 亥子丑(겨울)로 태어난 달이 기온의 차이를 구분하여 계절이 된다.

위의 사주와 같이 연지에 亥水가 있다 해도 卯月 출생이라면 따듯함이 있는 것이며, 연지에 午火가 있어도 子月生이라면 寒氣가 있는 것이다. 이처럼 월지는 타간지와 다르게 그 오행차체의 기운도 중요하지만 그 사주의 기후(氣候)가 되어 일간에게 일생동안 계절적 영향을 끼치게 되니 특별히 중요하다.

월지 지장간에서 투출된 유력한 干으로 격을 삼는 것은 그 계절에서 무엇이 일간에게 가장 뚜렷한 영향을 끼치는가에 따라 일간의 기본적 성향이 달라지기 때문이다. 사주에서 가장 강력한 작용을 하는 것은 월지가 되므로 일간은 어떤 월에서 태어났는가에 비중을 두어 감정하는 것은 기본이다.

대운도 월주에서부터 육십갑자가 순행과 역행을 하며 연장선상으로 진행되는 것이니 겨울에 태어나 봄, 여름으로 순행 하거나, 겨울과 가을로 역행하게 되며 그에 따라 일간에게 좋고 나쁜 환경이 되어 주는 것이다. 마치 甲乙 木이 겨울에 출생했다면 대운이 봄여름으로 향할 경우 아름답게 발전하겠으나 겨울과 가을로 향한다면 꽃을 피우기 어렵고 결실이 힘들게 되는 것과 같은 것이다.

예) 壬水가 가을 출생으로 대운이 順行하며 북·동방을 향한다.

丙 壬 甲 乙
午 子 申 卯

癸辛庚己戊丁丙乙
辰卯寅丑子亥戌酉

위 사주는 壬子 일주가 申月에 출생하여 필요한 것이 木 火 방향이다. 대운은 출생한 月로부터 진행되기 때문에 기신 西 北方운을 지나서 東方 木運을 만나야 좋아지게 되는 것이다.

다) 日支는 오행의 기운일 뿐 기후를 주관하지는 않는다.

일지도 12지지가 있지만 연지와 같이 오행의 기운만 작용할 뿐이지 월지처럼 기후를 주관하지는 않는다. 그러나 일지는 간지(干支) 동체(同體)로서 내 몸이 되며, 또한 일심동체를 이루는 배우자가 되므로 일간과 아주 밀접한 작용을 한다.

예) 일지 亥水는 단지 오행의 水 기운 일 뿐이다

乙 丁 丁 甲
巳 亥 卯 午

위 사주는 丁火 일간이 卯月에 득령하여 일간을 도와주는 오행의 힘이 매우 강하다. 일지 亥水는 단지 오행의 水 기운일 뿐이다. 이 사주의 기후는 월지 卯木이 주관한다.

라) 時支는 오행의 기운이나 낮과 밤으로 기온에 조금의 영향은 있지만 전체 사주의 기후를 주관하지는 못한다.

시지는 연지와 일지와 같이 오행의 기운으로만 작용하지는 않는다. 월지와 같지는 않지만 아침, 점심, 저녁, 밤으로 기온이 변화되고 있어 기후에 약간의 영향을 끼친다. 子月生이 午時에 태어났다면 겨울이라 춥지만 한낮의 온기는 있는 것이고, 만일 子月 生이 子時에 태어났다면 겨울의 한기가 추운 밤에 더욱더 심할 것이다.

예) 時支 亥水가 조후를 맞춰준다.

乙 甲 丙 丁
亥 戌 午 亥

위 사주는 甲木 일간이 午月에 출생하고 연월일에 火氣가 왕하여 신약하며 조열하나 乙亥時에 태어나 조후의 문제가 해결되었다.

이상과 같이 월지는 사주에서 가장 커다란 작용을 하므로 일간을 월지에 대비하여 사주의 격을 정하고 사주를 판단하며 시에 따라서 일간의 능력이 변화되는 것을 알 수 있다.

2) 내격(十正格)을 정하는 법

격이란 사주명조의 골격이며 근본 스타일이다. 그러기에 격에 따라 일간의 본질이 결정되며 가장 큰 영향을 받는데 월지 지장간 중 천간으로 투출된 유력한 干을 일간과 대입한 육친의 명칭이 곧 격의 명칭이 된다.

하나의 사주에서 격은 1~3개가 될 수도 있기 때문에 사주를 보고 판별하는 사람에 따라서 격을 다르게 잡는 경우가 있는데 서로 자기주장이 옳다고 우기기도 하지만 그럴 필요가 없다. 왜냐면 여러 개의 격이 구성될 조건을 가진 사주라면 여러 유형의 스타일과 삶의 모습을 내포하고 있기 때문이다. 외격을 제외한 십정격을 정하는 방법과 조건 등을 알아보자.

자평진전에서는 '팔자의 용신은 오로지 월령(月令)에서 구한다. 일간을 월지에 대조하면, 생하고 극하는 현상이 사주마다 다르니 이로써 격국이 나뉘어진다(八字用神 專求月令 以日干配月令地支 而生剋不同 格局分焉)'고 격국을 정하는 기준을 말하고 있다.

또한 '무릇 사주를 보는 자는 먼저 용신이 어떤지를 살핀 후에 비로소 순용(順用)할 것인지 아니면 역용(逆用)할 것인지를 가려야 한다. 그런 후에 연월일시의 간지를 배합하여 균형을 이루었는지를 살피면 부귀빈천의 이치가 자연히 드러날 것이다. 월령에서 용신을 구하지 않고 망령되이 용신을 취하려 하면 거짓에 빠져 진실을 잃는 격이다(凡看命者, 先觀用神之何屬, 然後或順或逆, 以年月日時逐干逐支, 參配而權衡之, 則富貴貧賤, 自有一定之理也. 不向月令求用神, 而妄取用神者, 執假失眞也)'라고 격국을 정할 때의 주의사항을 써놓았다.

　이처럼 자평진전에서는 월지가 비겁인 경우가 아니면 전적으로 월지에서 격국을 정해야 한다고 되어 있으며, 그런 다음에 간지배합과 균형을 살펴 순용할 것인지 역용할 것인지 격국에 필요한 상신(相神)을 정해야 한다고 되어있다. 이 말은 격은 오직 월지를 중심으로 정하여야 하며 격을 정할 때에는 사주의 기세나 억부에 관한 사항이 개입되어서는 안 된다는 것이다. 이렇듯 격국을 정하는 기준만 정확하게 알고 있다면 격국과 용신을 정하는 것은 생각보다 훨씬 쉬울 수도 있는데, 그동안 사주를 간명할 때 너무 억부론에 치우쳐 있었던 탓에 많은 사람들이 혼란을 겪고 있다. 내격은 日干을 月支에 대조하는 것을 기준으로 하는데, 正格을 정하는 법에는 다음과 같은 기본적인 원칙이 있다.

가) 월지의 지장간 중에서 투출한 유력한 천간으로 격국을 정한다.

　예를 들어 甲木일간이 巳月에 태어났는데 巳月의 본기에 해당하는 丙火가 年月時의 천간에 투출했다면 丙火는 甲木의 식신에 해당하므로 식신격(食神格)이 된다.

庚 丙 丙 辛
寅 子 申 丑

申월의 丙火가 시간에 庚金이 투간하여 편재격이다.

癸 庚 戊 乙
未 戌 子 未

이 사주는 庚金일간이 子月에 癸水가 시간으로 투출(透出)하여 상관격(傷官格)이다

나) 투출된 천간 중에서 본기·중기·여기 순으로 격을 잡는다.

己 甲 丁 丁
巳 申 未 酉

甲木 일간이 未月월에 본기인 己土와 여기인 丁火가 월간으로 투출하였는데 시상의 己土가 본기이니 정재격이 된다.

己 丁 癸 丁
酉 亥 丑 酉

丁火일간이 丑月생이다. 丑月의 정기(正氣)인 己土와 여기(餘氣)인 癸水가 천간으로 투출하였다. 丁火일간이 소한 후 5일째 출생하여 癸水가 사령하여 癸水로 격을 잡으니 편관격(偏官格)이다. 그러나 시상의 己土가 정기(正氣)이니 식신격(食神格)의 기질도 강한 만큼 제2의 격으로 볼 수 있다. 이런 경우를 격이 혼잡하다고 말한다.

다) 월지 지장간 본기가 투출하지 않고 여기나 중기가 투출하였을 경우에는 그 투출한 천간으로 격국을 정한다.

예를 들어 甲木이 未月에 태어났는데 未月의 본기인 己土가 투출하지 않고 여기인 丁火가 투출하였다면 상관격(傷官格)이 된다.

庚 甲 丁 丁
午 申 未 酉

라) 월지 본기가 투출하지 않고 여기와 중기가 동시에 투출하였을 경우에는 사주 전체의 상황을 보아 강한 것으로 격국을 정한다.

즉 월지에서 무엇이 사령(司令)했는가를 보고, 또 주변에 생조(生助)하는 오행이 있는가를 파악하여 힘이 있는 육신으로 격국을 정한다.

乙 壬 丁 丁
巳 午 未 酉

壬水일간이 未月에 출생하였는데 여기 丁火와 중기 乙木이 투출하였다. 丁火를 격으로 삼아 정재격(正財格)이다.

마) 월지 지장간에서 투출된 천간이 없을 때는 지장간을 사주 전체의 상황에 대조하여 그중에서 가장 강한 것으로 격을 삼거나 본기로 정한다.

예를 들어 甲木이 申月에 태어났는데 申金의 지장간에 해당하는 戊壬庚이 하나도 투출하지 않았을 경우에는 지장간 각각의 역량을 사주 전체에서 살펴보아 가장 강한 것으로 격국을 정하거나 본기인 庚金이 특별한 문제가 없을 경우에는 편관격으로 정한다.

庚 丙 壬 丁
寅 寅 寅 酉

丙火가 寅月에 월지 지장간이 천간으로 투출되지 않았으니 정기인 甲木을 격으로 삼아 편인격이다.

癸 辛 庚 辛
巳 巳 寅 卯

辛金일간이 寅月에 출생하였다. 寅月의 지장간(支藏干)이 천간으로 투출되지 않았으니 정기(正氣) 甲木을 격으로 삼아 정재격(正財格)이다.

바) 辰, 戌, 丑, 未월의 월지 지장간 중에서 비견이나 겁재는 투출하더라도 격국으로 정하지 않는다.

비견격이나 겁재격은 없다는 이야기인데, 그 대신 월지가 일간의 양인(陽刃)이나 건록(健祿)에 해당하면 건록격(建祿格)과 양인격(陽刃格)으로 한다.

庚 丙 丁 丁
寅 申 未 酉

사) 子, 午, 卯, 酉월은 본기가 투출하지 않았어도 본기를 가지고 바로 격국을 정한다.

또한 여기가 투출되었다고 하더라도 어지간해서는 격국으로 정하지 않고 참고만

한다. 예를 들어 甲木이 酉月에 태어나고 辛金이 투출되어 있으면 정관격으로 정하는데, 辛金이 투출하지 않았더라도 酉金의 지장간은 辛金 하나만 쓰므로 역시 정관격이 된다.

壬 甲 己 丁
申 寅 酉 亥

아) 삼합을 이루었거나 강왕한 오행으로 격을 정할 수 있다.

丙 戊 丙 丙
辰 子 申 辰

戊土가 申月에 지장간이 투출되지 않아 戊土에게 월지 本氣인 庚金이 격이 되어 식신격이다. 그러나 申子辰 合 水局을 이루어 편재격으로 변하였다.

자) 사주에서 꼭 필요한 오행을 격과 용신으로 정할 수 있다.

辛 戊 戊 丙
酉 辰 戌 辰

戊土 일간이 戌月의 정기 戊土가 투출되었다. 사주가 비겁으로 旺하니 식상으로 설기함이 꼭 필요하다. 중기 辛金이 시간으로 투출되고 일·시지에서 辰酉合 金局을 이루어 有力하니 상관이 格이자 用神이 된다. 이런 것을 가상관격(假傷官格)이라한다.

차) 간지의 음양이 다를 때는 천간으로 격을 정한다.

癸　壬　丁　丙 = 천간
亥,　子,　巳,　午 = 지지

육십갑자 중에 亥子巳午는 체용이 다르기 때문에 정기와 다르게 간지가 성립된다.

즉 子水는 정기가 癸水이나 천간에는 壬水, 亥水는 정기가 壬水이나 천간에는 癸水, 午火는 정기가 丁火이나 천간이 丙火, 巳火는 정기가 丙火이나 천간이 丁火로 다르다. 그러기에 子水가 월지를 차지하고 있을 때 壬水가 연·월·시간에 있으면 子水중 癸水로 격을 정하는 것이 아니라 천간에 있는 壬水로 격을 정한다. 그러나 일간은 정기 (正氣)에 대한 성정이 내면적으로 있어 이런 경우 직업적 변동이나 사회적 변동이 많을 수 있다.

```
戊 乙 丙 壬
寅 未 午 子
```

乙木 일간이 午月생으로 정기 丁火를 격으로 하면 식신격이나 월간에 丙火가 투출되어있으므로 상관격이 된다.

```
壬 甲 丁 戊
申 午 巳 戌
```

甲木이 巳月생으로 정기(正氣) 丙火를 격으로 하면 식신격(食神格)이나 천간으로 丁火가 투출(透出)하여 상관격(傷官格)으로 정해야한다. 그러나 체(體)의 정기(正氣)인 丙火 식신의 성정도 내포되어 있다.

카) 戊, 己 土일간이 辰·戌·丑·未월에 태어났을 때

과거에는 戊, 己가 辰·戌·丑·未月을 만나면 묘지라 해서 격으로 성립시키지 않았다. 또는 계절의 오행으로 정 방위를 이탈하여 氣가 잡(雜)하다 하여 잡기격이라고 했다. 그러나 앞으로는 위에서 밝힌 바와 같이 십정격의 일반적인 격국법을 적용하여 격을 설정하기로 한다. 격은 일간에게 선천적 기질과 속성 또는 특기를 부여하는 것으로 투출된 간이 일간에게 미치는 영향이 직접적인 것이므로 土일간도 비견이면 그대로 비견의 스타일을 가장 강하게 갖고 있기 때문이다.

```
癸 戊 己 戊
丑 子 未 申
```

戊土 일간이 未月에 己土가 월간으로 투출하였으니 겁재격이다.

庚 戊 壬 戊
申 寅 戌 戌

위 사주는 戊土 일간이 戌月에 정기(正氣) 戊土가 연간으로 투출하여 비견격(比肩格)의 신강사주이다.

타) 지장간에 本身이 없어도 천간이 격이 될 수 있다.

甲 丙 戊 庚 壬 甲 乙 丁 己 庚 辛 癸
辰, 戌, 午, 戌, 辰, 子, 亥, 卯, 巳, 辰, 未, 酉

위 육십갑자의 천간은 지장간에 자신과 똑같은 본신이 암장되어 있지 않았으나 地支로부터 生을 받거나 뿌리를 둘 수 있기 때문에 月柱에서는 그 천간을 격으로 삼을 수 있다. 격이란 일간에게 근본적으로 어떠한 사상을 강력하게 주는 가가 중요하기에 천간(天干)이 지지(地支)로 부터 생을 받아 일간에게 유력하게 영향을 끼친다면 충분히 격으로 수용 할 수 있다. 그러나 이 경우는 사주 내 타 간지의 영향에 따라 변화가 많다.

丁 辛 甲 壬
酉 丑 辰 子

辛金 일간이 원래는 인수격(印綬格)이나 月干의 甲木이 辰月에 뿌리를 두어 정재격(正財格)으로도 본다.

庚 己 乙 己
午 未 亥 卯

己土 일간이 亥月生으로 원래는 정재격이나 월간 亥수에 乙木이 강한 뿌리를 두어 편관격으로 볼 수 있다.

丁 乙 壬 辛
亥 亥 辰 亥

乙木일간이 월간 壬水가 辰月의 지장간 癸水에 통근하고 타지지에 水의 뿌리가 강하니 壬水를 격으로 잡아 정인격(正印格)이 된다.

파) 투출된 천간이 合去 되거나 變하면 격으로 쓰지 않는다.
乙 癸 己 甲
卯 亥 巳 寅

癸水 일간이 巳月에 출생하고 편관 己土가 월간으로 투출되어 편관격이나 연간의 甲木과 甲己合 되어 편관격이 성립될 수 없다. 巳中 정기 丙火로 격을 삼아 정재격이다.

3) 외격과 특별격의 성립

외격의 성립은 오행의 기세에 따라 이루어지는 것으로서 정격과 같지 않고 변화된 형태를 취하기 때문에 외격 또는 변격으로도 부른다.

외격은 언뜻 보기에는 쉽게 격국을 정할 수 있을 것 같으나, 실제로 생활하고 있는 모습과 외격의 특성을 대조하여 보면 정반대인 경우를 흔히 경험하게 된다. 이처럼 외격은 변수(變數)가 많으므로 외격을 정하거나 간명(看命)할 때는 세심한 주의가 필요하며, 대운의 흐름을 필히 참고하여 격국을 정하고 추론할 필요가 있다. 단순한듯하면서도 자칫하면 실수를 범하기 쉬운 것이 외격이다.

특별격은 말 그대로 오행의 특수성에 따라서 격이 이루어진다. 정격과 외격에 포함되거나 해당되는 듯하면서도 어느 경우는 아주 다른 짜임새를 이루어 각기 독특한 형태의 운명을 지니고 있는데, 학자에 따라서 그 종류를 논하거나 중요성을 논하는데 의견이 분분하기도 한 것이 특별격이다. 특별격은 그 종류와 명칭이 수 십여 가지로 복잡다단하다.

가) 종격(從格)

종(從)이란 사주에서 일간 외의 나머지 干支가 거의 다른 오행이거나 한 가지 오행으로 치우쳐 있을 때, 일간이 자신을 포기하고 강한 오행을 따라가는 것을 말한다. 도저히 자립할 능력이 되지 못해 다른 곳에 입양하는 것과 같은 상태로 이해하면 되는데, 입양을 하더라도 일간과 같은 오행인 비겁이나 인성으로 從했는가 식상이나 관성 또는 재성으로 從했는가에 따라 차이가 있다. 비겁이나 인성으로 從한 것은 자기와 같은 일가에 입양한 것과 같다.

하지만 일간이 약하게라도 지지에 통근을 하면 어지간해서는 종격으로 보지 않고, 조금이라도 生助하는 오행이 있으면 종격으로 보지 않는다. 요즘 시대에는 얻어먹을 힘만 있어도 절대로 남의 종살이를 하지 않는 것과 같이 사주를 볼 때도 약하게라도 지지에 통근을 한 경우에는 가능하면 종격으로 보지 않는다.

인성으로 강하여 종할 때는 → 종강격(從强格)
비겁으로 왕하여 종할 때는 → 종왕격(從旺格)
식상으로만 이루어져 있을 때는 → 종아격(從兒格)
관성으로만 이루어져 있을 때는 → 종살격(從殺格)
재성으로만 이루어져 있을 때는 → 종재격(從財格)이라 한다.

나) 일기격(一氣格)(曲直格, 炎上格, 稼穡格, 從革格, 潤下格)은 일간과 같은 오행으로 치우친 종왕격(從比格)과 같은 작용이다. 단지 사주 전체의 오행상으로 나타나는 고유의 성정 이해를 위해 책에는 성립과정을 설명하겠다. 그러나 사주를 분석하는 데에는 취급하지는 않는다.

다) 화기격(化氣格)(化水格, 化木格, 化金格, 化土格, 化火格)은 상당히 난해한 이론이라고 생각하나 실제 임상에서 드물기는 하지만 사주체의 기세가 합화(合化)하는 오행을 수용할 경우 화기격(化氣格), 또는 가화격(假化格)이 성립되는 경우가 있었다. 그러므로 화기격이 많은 활용은 안 될지언정 적게라도 작용이 있는 한 격으로 취급한다.

라) 특별격

특별격은 자세하게 알 필요는 없는데, 사주 그릇의 크기나 청탁(淸濁)을 판단하고 정확하게 가름하기 위해서는 특별격을 이해하여야만 알 수 있는 경우도 있으니, 어느 정도 명리학의 기초와 체계가 이루어진 후에 시간적인 여유가 생겼을 때 꾸준히 연구를 계속한다면 명리학의 발전에 많은 도움이 될 것이다.

관살거류격(官殺居留格), 기명종재격(寄命從財格), 잡기재관인수격(雜氣財官印綬格), 시묘격(時墓格), 금신격(金神格), 비천록마격(飛天祿馬格), 도충록마격, 자요사격(子搖巳格), 축요사격(丑遙巳格), 임기용배격(壬騎龍背格), 정란차격(井欄叉格), 육을서귀격(六乙鼠貴格), 육음조양격(六陰朝陽格), 형합격(刑合格), 합록격(合祿格), 년시상관성격(年時上官星格), 종화격(從化格), 협구공재격(夾丘拱財格), 세덕부살격(歲德扶殺格), 전재격(專財格), 일덕격(日德格), 일귀격(日貴格), 괴강격(魁罡格), 육임추간격, 육갑추건격(六甲趨乾格), 구진득위격(句陳得位格), 현무당권격(玄武當權格), 재관쌍미격, 공록격(拱祿格), 공격(拱格), 일록귀시격(日祿歸時格), 사위순전격,(四位純全格) 천원일기격(天元一氣格), 오합취집격(五合聚集格), 복덕격(福德格) 등을 포함하여 기타 제반 특별격 및 잡격은 모두 오행의 원리상 크게 논할 가치를 느끼지는 못한다. 그러나 학문을 하는 입장에서 역사적 문헌을 알아야 하고 혹 부정을 하더라도 그 배경과 근원을 알아야 하는 것이니 활용을 하지 않는 것과는 별도로 읽어둘 필요는 있다고 생각한다.

특히 연해자평은 명리학의 태종(太宗)이라 할 수 있을 만큼 학사 발전에 영향이 가장 컸던 책이므로 여기서 논했던 모든 격국 명칭과 작용력은 연구하는 차원에서 부록(附錄)에 설명해 놓겠다.

4) 用神이란?

가) 용신의 정의

용신이란 사주 중화(中和)의 요체가 되며 길흉을 판단하는 가장 핵심적인 기준이 되고 그 사주에서 제일 필요로 하는 길신을 말한다. 한 사람의 사주를 판단하기 위해서는 선제 조건으로 사주의 강약을 구분하여 용신을 정해야 하며 그 용신의 상태와 흐름을 세밀히 관찰하여야 한다. 그러나 용신을 정하는 것은 그렇게 쉬운 일이 아니다. 그것은 사주마다 음양과 오행의 분포가 각기 다르고 합이나 충으로 오행의 기가 약해지거나 또는 강해지는 작용이 천변만화하기 때문이다.

용신은 다양한 형태로 있는데 사주팔자 중 어느 한 글자가 용신이 되기도 하며, 오행 중의 하나가 용신이 될 수도 있고 사주의 구조 자체가 용신이 되는 경우도 있다. 용신은 일주를 위해 가장 필요한 요소이므로 일주를 떠나서는 존재할 수 없으며 어떤 사주도 용신 없는 사주는 없으며 반드시 사주 내에서 용신을 정해야 한다.

용신은 일주, 격국과 더불어 사주 감명의 三要素가 되니 그 셋 모두를 대비하여 판단해야 한다. 사주를 주택에 비유하면 일주는 집주인이며 격국은 그 집이 아파트냐 단독주택이냐의 건물유형이고 용신은 그 집의 문을 열고 들어가는 열쇠와 같다 하겠다. 그러므로 용신(열쇠)이 좋으면 쉽고 편안하게 내 집을 출입할 수 있으나 용신(열쇠)이 부실하면 내 집을 출입 하는데 어려움을 겪게 되는 것과 같이 용신은 사주 주인공인 일주에게 직접적인 영향을 끼치게 된다. 이렇듯 길흉판단의 요체는 바로 용신이 된다는 것을 명심하여야 한다. 단, 사주의 다양한 환경에 따라 그 상대적 관계가 작용하므로 용신 운에 임하였어도 사업에 실패할 수 있으며 기신운이라도 사업에 성공할 수도 있다는 점을 알아야 한다.

사주에서 용신이 제일 중요하지만 지지에 통근이 약한 중 여러 개가 있다고 무조건 좋은 것은 아니다. 용신에도 청탁이 있기 때문이다. 용신은 통근이 뚜렷하고 유기상생이 되며 건왕(健旺) 할수록 좋은 것이다.

참고로 용신을 극제(剋制)하는 기신(忌神)은 나쁘지만, 집에서 지저분한 화장실이 있음으로 도리어 실내를 깨끗이 유지할 수 있듯이, 기신도 때로는 희신의 발판이 될 수도 있으며 사주전체가 유기상생이 되는 경우도 있음을 알아야 한다. 그러기에 운에 따라서 정신적으로는 힘들어도 금전적으로는 편안한 경우가 있고, 반대로 금전적으로는 힘들어도 정신적으로는 안정되는 물질과 정신의 이원적인 작용이 일어나는 것이다.

길흉은 일차적으로 용신과 관계되지만 심리적으로 나타나는 성향이나 직업이나 사회성 등의 성패는 사주의 구조와 격국에 의해서 좌우되므로 이를 분석해 내지 못하면 현대인들에게 유효적절한 상담서비스를 제공하기에 어려움이 따를 수 있다.

나) 용신의 조건
* 용신은 건왕해야 한다.
* 용신은 통근, 득지, 득국 할수록 좋다.

* 용신은 지지에 뿌리를 두고 천간으로 투출하는 것이 우선이다.

* 용신은 年·月 보다 日·時에 있어 일간과 가깝고 유정해야 좋다.

* 양간이 강 할 때는 관살을 좋아하고, 약할 때는 인성을 좋아한다.

* 음간이 강하면 상관의 설기를 좋고, 약하면 겁재의 조력이 좋다.

* 오행이 一氣로 된 사주는 생하거나 설기하는 것 모두가 용신이 될 수 있다.

* 종격사주는 사주 內의 강왕한 오행이 용신이다.

* 사주 내의 오행들이 서로 상전(相戰)하고 있을 때는 그것을 통관시켜주는 것이 용신이다.

* 사주가 지나치게 조열할 때는 金水가 조후용신이다.

* 사주가 지나치게 한습할 때는 木火가 조후용신이다.

* 용신을 생조(生助)하면 길하고 피상(被傷)하면 흉하다.

* 용신이 없는 사주는 없으며 필히 사주 내에서 정해야 한다.

다) 억부용신을 정하는 법

용신을 정하기 위해서는 먼저 일간의 강약을 구분해야 한다. 강약을 구분하여 용신을 정한다는 것은 쉽지 않기 때문에 처음부터 음양오행의 생극제화(生剋制化)와 계절에 따른 왕쇠강약(旺衰强弱)의 근본을 정확히 습득하여야만 제대로 용신을 설정할 수 있게 된다. 일간이 신강하면 관성, 재성, 식상으로 일간의 기를 유출시키고 일간이 신약하면 인성과 비겁으로 일간을 도와주어야 한다. 또한 사주내의 오행이 강력하게 한 가지 기세로 이루어져 있으면 그 기세를 순응하여 용신을 정하여야 한다.

❶ 인성이 많아서 신강하면 재성을 먼저 용신으로 정하고, 재성이 없으면 관성, 관성이 없으면 식상 순으로 용신을 정한다.

❷ 비겁이 많아서 신강하면 관성을 먼저 용신으로 정하고, 관성이 없으면 식상, 식상이 없으면 재성 순으로 용신을 정한다.

❸ 식상이 많아서 신약하면 인성을 먼저 용신으로 정하고, 인성이 없으면 비겁으로 용신을 정한다.

❹ 재성이 많아서 신약하면 비겁을 먼저 용신으로 정하고 다음으로 인성을 용신으로 정한다.

❺ 관성이 많아서 신약하면 인성을 먼저 용신으로 정하고 다음으로 비겁으로 용신을

정하며. 재성이 없을 경우에는 식상으로 제살한다.

❻ 일주가 대부분 비겁으로 이루어져 있으면 木 일주는 곡직격(曲直格), 火 일주는 염상격(炎上格), 土 일주는 가색격(稼穡格), 金 일주는 종혁격(從革格), 水 일주는 윤하격(潤下格)이라 하며 그 기세를 따라 격이 곧 용신이다.

❼ 오행의 기운이 한곳으로 강왕하게 치우쳐 그 기세를 거역 할 수 없을 때는 일간은 치우친 오행의 기세로 從해야 하니 인성이 대부분이면 종강격, 비겁이 대부분이면 종왕격, 재성이 대부분이면 종재격, 식상이 대부분이면 종아격, 관살이 대부분이면 종살격이 되어 격이 곧 용신이 된다.

〈억부용신 우선 순위표〉

신 강 사 주	인수(印綬)가 많아 신강할 때	① 재성(財星) ② 관살(官殺) ③ 식상(食傷) ④ 종강격(從強格)
	비겁(比劫)이 많아 신강할 때	① 관살(官殺) ② 식상(食傷) ③ 재성(財星) ④ 종왕격(從旺格)
신 약 사 주	식상(食傷)이 많아 신약할 때	① 인수(印綬) ② 견겁(肩劫) ③ 관살(食居先殺居後格) ④ 종아격(從兒格)
	재성(財星)이 많아 신약할 때	① 견겁(肩劫) ② 인수(印綬) ③ 종재격(從財格)
	관살(官殺)이 많아 신약할 때	① 인수(印綬) ② 견겁(肩劫) ③ 식상(食傷制殺格) ④ 종살격(從殺格)

5) 용신의 분류

사주구조에 따라 용신이 정해지면, 용신의 명칭도 붙여지게 된다. 하지만 격국과 용신의 명칭 자체에 따라서만 사주의 귀천(貴賤)이 결정 되는 것은 아니다. 사주 내에서 설정된 용신의 구조가 좋고 또 운에서도 용신을 잘 도우면 성공적이며 부귀한 인생을 살게 되고, 반대로 용신이 충, 극 당하였거나, 뿌리가 없이 약하거나, 일간과 무정하게 존재한다면 귀한 명(命)이 못되므로 운에서 도움을 받아야만 발복될 수 있다. 격국과 용신의 명칭이 세분화 되어있는 경우가 많으나 일반적으로 분류되어 있는 용신의 종류는 다음과 같다.

가) 용신의 종류

❶ 억부(抑扶)용신

일간이 강하면 食.財.官으로 抑制하고 약하면 印.比로 扶助한다.

❷ 조후(調候)용신

사주가 한랭하면 木火로, 조열하면 金水로 조후용신한다.

❸ 병약(病藥)용신

사주에 편중되어 病이 되는 오행이 있으면 이를 극제하는 藥神이 용신이다.

❹ 통관(通關)용신

오행이 서로 상전(相戰)하고 있을 때는 중간에서 이를 통관 시키는 것으로 용신한다.

❺ 전왕(專旺)용신

오행이 한쪽으로 완전히 치우쳐 그 세력에 따라 從하거나 合化하거나 하나의 오행으로 全旺한 경우 그 旺 한 오행이 용신이다. (종격용신, 화기격용신, 일행득기격용신)

❻ 격국용신(格局用神)

格에는 格이 원하는 용신(자평진전의 相神)이 있다. 4吉格은 순용하고 4凶格은 역용한다. 격국용신은 길흉을 가늠하는 기준이 되기보다는 사주 주인공이 타고난 스타일대로 사회성을 가지고 잘 살아 갈 수 있는 사주의 구조에 따른 요구조건이다. 격국용신에 대하여서는 4장에서 자세히 살펴보기로 한다.

나) 격국과 용신은 하나의 시스템으로 사주의 기본적 스타일과 성공의 핵심 키포인트이다

사주에서 격국과 용신은 각기 다른 명칭을 갖고 있지만 별개의 것으로 생각해서는 안 된다. 격국이란 일간과 월지와의 생극비화 관계를 나타내는 것으로 기후가 관여되면서 사주의 근본적인 체질이 결정되는 것이 격이다. 그런데 그 사주가 갖는 음양오행의 체질로부터 가장 절실히 필요로 하는 음양과 오행이 바로 용신이 되는 것이다. 그러므로 우리는 격국과 용신을 통하여 하나의 사주로부터 정확히 무엇이 필요하고 요구되는가를 알 수 있는 것이다.

주택에 비유한다면 격은 그 집의 기본적 유형이고 스타일이며 용신은 그 집의 문을 열수 있는 열쇠라고 볼 수 있으니 격국과 용신은 절대 함께 이해하여야 한다. 이와 함께 육친십성은 그 집의 환경으로 함께 작용하고 있다.

사주를 판단하는 데는 일간과 격국용신의 합리적 연계성을 필요로 하는데, 다양하고도 복합적인 연계성의 결과에 따라 한사람의 인생의 성공과 실패, 부귀와 빈천 등을 판단하게 된다. 그러므로 그것을 옳게 판단하는 것은 사주를 정확하게 분석할 수 있는 최고의 능력이 되며 아울러 훌륭한 정보자료를 소유하게 되는 것이니 그 능력을 최대한 기르는 것은 공부하는 각자의 몫이 된다.

다) 격국에 따른 알맞은 용신의 설정

일반적인 용신정법으로 가장 많이 쓰는 방법은 억부, 조후, 병약, 통관, 전왕, 종화용신이며, 이외 자평진전 용신론으로 4길신 격은 순용(順用)하고 4흉신 격은 역용 (逆用)하는 것으로 순역용신 등이 있다. 격국은 사주의 전체적인 틀이고 용신은 그 격에 따라서 정해지는 中和의 요체이며 吉凶 판단의 기준이다.

월지에서 가장 유력하게 일간에게 영향을 미치는 육친오행으로 격국을 정하며, 그에 따라 사주의 전체적인 틀과 환경을 판단하게 되는 것이다. 이때 그 사주의 여러 가지 환경에 따라 일간에게 가장 이로운 작용을 하는 오행이 바로 용신이다. 하지만 이러한 격국용신법에만 국한되어 모든 사주가 분석되는 것만은 아니며 특수한 사주의 경우 특별한 격명(格名)과 함께 용신의 설정도 예외가 되는 경우도 있다.

6) 內格 용신의 구체적 설정방법

가) 억부용신

억부용신은 일간의 신강 신약을 분별하여 정하는 것이다. 일간이 신강하면 관살로 극제하거나, 식상으로 설기시키거나 재성으로 일간의 힘을 분산시켜 용신으로 잡고 신약하면 비겁이나 인성으로 일간을 도와주어 용신을 삼는다. 관살이 태강하여 신약한 중 인성이 없고 식상만 있을 때는 식상으로 용신한다. (食傷制殺格)

예1) 비겁 강 - 관살용신

丙 甲 戊 庚
寅 戌 寅 子

甲木 일간이 寅月에 출생하여 득령했고 또 시주 寅목까지 득세하여 비견으로 太

强하여 억제가 필요한 사주다. 년간에 庚金이 戌土에 통근하여 강왕한 일주를 극제하는 편관용신이다.

```
庚 庚 丙 丙
辰 午 申 申
```

이 사주는 庚金일간이 申月에 출생하였는데 시상(時上)에 庚金이 투출(透出)하여 매우 신강한 비견격(比肩格)이다. 午火에 통근한 월간 丙火 편관을 용신한다. 가난한 생활 속에 노동운동을 하다 결국 국회의원이 된 노회찬씨의 사주로 용신(用神)인 편관(偏官)이 건왕하다.

예2) 재살 강 - 인성용신

```
丙 丙 甲 丁
申 子 辰 酉
```

丙火 일간이 甲辰月에 출생하고 申·子·辰 水局을 이루어 재살이 태왕한 신약사주이다 월간의 甲木이 진토에 통근하고 水生木, 木生火로 일간을 도우니 偏印용신이다.

```
壬 丙 庚 丙
辰 寅 子 申
```

丙火 일주가 庚子月에 출생하였는데 지지에 申子辰 水局을 이루어 관살(官殺)이 태왕한 신약사주가 되었다. 일간을 돕는 寅木을 용신으로 水를 설기(洩氣)하여 殺印相生 시킨다.

예3) 재성 강 - 비겁용신

```
壬 癸 癸 丙
子 巳 巳 午
```

癸水가 巳月에 출생하고 재성 火가 강하다. 월령에서 재성이 투출한 중 火氣가 강왕하므로 水 비겁을 용신으로 쓰고 金運을 기다려야 한다.

己 壬 丙 丁
酉 寅 午 亥

壬水가 午月에 생하였는데 재성 火가 강하다. 寅午 合으로 火가 더욱 치열해져 년지의
亥水 비겁(比劫)을 용신으로 하고 酉金으로 도와주어야 한다.

예4) 비겁 강 - 상관용신
庚 庚 庚 癸
辰 寅 申 卯

庚金 일간이 申月에 득령하고 득세하여 신강하다. 월령 辰土 중에 癸水가 년간으로
투출되어 일간을 설기하니 용신이다.

乙 壬 壬 丙
巳 申 辰 子

壬水일간이 辰月에 실령(失令)했으나 지지에 申子辰 水局을 이루고 월간에 壬水가
투출(透出)하여 비겁으로 신강하다. 辰 중에 乙木 여기(餘氣)가 시간으로 투출하여
상관격(傷官格)이며 왕한 壬水일간을 설기하여 生財하는 용신이 된다. 동남방 운을
만나야 발복한다.

예5) 인성 강(强) - 재성용신
壬 乙 戊 乙
午 未 子 亥

乙木 일간이 子月生에 시간에 壬수가 투출하여 인수격으로 印星이 강한 신강사주다.
일지 未土에 뿌리를 두고 午화의 생을 받는 월간의 戊土 재성이 용신이다.

庚 丙 乙 戊
寅 辰 卯 子

丙火 일간이 乙卯월에 지지에 寅卯辰 方局을 이루어 인성으로 신강한 사주이다. 일지 辰土의 생을 받고 있는 시상의 庚金 재성으로 억부용신한다. 그러나 뿌리 없는 財가 旺한 인수를 극제할 능력이 부족하니 부(父)와 처(妻)의 덕을 기대할 수는 없다.

나) 조후용신

사주를 보는데 있어 또 다른 중요한 것은 조후와 관계되는 부분이다. 사주가 한랭하면 木火로 따듯하게 해주어야 하고, 조열하면 金水로 시원하게 해주어야 한다. 즉 음이 강하면 양을 보충하고 양이 강하면 음을 보충해 음양의 균형을 이루도록 하는 것이다. 고로 계절의 기후를 조절하는 오행이 용신이 되는 것이다. 사주에 따라서 억부용신과 조후용신이 서로 상반되는 경우가 있다. 조후와 억부가 상반될 때는 일반적으로 억부가 우선하나 조후가 아주 시급한 상황이면 억부 보다 조후가 우선된다.

예1) 한랭한 사주 - 木 火 조후용신
庚 丙 辛 壬
寅 午 亥 子

丙火일간이 亥月생으로 천간의 金은 차갑고 물은 냉하여 꽁꽁 얼어붙는 형국이다. 신약하기도 하지만 조후가 급한 사주다. 일지에 午火가 있고 시지에 寅木이 생해주니 냉기를 녹여줄 수 있어 木火를 조후 용신한다.

丙 庚 壬 壬
子 寅 子 申

庚金 일간이 子월 子시에 출생하고 金水 한랭하여 조후가 급하다. 時干의 丙火가 일지 寅木에 장생하여 따듯하게 해주니 丙火가 조후용신이 된다. 이런 경우를 재자약살 (財慈弱殺)이라고도 하고 식거선살거후(食居先殺居後)라고도 한다.

예2) 조열한 사주 - 金水 조후용신

癸 辛 丙 壬
巳 未 午 申

辛金일간이 丙午월에 출생하여 巳午未로 조열하니 火가 병이다. 연간의 壬水가 年支 申金의 생을 받아 火를 억제하고 시간의 식신 癸水로 火를 제할 수 있다. 식상제살(食傷制殺)의 명이다.

己 甲 丙 壬
巳 子 午 寅

甲木일간이 丙午月 생으로 뜨거운데 연지의 寅木과 시지 巳火로 木火가 치열한 사주다. 년간의 壬水가 일지 子水에 뿌리를 두고 火氣를 식혀주니 조후용신이다.

예3) 조후와 억부가 상반될 때는 일반적으로 억부가 우선하나 조후가 아주 시급한 상황이면 억부 보다 조후가 우선된다.

癸 乙 丁 甲
未 丑 丑 申

乙木 일간이 한랭한 계절인 丑月에 태어났으며 시상으로 癸水가 투출되어 겨울비와 같다. 조후로 丁火를 사용해야 할 것 같지만 조후가 시급하지 않고 乙木이 財多로 신약하니 먼저 겁재 甲木을 억부용신하여 旺한 財를 다스려야 한다. 월간의 丁火가 조후를 해결해 주니 평화로운 삶을 살아갈 수 있다.

다) 병약용신

사주에서 지나치게 태과하거나 또는 없느니만 못한 오행은 病이 된다. 이 것을 제거시켜 주는 오행을 병약용신(病藥用神)이라고 한다. 가령 木 일주가 水旺節인 亥子月에 출생하여 浮木이 되면 水가 병인데 이때 土가 土剋水를 하여 병약용신(病藥用神)이 되는 것이다. 또 사주에서 필요한 용신을 沖, 剋하여 괴롭히는 오행은 병이 되니 이때 病이 되는 오행을 극제하여 주는 오행은 藥神이 된다. 행운에서도 용신을 극하는 운을 만나면 用神之病 운이 된다. 병이 되는 오행을 제거시켜주는 오행이 약신이며, 사주내의 병을 제거하는 운을 만나면 藥運이 되어 길하다.

예1) 强火 病 - 水가 藥
戊 丙 丁 丁
子 申 未 巳

丙火 일간이 丁未月에 출생하고 사주 중에 丁, 丁, 丙과 년지의 巳火로 火氣가 태왕하여 병이다. 시지 子水와 일지의 申金이 申子合水局을 이루어 병이 되는 火를 극제 할 수 있으니 水관성이 병약용신이다. 그러나 용신 水를 극하는 용신지병이 되는 戊土를 제할 약신인 木이 사주에 없어 문제가 된다.

예2) 强土 病 - 木이 藥
甲 甲 戊 己
子 戌 辰 丑

甲木 일간이 戊辰月에 출생하고 연주 己丑, 일지 戌土까지 土가 많아서 병이 되고 있다. 시주에 비견 甲木이 병이 되는 왕한 土를 극제할 수 있으니 甲木이 病藥藥神이 된다. 재다신약의 사주로 득비이재(得比理財)의 명이니 재복은 타고난 사주이다.

예3) 强水 病 - 土가 藥
庚 壬 壬 丁
子 戌 子 巳

壬水 일간이 子月生으로 金水로 한냉하다. 연간 丁火로 조후용신을 하여야 한다. 그러나 火를 생해줄 木이 없는 중에 水氣가 태강하여 火를 끄니 병이 된다. 일지의 戌土가 조토로서 子水를 극하여 火를 보호하니 병약용신(病藥用身)이 된다.

예4) 强土 病 - 木이 藥

己 戊 甲 戊
未 辰 子 戊

戊土 일간이 子月에 실령했으나 득지득세하여 신강하고 군겁쟁재를 이루어 비겁이 병이다. 진토에 뿌리를 두고 子水의 생을 받는 월간의 甲木 편관이 비겁을 극제하니 병약용신이다.

라) 통관용신

사주내의 오행들이 서로 심하게 상전하고 있을 때는 중간에서 통관시켜주는 오행이 용신이 된다. 金과 木이 서로 相戰하고 있을 때는 水로 통관 시켜주고 水와 火가 상전하고 있을 때는 木으로, 木과 土의 상전은 火로, 火와 金의 상전은 土로서, 서로 상생 관계를 이루도록 통관시켜 주는 오행이 용신이 된다. 통관용신이 사주 내에 없으면 대운에서 올 때 발전하고 안정이 되며, 또 사주에서 기신과 희신이 상전하고 있다면 통관운이 올 때 발복한다.

예1) 水 火상전 - 木 통관

丙 丙 壬 壬
申 寅 子 子

丙火 일간이 壬子年, 壬子月에 출생하여 수기가 태왕하다. 사주 내에서 水火相戰하니 木으로서 水生木, 木生火로 통관시켜야 한다. 盱한 관살의 水氣를 유출시켜 다시 일간을 돕는 일지 寅木이 통관용신이다. 이런 경우를 살인상생격(殺印相生格)이라고 한다.

예2) 木 土상전 - 火 통관

甲 戊 乙 癸
寅 午 卯 卯

戊土 일간이 乙卯月에 출생하고 년월시에 卯, 卯, 甲寅으로 木局을 이루었다. 木土相

戰으로 戊土가 심하게 극을 받고 있는데 다행히 일지 午火가 寅午 火局으로 木生火, 火生土로서 일간 戊土를 보호하게 되었다. 木土相戰을 통관시켜 준 午火가 통관용신이 된다. 이러한 사주를 殺重用印格이라고 한다.

예3) 火 金상전 – 土 통관

己 丁 丙 丁
酉 酉 午 巳

丁火일간이 午月에 득령하고 년월에 丙丁이 투간하여 신강하다. 지지에 酉金이 둘로 火金이 相戰하고 있으니 時干의 己土로 통관시킨다. 이러한 사주는 식신이 용신이므로 소개업이나 먹는장사 등이 좋고 여자는 자식 낳고 발복하게 된다.

예4) 土 水상전 – 金 통관

癸 己 己 戊
酉 亥 未 戌

己土 일간이 未月에 득령하고 비겁이 중중하여 매우 신강한데 일지의 亥水와 시간의 癸水를 旺한 土가 剋하고 있다. 시지의 酉金이 土生金, 金生水로 상생시키는 통관용신이다.

예5) 金 木상전 – 水 통관

辛 癸 壬 甲
酉 酉 申 寅

癸水 일간이 申月에 득령하고 일지 酉金, 연지 申金, 辛酉시의 생조로 신강 해졌다. 金이 旺하여 金木이 相戰하는 유형으로 월간 壬水가 金과 木을 통관시키니 통관용신이다.

마) 相神(격국용신) 정하는 법

격국과 상신(相神)을 논할 때는 사주의 신강신약에 따른 억부용신과는 별로 관련이 없다. 4길신격(정관, 정인, 식신, 재격)은 순용하여 생하는 것이나 설하는 것으로 상신을 정할 수 있고 4흉신격(편관, 편인, 상관, 양인격)은 역용하여 극제하는 것으로 상신을 정한다. 격국의 기신은 4길신은 극하는 것, 4흉신은 생하는 것이다.

4길신인   정관격은 ① 재성 ② 인성

               정인격은 ① 관성

               식신격은 ① 재성

               재격은   ① 식상 ② 정관

4흉신인   편관격은 ① 식상 ② 인수

               편인격은 ① 관성 ② 재성

               상관격은 ① 재성 ② 인성

               양인격 건록격은 ① 관성 ② 식상

위와 같이 相神을 구하는 것이 일반적 원칙이지만 사주구조에 따라 변할 수도 있다. 격국용신(상신)에 대하여는 4장에서 자세히 다루기로 한다.

3장. 억부론과 적천수의 취용법

✦ 1. 적천수 핵심이론

일반적으로는 적천수의 이론에 기반하여 분류되는 용신의 종류는 억부용신, 조후용신, 병약용신, 통관용신 및 종왕(從旺)용신으로 구분할 수 있다. 적천수의 핵심사상은 중화(中和)에 있는데 사주의 부귀빈천과 길흉수요는 중화에 달려 있다는 것이다. 사주가 중화를 이루면 부귀하고 순탄한데 중화를 잃으면 빈천하고 곤궁하다는 것으로 오장육부의 질병마저도 오행의 태과(太過)나 불급(不及)으로 인한 중화의 실조(失調)에 있다고 본다.

그러나 적천수 용신론의 또 다른 핵심은 사주에서 어느 한 오행이 지나치게 왕(旺)하여 일반적인 방법으로 도저히 중화를 이루지 못할 경우 그 왕한 오행의 기세를 따라 순응하는 방법이 있으니 약한 것을 버리고 강한 것을 따르는 종왕격(從旺格), 종강격(從强格), 종기격(從氣格), 종세격(從勢格) 등의 4종격이다. 이는 강중적과(强衆敵寡)의 경우 중화보다는 강한 것을 따르는 것을 편하게 여겼고, 그 때문에 적천수에 거론된 사주는 대부분 종격으로 보면서 아래의 원칙에 따라 용신을 정하고 있는데 4종격과 그에 따르는 용신의 선택법은 다음과 같다.

종왕격(從旺格)은 사주가 모두 비견과 겁재로 이루어지고 관살의 극제가 없이 인수(印

綬)만 있으면 왕성함이 극에 달하므로 그 왕(旺)한 오행을 따라서 비겁과 인수가 용신이 된다. 종강격(從强格)은 사주에 인수가 가득하고 비겁이 중첩하고 일주가 당령(當令)하면서 재관이 전혀 없을 때 인수와 비겁을 따라 용신을 정한다. 종기격(從氣格)은 재관, 인수, 식상을 막론하고 사주의 기세가 木 火에 치우쳐 있거나 金 水에 치우쳐 있을 때는 그 치우쳐 있는 오행을 따라 용신을 정한다. 그러므로 용신은 木 火또는 金 水가 된다. 종세격(從勢格)은 일주가 뿌리가 없고 사주에 재관, 식상이 아울러 왕성하면 그 왕성한 세 가지 오행의 기운을 따라 용신을 정한다. 세 가지의 오행이 서로 상극하지 않게 되어야 하므로 관살과 식상의 싸움을 해소하고 통관하는 재성이 용신이 된다. 그러나 만약 어느 한 가지 오행이 유독 강할 경우에는 그 오행이 용신이 된다.

적천수의 용신론 가운데는 왕한 것을 설기해야지 극해서는 안 된다고 하는 왕자의설불의극(旺者宜洩不宜剋)의 원리가 있는데 신강한 사주에서 관살의 극제보다는 식상의 설기(洩氣)를 우선하는 것이다. 이 이론은 신강한 사주에서 관살의 극제를 선호하는 연해자평의 원칙에 반대되는 것인데, 사주학의 용신론을 더욱 발전시킨 이론이라고 할 수 있다.

적천수의 내용 중에 격국에 관계 되는 핵심 이론을 정리하여 보면 내격은 정재, 편재, 정관, 편관, 정인, 편인, 식신, 상관의 8개의 격으로 구분하고 외격은 종왕(從旺), 종강(從强), 종아(從兒), 종재(從財), 종살(從殺)의 5개의 종격(從格)과 곡직(曲直), 염상(炎上), 가색(稼穡), 종혁(從革), 윤하(潤下)의 5종류의 일행득기격(日行得氣格) 그리고 갑기합, 을경합, 병신합, 정임합, 무계합의 다섯 종류의 화기격(化氣格)으로 구분할 수 있다. 그 외 기타 양신성상격(兩神成相格)이나 신살양정격(身殺兩停格) 그리고 양인격(羊刃格)과 건록격(建綠格) 등을 들을 수 있다. 아래에 적천수의 핵심 이론들을 살펴보기로 한다.

1) 격국론(論格局)

가) 원문
財官印綬分偏正, 兼論食傷格局定.(재관인수분편정, 겸론식상격국정)
影響遙繫旣爲虛, 雜氣財官不可拘.(영향요계기위허, 잡기재관불가구)
官殺相混來問我, 有可有不可.(관살상혼래문아, 유가유불가)
傷官見官果難弁, 可見不可見.(상관견관과난변, 가견불가견)

나) 해설

　격국을 정함에는 재성과 관성, 인성은 편, 정으로 나누고 식신, 상관을 구별하니 정재, 편재, 정관, 편관, 정인, 편인, 식신, 상관으로 격국을 정한다. 또한 격국을 정하는데 천간이든 지지든 바로 옆에 나란히 있지 않고 멀리 떨어져서 있는 원합, 원충은 모두 작용력이 없으니 취하지 않으며 월지는 그 계절을 취해야만 하고 잡기재관 같은 것에 구애되어 격을 잡아서는 안 된다. 관살혼잡의 명이나 상관견관의 사주는 경우에 따라서 좋을 수도 나쁠 수도 있다.

다) 사례

예1)

　관살혼잡(官殺混雜)은 대부분 나쁘지만 庚金 일주가 가을 겨울생은 아닐 수도 있다. 특히 庚金 일주가 신왕할 경우는 더욱 그러하다 이럴 경우는 丁火로 제련하고 丙火로 조후를 맞추어 모두 길할 수 있다.

甲 庚 丁 丙
申 申 酉 戌
癸 壬 辛 庚 己 戊　대운
卯 寅 丑 子 亥 戌

　위 사주는 군겁쟁재(群劫爭財)가 심한데 甲木이 뿌리가 없다. 財를 보호하기 위하여 관살이 꼭 필요하다. 무일푼으로 시작해서 당대에 거부가 된 사람이다.

예2)

　상관견관은 보통 매우 꺼린다. 하지만 예외도 있으니 甲日의 丁火 상관은 반드시 庚金이 필요하고, 丙日의 己土 상관은 반드시 癸水가 필요하며, 壬日의 乙木 상관은 반드시 戊土가 필요하고, 癸日의 甲木 상관은 반드시 己土가 필요한 경우 등이 그러하다.

庚 甲 丁 甲
午 寅 卯 申
甲 癸 壬 辛 庚 己 戊　대운
戌 酉 申 未 午 巳 辰

위 사주는 甲木 일주가 비겁이 태과하여 丁火로 불태워 목화통명(木火通明)을 이루는데 庚金으로 벽갑인화(劈甲引火)를 시키니 묘용(妙用)이 있는 경우이다.

2) 종화론(論從化)

가) 원문

從得眞者只論從, 從神又有吉和凶.(종득진자지론종, 종신우유길화흉)
化得眞者只論化, 化神還有幾般話.(화득진자지론화, 화신환유기반설)
眞從之象有幾人, 假從亦可發其身.(진종지상유기인, 가종역가발기신)
假化之人亦可貴, 孤兒異性能出類.(가화지인역가귀, 고아이성능출유)

나) 해설

종격을 이룬 사주는 다만 종오행을 논하고, 從神에 의하여 길과 흉이 나타나니 종한 오행을 따라 가야 한다. 화기격을 이룬 사주는 다만 화한 오행만을 논하고, 化神에 기반을 두고 이야기해야 한다. 완전한 종격의 모양새에 그 사주의 기미가 있으며 가종격(假從格)이라 해도 從하는 운에는 귀명이 될 수 있다. 가화격(假化格)의 사주 또한 귀할 수 있으며, 진화격(眞化格)이라도 고아이성(孤兒異性)이 능히 나올 수 있다.

다) 사례

예1) 從하는 운에 발복하고 逆하는 운에 패망한 경우
甲 辛 乙 戊
午 亥 卯 寅
戊 己 庚 辛 壬 癸 甲
申 酉 戌 亥 子 丑 寅

위 사주는 일간 辛金이 뿌리가 없고 인성 戊土도 뿌리가 없는데 지지에 寅卯亥로 재성이 삼합 방합 육합으로 財局을 이루니 종재격이 되었다. 대만의 유명한 기생출신으로 거부의 정실부인이 된 사람이다. 甲寅, 癸 대운 20세 까지 의사의 딸로 잘 살았으나 丑대운 庚子년에 부친이 사망하고 집안이 망하여 辛丑년에 기원(妓院)으로 들어 갔다한다. 壬대운 癸卯년에 재벌의 정실부인이 되어 팔자를 고쳤으나 庚戌대운에 집안이 다시 망하고 己 대운에 비명횡사한 사람의 사주이다.

예2) 化氣格의 사주
甲 壬 丁 甲
辰 辰 卯 戌
庚 辛 壬 癸 甲 乙 丙 대운
申 酉 戌 亥 子 丑 寅

壬水 일간이 丁壬合을 하였는데 월지가 卯월이고 사주에 木의 기운을 거스르는 金의 기운이 없어 丁壬合化木格이 되었다. 辰중의 癸水가 일간 壬水의 뿌리가 될 수도 있었으나 卯辰合, 辰戌沖으로 뿌리가 되지 못하고 오히려 甲木의 뿌리가 되니 眞化格이 된다.

예3) 化氣格이 안 되는 사주
辛 丙 戊 庚
卯 子 子 戌
壬 癸 甲 乙 丙 丁 대운
午 未 申 酉 戌 亥

丙火 일간이 丙辛合을 하였는데 월지가 子월이므로 화기격이 가능하다. 그러나 천간에서 戊土가 土剋水하고 戌중의 丁火가 일간 丙火의 뿌리가 되며 시지에서 卯木이 木生火를 하니 合變할 수 없다. 그러므로 내격에 기준하여 취용하면 된다.

3) 체용론(體用論)과 정신론(精神論)

가) 원문

道有體用 不可以一端論也, 要在扶之抑之得其宜.

(도유체용 불가이일단논야, 요재부지억지득기의)

人有精神 不可以一偏求也 要在損之益之得其中.

(인유정신 불가이 일편구야, 요재손지익지득기중)

나) 해설

'道에는 體와 用이 있어 한 가지만을 論해서는 안 된다. 중요한 것은 돕고 억제하는데 있다'는 체용론을 해석하면 사주의 성패를 결정하는 데는 사주원명과 행운 두 가지 중요한 요소가 있는데 그중 한 가지 만으로 운명을 논해서는 안 되는데 그 요체는 행운에서 사주의 용신을 부조하고 기신을 억제 하는 것이 바람직하기 때문이라는 이야기이다.

또 '사람에게는 精과 神이 있어 한 가지만을 구해서는 안 된다. 중요한 것은 덜어내고 보태주어 중화를 얻는데 있다'는 정신론을 해석하면 사주에서는 음양과 오행의 균형이 가장 중요하며 木 火, 또는 金 水로 일방적으로 편중되어 있으면 나쁘기 때문에 모자라는 것은 보태주고 지나친 것은 덜어내 주어야 한다는 뜻이다.

다) 사례

예1) 체용론

좋은 사주도 대운이 나쁘면 고생과 실패로 일관하고 나쁜 사주도 행운이 좋으면 편안하고 발복하게 된다. 그러나 우선은 사주 원명이 좋고 봐야 한다. 사주의 격국에 의해 이미 부귀빈천의 심도가 정해져 있기 때문이다.

丁 乙 辛 癸

亥 酉 酉 未

甲 乙 丙 丁 戊 己 庚　　10대운

寅 卯 辰 巳 午 未 申

乙木 일간이 辛酉월에 편관격의 신약한 命으로 年干의 癸水로 억부용신하여 殺印相生을 시키고 時干의 丁火로 조후용신하여 食神制殺을 하고 있다. 癸水와 丁火 때문에 從殺格은 될 수 없다. 그러므로 편관격으로서는 아주 成格이 잘 된 대귀한 명이다. 20세부터 일생 대운이 木 火운으로 흘러 대만의 행정부장관을 역임하며 번영할 수 있었다.

예2) 정신론 - 음양과 억부의 배합이 안 맞는 사주

辛 乙 丁 甲
巳 卯 卯 辰
辛 壬 癸 甲 乙 丙 대운
酉 戌 亥 子 丑 寅

乙木 일간이 卯월에 태어나 신강한데 이 사주 또한 전체적으로 사주에 木火가 많고 金水가 약하다. 억부용신으로 辛金을 써야 하는데 월간의 丁火에 극제 당하고 지지의 巳 卯 辰에 死 絕 墓 되어 용신이 무력하게 되었다. 水運은 음양의 배합은 되나 억부가 틀어진다. 결국 음양과 억부의 배합이 안 맞는 사주이다. 남편과 이혼 후 미모를 자랑하며 여러 남자와 염문을 뿌리고 다니는 여자이다.

예3) 정신론 - 음양과 억부의 배합이 안 맞는 사주

庚 壬 甲 癸
戌 子 子 卯
庚 己 戊 丁 丙 乙 대운
午 巳 辰 卯 寅 丑

壬水 일간이 子월에 태어나 극신강한 겁재격(양인격)의 사주로 전체적으로 사주에 金水와 木火의 균형이 안 맞는다. 월간의 甲木 식신으로 설기할 수도 있고 시지의 관성 戌土로 억제할 수도 있으나 사주에 火오행이 없어 모두 무력(無力)하게 되었다. 무속을 하며 상담업을 하는 여자의 사주이다.

4) 청탁론(論淸濁)

가) 원문

一淸到底有精神, 官取平生富貴眞.(일청도저유정신, 관취평생부귀진)

澄濁求淸淸得去, 時來寒谷也回春.(징탁구청청득거, 시래한곡야회춘)

滿盤濁氣令人苦, 一局淸枯也苦人.(만반탁기령인고, 일국청고야고인)

半濁半淸無去取, 多成多敗度晨昏.(반탁반청무거취, 다성다패도신혼)

나) 해설

'사주의 淸氣가 깊은 곳에서 나와 精神이 조화로우면 官에 의지하여 평생 富貴가 끊이지 않는다'는 말은 사주가 아주 淸하고 金 水와 木 火가 적당하게 균형을 이루면 평생 부귀할 수 있다는 이야기이다.

그리고 '사주에 淸濁이 함께 있으나 淸을 구하여 나가면 좋은 대운에 추운 골짜기에 봄이 오리라'는 말은 사주에 청과 탁이 함께 있을 때 행운에서 간합 등으로 탁함이 제거될 때 發福 될 수 있다는 뜻이다.

또한 '만반에 濁氣가 가득하면 괴로운 사람이며, 사주가 淸하다 해도 마른즉 괴로운 사람이라'는 이야기는 사주 명식 전부가 탁하면 일생 고생을 하고 사주가 청하여도 사주에 水오행이 너무 약하면 역시 고생을 하게 된다는 뜻이다. 끝으로 '半은 濁하고 半은 淸한데 濁을 제거하지 못하면 매번 흥하고 매번 망하리라'는 말은 청탁이 혼잡되어 있는 사주는 항상 성공과 실패를 반복하는 인생을 살아가게 된다는 뜻이다.

이 청탁론에서 적천수의 저자가 말하고자 하는 것은 사주에는 오행의 강약이라는 문제 외에 청탁이라는 문제가 있는데 그 청탁이라는 것도 격국이나 조후의 희기를 무시하고 그것만을 보아서는 안 된다는 것이다.

다) 사례

예) 淸한 사주

戊 甲 甲 甲

辰 子 戌 戌

戊 己 庚 辛 壬 癸 대운

辰 巳 午 未 申 酉

재다신약(財多身弱)으로 잘못하면 탐재괴인(貪財壞印)이 될 수도 있는 사주이니 비겁으로, 과다한 財를 극제해야 된다. 그런데 사주에 관살이 없어 淸하게 되었다. 지지에서는 戌중에 辛金과 丁火가 있고 子와 辰에는 水와 木이 있으니 사주가 매우 청하고 정신(精神)이 있는 사주가 이다.

5) 중과론(衆寡論)

가) 원문

抑强扶弱者常理, 用强捨弱者元機.(억강부약자상리, 용강사약자원기)

나) 해설

강한 오행은 억제하고 약한 오행을 도와주는 것은 내격의 일반적인 이치이다. 하지만 너무 강한 오행을 종하여 用神으로 하고 너무 弱한 오행을 버리는 것은 외격의 특별한 법칙이다.

다) 사례
예) 종재격의 사주

壬 戊 甲 癸
子 子 子 酉

丁 戊 己 庚 辛 壬 癸
巳 午 未 申 酉 戌 亥

戊土가 子月에 태어나고 연지 酉金이 水를 생하고 전체 사주가 水局을 이루어 종재격(從財格)이 되었다. 庚申, 辛酉대운에 큰 부를 얻었으나 己未, 戊午대운에 패망하고 사망하였다. 金水木運은 길하고 火土운은 흉하다.

6) 순역론(順逆論)

가) 원문

順逆不齊也 不可逆者, 順其氣勢而已矣.(순역부재아 불가역자, 순기기세이기의)

나) 해설

'順함과 逆함은 같지 아니하니 거역할 수 없으면 그 기세에 순응하여야 한다'는 원문을 해석하면 순(順)이란 태강한 오행에 따라 가는 것, 즉 종격사주를 말함이고 역이란 강한 오행을 극(剋) 하던가 설기(洩氣)하는 것으로 내격사주를 말하는 것인데 종격사주와 내격사주의 조건이 각각 다르니 억부할 수 없을 만큼 강한 오행은 그 기세를 따라 종격으로 잡아야 한다는 말이다. 순역론은 위의 종화론과 같은 이론이다.

다) 사례

壬 己 庚 辛
申 未 寅 亥
甲乙丙丁戊己 대운
申酉戌亥子丑

己土 일주가 일지의 未土에 통근 했으나 인성이 없어 생을 받지 못하고 申金에 설기되고 寅亥合木하여 木剋土가 심하므로 종세격(從勢格)이 된다.

丙 壬 丁 甲
午 寅 卯 午
辛壬癸甲乙丙 대운
酉戌亥子丑寅

壬水 일주가 지지에 통근하지 못하고 전체 사주가 木火로 이루어져 종재격의 사주이다. 木火운은 吉하고 金水운은 凶하다. 土운에는 희비가 교차한다. 2014년 4월 1일 만우절 12시에 출생한 신생아의 사주이다.

7) 월령론(月令論)

가) 원문

月令提綱 譬之宅也 人元用事之神 宅之向也 不可以不卜.

(월령제강 비지택야, 인원용사지신 택지향야 불가이불복)

나) 해설

月令은 提綱(제강)으로 비유하건데 집과 같은 것이며, 지장간은 집의 방향과 같다. 그러므로 월률분야에 따라 월지장간의 기운을 결정해야 하니 이를 쓰지 않고는 吉凶을 알 수가 없는 것이다.

다) 사례

戊 甲 甲 甲   절입 11일째 출생
辰 子 戌 戌
戊 己 庚 辛 壬 癸 대운
辰 巳 午 未 申 酉

적천수 천간론의 갑목참천 탈태요화 춘불용금 추불용토(甲木參天 脫胎要火 春不容金 秋不容土)와 같아 土가 忌神이 된다. 재다신약(財多身弱)으로 잘못하면 탐재괴인(貪財壞印)이 될 수도 있는 사주이다. 그러나 戌월의 절입일 11일째 출생하여 金의 기운이 사령(司令)할 때이므로 천간의 戊土가 비록 지지에 뿌리가 강할지라도 실령을 하게 되어 土剋水가 잘 안되니 일간 甲木이 지지에서 충분히 生扶를 받아 木剋土하여 忌神을 제압할 수 있다. 만약 같은 甲子일 生이라도 절입일 13일 이후에 출생하였더라면 월지의 기운이 戊土가 司令하여 土의 힘이 3배 이상 강해지므로 탐재괴인(貪財壞印)이 되어 천명(賤命)이 될 수도 있다. 그러므로 辰, 戌, 丑, 未월은 절입일 후 12일을 기준으로 판단에 주의를 기울여야 한다.

8) 중화론(論中化)

가) 원문

能識中和之正理, 而於五行之妙, 有全能焉(능식중화지정리, 이어오행지묘, 유전능언)

나) 해설

이는 중화의 올바른 이치를 알게 되면 오행의 묘리를 터득함에 더 이상 걱정할 것이 없다는 말이다. 체용(體用), 정신(精神), 쇠왕(衰旺), 중화(中和) 등을 알고 이해하게 되면 오행에 대한 억부의 희기(喜忌)를 알 수 있게 되는 것이다.

다) 사례

중화를 잘 이룬 사주의 예를 들면 다음과 같다.

戊 甲 甲 甲
辰 子 戌 戌
戊 己 庚 辛 壬 癸 대운
辰 巳 午 未 申 酉

이 사주는 갑자(甲子)일주가 갑술(甲戌)월에 태어나 편재격의 사주가 비견(比肩)이 강하게 투간하여 매우 흉한 명으로 보인다. 그러나 木 오행과 土 오행이 중화(中和)를 잘 이루어 신왕재왕(身旺財旺)한 사주가 되니 부유한 명이 되었다.

반대로 중화를 잘 이루지 못한 사주의 예를 들면 다음과 같다.

庚 庚 丁 乙
辰 戌 亥 丑
辛 壬 癸 甲 乙 丙 대운
巳 午 未 申 酉 戌

이 사주는 庚金이 丁亥월에 태어나 한습하며 천간에 庚金이 둘 있고 지지에 丑, 戌, 辰으로 인성이 강하니 신강(身强)하여 년간의 丁火로 억부 및 조후용신하고 乙木으로 丁火를 도우니 매우 좋은 사주로 볼 수 있다. 그러나 亥月의 乙木은 무력하여 亥月의 丁火를 생조(生助)할 수 없으니 무력한 丁火가 일간을 통제하는 것이 불가하다. 이 사람은 도박으로 전 재산을 탕진하고 길거리를 나다닐 수도 없던 사람이다[3]

---

3) 鮑黎明(1995), 『적천수 완전풀이』, 예예원, pp. 96~99.

✦ 2. 월령(月令)과 사령(司令)의 차이점

위 적천수 월령론의 '월령제강(月令提綱), 비지택야(譬之宅也), 인원용사지신(人元用事之神), 택지향야(宅之向也), 불가이불복(不可以不卜)' 이라는 구절은 월령의 제강과 인원용사지신은 그 내용을 분별하여야 한다는 말이다. 월령제강은 사주를 분별함에 모든 것의 기준이 월령이 된다는 이야기이고 인원용사지신은 인원을 용사하든지 인원이 용사하든지 어떠한 명령과 체계에 의하여 기운이 발현되고 사용되는지 알아야 한다는 것이다. 여기에 적용되는 것이 월률분야인데 연해자평 월률분야지도에 잘 나와 있는 지장간을 말한다.

辰月을 예로 들면 절입일인 청명 후 12일 기준으로 월령은 木과 土로 구분이 된다. 예를 들어 辰月 청명 10일 이후에 태어나고 천간에 甲木, 癸水, 戊土가 모두 투간 되었다면 어떠할까? 이때의 월령은 木이 된다. 따라서 천간 甲木은 월령을 득하여 격으로 성립이 되고 戊土는 천간에 投干되어 있어도 월령을 잃고 물러나 있는 것이며 癸水는 이때 月率분야가 적용되어 사령이 되었다고 한다.

결론적으로 辰월에 지장간에서 甲木 戊土 癸水가 다 투간이 되었다고 해도 格은 甲木이 되고 人元用思之身은 癸水가 되는 것이다. 그러므로 人元用思之身을 정하는 것도 월령이 하는 일이다. 이것을 두고 적천수에서는 월령과 人元用思之身을 구분하자고 한 것이다. 만약 절입일로 부터 13일 이후에 출생하면 당연히 土가 월령이 되어 戊토는 旺함을 얻게 되는 것이며 계수는 人元用思之身으로 성립되지 않는다.

1) 월령과 사령의 차이점

가) 월령
계절의 의미를 말하기도 하고 월지의 정기 오행을 말하기도 한다.

나) 계절과 월지의 정기오행을 혼동하면
❶ 木의 月 → 寅, 卯 2개월
❷ 火의 月 → 巳, 午 2개월
❸ 金의 月 → 申, 酉 2개월
❹ 水의 月 → 亥, 子 2개월
❺ 土의 月 → 辰,戌,丑,未의 4개월

다른 것은 모두 2개월씩인데 土만 4개월에 해당하여 오행의 비율상으로 합리성이 결여 될 수 있다.

다) 사령(司令)

❶ 木이 司令 → 寅, 卯 2개월과 辰월의 절입일 이후 12일까지
60일 + 12일 = 72일 동안 木이 사령한다.

❷ 火가 司令 → 巳, 午 2개월과 未월의 절입일 이후 12일까지
60일 + 12일 = 72일 동안 火가 사령한다.

❸ 金이 司令 → 申, 酉 2개월과 戌월의 절입일 이후 12일까지
60일 + 12일 = 72일 동안 金이 사령한다.

❹ 水가 司令 → 亥, 子 2개월과 丑월의 절입일 이후 12일까지
60일 + 12일 = 72일 동안 水가 사령한다.

❺ 土가 司令 → 辰, 戌, 丑, 未 월의 절입일 이후 13일째부터 30일까지 18일×4개월
= 72일 동안 土가 사령한다.

결국 오행이 모두 72일×5 = 360일(1년)로 균등한 날짜를 배속 받게 되므로 합리적인 비율이 이루어진다. 그러므로 소위 당령을 논하는 경우에도 위 내용을 참고 하여야 하며 천간합에 따른 화기격(化氣格)의 성립도 위의 내용을 참고해야 한다.

〈지장간 기운표〉

계절	월지	일수	최강오행	장간기운
春	寅	30일 전부	木	甲
	卯	30일 전부		甲乙
	辰	절입 후 12일간		乙
		13일째부터 18일간	土	戊

	巳	30일 전부		火	丙
夏	午	30일 전부			丙 丁
	未	절입 후 12일간			丁
		13일째부터 18일간		土	己
秋	申	30일 전부		金	庚
	酉	30일 전부			庚 辛
	戌	절입 후 12일간			辛
		13일째부터 18일간		土	戊
冬	亥	30일 전부		水	壬
	子	30일 전부			壬 癸
	丑	절입 후 12일간			癸
		13일째부터 18일간		土	己

예1) 격국의 설정의 예

戊 壬 甲 ○

○ ○ 辰 ○

* 壬水 일간이 辰월에 출생
* 절입일(청명)이후 12일 이내에 태어나면 - 월령이 木이다 = 식신격
* 절입일(청명)이후 13일 이후에 태어나면 - 월령이 土이다 = 편관격

예2) 합화오행의 성립 예

辛 丙 ○ ○

○ ○ 丑 ○

* 절입일(소한)이후 12일 이내에 태어나면 - 월령이 水 = 丙辛合化水格 성립가
* 절입일(소한)이후 13일 이후에 태어나면 - 월령이 土 = 丙辛合化水格 성립불가
* 年月干의 합에서도 月令을 득하여 合化의 가부는 위 내용을 기준하여야 한다.

4장. 순역론과 자평진전의 취용법

✦ 1. 자평진전 격국론(格局論)

1) 격국의 순용(順用)과 역용(逆用)

격국(格局)은 오로지 월령(月令)에서 구한다. 일간을 월지에 대조하여 생극을 판단하여 격국을 정한다. 재관인식(財官印食, 재성·정관·인성·식신)은 길신이니 순용(順用, 생조함)하고 살상겁인(殺傷劫刃, 칠살·상관·겁재·양인)은 흉신이니 역용(逆用, 극설함)해야 한다.

가) 길신을 순용한다는 것은 다음 등과 같다.
❶ 재격(財格)이 식신의 상생을 얻는 것.
❷ 정관이 겁재로부터 재격(財格)을 보호하는 것.
❸ 재성이 투출하여 정관격(正官格)을 생해주는 것.
❹ 인성이 식상으로부터 정관격(正官格)을 보호하는 것.
❺ 인수격(印受格)이 관살의 생조를 좋아하는데 겁재가 인성을 보호하는 것.
❻ 신왕한데 재성이 편인을 극제하여 식신격(食神格)이 보호되는 것.

나) 흉신을 역용한다는 것은 다음 등과 같다.

❶ 칠살격(七殺格)을 식신으로 극제하는 것.(이때 재성이 칠살을 돕거나, 편인이 식신을 극하면 흉하다.)

❷ 상관격(傷官格)을 정인으로 극제하는 것.

❸ 상관격(傷官格)이 재를 생하는 것.

❹ 양인격(羊刃格)을 관살로 제복하는 것.

❺ 월겁(月劫, 월령이 건록, 겁재)인데 정관이 투출하여 겁재를 극제하는 것.

❻ 식신이 투출하여 월령 겁재를 설기하여 재성을 생해주는 것.

❼ 편인격에 인성이 태과할 때 재성으로 극제하는 것.

2) 격국의 성패(成敗)과 구응(救應)

격국의 성패란 성격(成格, 격을 이룸)과 파격(破格, 격이 파괴됨)을 말한다.

가) 성격(成格)이란?

❶ 월령 정관이 재성과 인성을 만나고 형충파해가 없으면 정관격(正官格)이 성격(成格)된다.

❷ 월령 재성인데 재왕생관이 되거나 식신이 투출하여 재를 생하면 재격(財格)이 성격(成格)된다.

❸ 월령 인수인데 인수가 약할 때 관살이 인수를 생조하거나, 또는 관인쌍전(官印雙全)하거나, 비겁과 인성이 모두 왕성할 때 식상으로 설기하거나, 인수가 너무 많을 때 재성이 투출하면 인수격(印綬格)이 성격(成格)된다.

❹ 월령 식신인데 식신생재가 되거나 또는 기식취살(棄食就殺, 식신이 태왕하여 약한 칠살을 제압함이 태과할 때 칠살을 취함)이면 식신격(食神格)이 성격(成格)된다.

❺ 월령 칠살인데 신왕하고 식신이 칠살을 제복하면 편관격(偏官格)이 성격(成格)된다.

❻ 월령상관인데 재성이 있거나, 상관이 왕성할 때 상관패인(傷官佩印)이 되거나, 상관이 왕성한데 칠살과 인수가 모두 투출하거나, 상관격에 칠살은 있는데 재가 없을 때는 상관격(傷官格)이 성격(成格)된다.

❼ 월지 양인인 경우 관살이 투출하여 양인을 제압하거나, 식상이 양인을 설기하여

생재하면 양인격(羊刃格)이 성격(成格)된다.

❽ 월지가 건록인 경우 정관이 투출하고 재와 인수가 있거나, 또는 식상이 투출하고 재성이 있거나, 칠살이 투출하고 식신으로 제복되면 건록격(建祿格)이 성격(成格)된다.

❾ 살상효인(殺傷梟刃)의 4흉신으로도 성격이 될 수 있다. 인수격이 약한데 칠살이 투출하였다면 칠살이 인수를 생하니 성격이 된다. 재성이 비겁을 만났는데 상관이 화해시키면 재격이 성격된다. 식신대살(食神帶殺)하여 신약한 경우 편인이 쓸모가 있으면 편인으로 성격(成格)이 된다. 신약한 재격이 칠살이 있는데 양인이 적살(敵殺)하면 성격이 된다.

나) 파격(破格)이란?

❶ 정관이 상관으로부터 극을 당하거나, 정관이 형충을 당하면 정관격이 파격(破格)이 된다.

❷ 재가 약하고 비겁이 많거나, 재가 투출하고 칠살이 있는 것은 재격이 파격(破格)이 된다.

❸ 인수가 약한데 재를 만나거나, 신강하고 인수가 많은데 칠살이 투출되면 인수격이 파격(破格)이 된다.

❹ 식신이 효신을 만나거나 재와 칠살이 모두 있으면 식신격이 파격(破格)이 된다.

❺ 칠살이 재를 만나고 식신의 제복이 없으면 칠살격이 파격(破格)이 된다.

❻ 金水傷官格을 제외하고 정관이 있는 상관격과 상관생재가 되면서 칠살이 있는 것과 상관은 미약한데 신왕하고 인수가 있는 것은 상관격이 파격(破格)이 된다.

❼ 월령이 건록, 양인인데 재관이 사주에 없거나, 칠살과 인수가 투출하면 건록과 양인격이 파격(破格)이 된다.

❽ 재관인식(財官印食)의 4길신도 파격이 될 수 있다. 식신대살(食神帶殺)에서는 재성이 투출하면 파격이 된다. 봄철의 木일간이고 火를 쓸 경우 정관이 있으면 파격이 된다. 식신제살(食神制殺)인데 정인이 있으면 파격이 된다. 재생관(財生官)인데 식신이 투출하면 파격이 된다. 정관격인데 식신이 투출하면 파격(破格)이 된다.

다) 성중유패(成中有敗, 성격이 되었다가 다시 파격이 됨)란?

❶ 정관격이 재를 만나 성격되었다고 해도 상관이 있어 정관을 파극하거나 정관이

합을 당하여 합거(合去)된 경우는 정관격이 파격(破格)이 된다.

❷ 인수격에 식신이 투출하였는데 재가 투출한 경우, 칠살이 투출하여 인수를 생하는데 다시 재가 투출하여 인수를 파극하는 경우는 인수격이 파격(破格)이 된다.

❸ 식신격에 칠살과 인수가 있는데 다시 재까지 있는 경우나 칠살이 식신의 제복을 받는데 인성이 있어 식신을 극하는 경우는 식신격이 파격(破格)이 된다.

❹ 상관생재격인데 재가 합거된 경우는 상관격이 파격(破格)이 된다.

❺ 양인격에 정관이 투출하였는데 상관이 있어 정관이 파괴된 경우 양인격이 파격(破格)이다.

❻ 월지가 건록, 양인일 때 정관이 투출하였는데 상관의 극을 당한 경우 또는 칠살이 투출한 경우는 건록격, 양인격이 파격(破格)이 된다.

❼ 辛金이 亥月생인데 亥卯未木局이 되면 상관격이 財格으로 변한다. 이 때 만약 천간에 칠살 丁火가 투출하였다면 재격이 파격(破格)이 된다.

❽ 인수격에 칠살이 투출하면 인수격이 성격(成格)되는데 만일 인성이 많다면 재로 인성을 극해야 하니 칠살이 있으면 파격(破格)이 된다.

라) 패중유성(敗中有成, 파격이 되었다가 다시 성격이 됨)이란?

❶ 정관격에 상관이 있는데 정인이 있어 상관을 제압하거나 정관과 칠살이 혼잡하였는데 합살하여 청해지거나, 정관에 형충이 있는데 합이 있어 형충을 해소하면 다시 성격(成格)이 된다.

❷ 재격이 겁재를 만났는데 식신이 투출하여 겁재를 설기하거나 정관이 겁재를 제압하거나, 재격이 칠살을 만났는데 식신이 제살하거나 칠살이 합거되면 다시 성격(成格)이 된다.

❸ 정인격이 財에 의해 파괴되었는데 겁재가 있어 이를 해소하거나 재를 합거하면 다시 성격(成格)이 된다.

❹ 식신격이 편인을 만나 도식이 되었는데 비겁이 있어서 편인을 설기하거나 재가 편인을 극하면 다시 성격(成格)이 된다.

❺ 식신제살격에 인수가 있어서 칠살을 보호할 때 재가 있어서 인성을 극하고 식신을 보호하면 다시 성격(成格)이 된다.

❻ 상관생재격에 칠살이 투출했으나 칠살이 합거 되면 다시 성격(成格)이 된다.

❼ 양인격에 관살이 투출했는데 식상이 관살을 극할 때 인수가 식상을 극해주면 다시 성격(成格)이 된다.

❽ 월령이 건록, 양인인데 정관이 상관을 만나 파격이 되었을 때 상관이 합거되면 다시 성격(成格)이 된다.

❾ 재를 쓰는데 칠살이 있어 파격이 되는 경우에 칠살이 합거되면 다시 성격(成格)이 된다.

3) 격국의 변화(變化)와 순잡(純雜)

가) 격국은 월령정기를 위주로 하는데 다음과 같은 변화가 있다.

❶ 월령의 본기가 천간에 투출하지 않고 중기나 여기가 투출하면 이것으로 격을 삼는다.

❷ 월령 본기가 삼합으로 다른 오행으로 변하면 이것으로 격을 삼는다.

❸ 월령에서 여기, 중기, 본기가 여럿이 투출하면 격이 혼잡해진다.

나) 격국의 변화에는 순잡이 있다. 순(純)이란 변화가 있어도 이익이 되는 것이다.

❶ 辛金이 寅月생인데 丙火가 투출하였다면 정재격이 정관격으로 변화된다.

❷ 壬水가 戌月생인데 辛金이 투출하였다면 칠살격이 인수격으로 변화된다.

❸ 癸水가 寅月생인데 丙火가 투출하거나 寅午戌火局이면 상관격이 재격으로 변화한다. 이럴 때는 설사 戊土정관이 투출하였어도 상관견관(傷官見官)으로 보지 않고 재왕생관(財旺生官)으로 본다.

❹ 乙木이 寅月생인데 丙火가 투출하거나, 寅午戌火局이면 겁재격이 상관격으로 변한다.

❺ 辛金이 寅月생인데 甲木과 丙火가 투출하였다면 정재격이 정관격을 겸하는 것이니 정재와 정관이 상생하여 오히려 득이 된다.

❻ 戊土가 申月생인데 庚金과 壬水가 투출하면 식신생재격(食神生財格)으로 식신과 편재가 서로 상생하니 이득이 된다.

❼ 癸水가 未月생인데 乙木과 己土가 천간에 투출하면 식신제살이 되어 좋다.

다) 격국의 변화에는 순잡이 있다. 잡(雜)이란 변화가 있어 손해가 되는 것이다.

❶ 壬水가 未月생인데 정관己土와 상관乙木이 투출하면 격이 서로 상극을 하여 상관이 정관을 상하니 나쁘다.

❷ 甲木이 辰月생인데 편재戊土와 편인壬水가 투출하면 격이 서로 상극하여 편재가 인성을 극하니 나쁘다.

❸ 丙火가 寅月생이면 인수격인데 甲木이 투출하지 않고 寅午戌火局이 되면 겁재격으로 바뀐다.

❹ 丙火가 申月생이면 편재격인데 庚金은 투출하지 않고 壬水가 투출하거나 申子辰水局이 되면 칠살격이 된다.

라) 격국이 변화해도 바뀌지 않는 경우

❶ 辛金이 寅月에 생하고 丙火가 투출했는데 동시에 甲木도 투출했으면 여전히 정재격이다. 이 경우 정재격이 정관격을 겸했다고 한다.(겸격)

❷ 乙木이 申月에 생하고 壬水가 투출했는데 다시 戊土가 투출했으면 戊土가 壬水를 극하여 인수가 파괴되니 여전히 정관격으로 남고 재격을 겸할 뿐이다.

❸ 癸水가 寅月에 생하고 丙火가 투출했으나 다시 甲木이 투출했으면 상관격에 정재격을 겸했을 뿐이다. 이 때 戊土가 있으면 상관견관(傷官見官)이 된다.

❹ 丙火가 寅月에 생하고 寅午戌火局이 있으면 겁재로 바뀌는데 천간에 壬水가 투출하여 겁재를 제압하거나 甲木이 투출하면 다시 편인격이 된다.

❺ 丙火가 申月에 생하고 壬水가 투출하였으면 편재격이 칠살격으로 바뀌는데 이 때 戊土가 투출하면 壬水를 제압하니 다시 편재격으로 돌아간다.

4) 격국의 고저(高低)

격국에는 귀천(貴賤)의 등급이 있는데 이를 정하는 기준은 유정(有情)과 무정(無情), 유력(有力)과 무력(無力)이다.

가) 유정(有情)과 유력(有力) - 기신이 있어도 합거(合去)가 되거나 제압되어 일주를 도우면 유정하다고 한다.

❶ 甲木일간이 酉月생인데 辛金이 천간에 투출했을 때 상관 丁火가 있으면 파격이

된다. 그러나 壬水가 있어 상관을 합거하면 귀격이 된다. 丁壬合木하여 일간과 유정(有情)한 것이다.

❷ 財格은 비겁을 꺼리는데 七殺이 있으면 재격이 파격이 되나 비겁이 칠살과 합이 되어 합거(合去)되면 오히려 비겁이 유정(有情)하다. 예를 들어, 甲木이 辰月생으로 戊土가 투출하여 편재격이 되었는데 庚金칠살이 있으면 파격이다. 그러나 乙木 겁재가 있으면 을경합으로 七殺을 합거(合去)하니 두 기신이 한꺼번에 제거되어 좋아진다.

❸ 癸水가 辰月에 출생하고 戊土 정관이 투출하였는데 지지에서 申子辰水局이 된다면 상극이 되어 나쁜 것 같지만 정관이 겁재를 제압하는 것이니 좋다. 무정(無情)이 유정(有情)하게 된 것이다.

❹ 丙火가 辰月에 나고 戊土 식신이 투출하였는데 壬水 칠살도 투출하였다면 서로 상극이니 무정한 것처럼 보이지만 식신이 제살하니 좋다. 무정(無情)한 것이 유정(有情)하게 된 것이다.

❺ 乙木이 酉月생인데 辛金이 투출하고 丁火 식신도 투출하였는데 신왕하고 식신도 강하다면 삼자를 모두 갖추었으니 대귀하다. 이를 유력(有力)하다고 한다.

❻ 丙火가 子月생인데 癸水가 투출하고 庚金이 투출되고 지지에 寅午가 있다면 삼자를 갖추었으니 대귀하다. 유력(有力)하기 때문이다.

❼ 甲木이 酉月생인데 천간에 丁火와 壬水가 있으면 丁壬合으로 정관격이 성격된다. 이 때 임수가 뿌리가 튼튼하면 유정(有情)과 유력(有力)을 겸한 것이다.

❽ 乙木이 酉月생인데 辛金이 투출하고 丁火식신이 제살하면 丁火가 酉月에 장생(長生)이 되므로 모두 월령에 뿌리를 내려 유력(有力)하고 유정한 것이다.

나) 무정(無情)과 무력(無力) – 희신이 있어도 합거(合去) 되거나 파극(破剋)을 당하면 무정하다고 한다.

❶ 甲木이 酉月생인데 丁火가 투출하고 정인 癸水가 투출하여 丁火를 극하면 정관이 보호는 되는데 이는 壬水가 丁火를 합하는 것만 못하다. 정이 없기 때문이다.

❷ 乙木이 酉月생인데 丁火가 투출하여 辛金을 제압할 때 칠살은 강하고 식신이 약하거나, 칠살은 약하고 식신이 강하거나, 칠살과 식신은 강한데 일간이 약하다면 무력(無力)한 것이다.

❸ 인수격에 칠살이 투출하면 인수를 생하여 귀하다고 한다. 그러나 신왕하고 인수도

왕성하면 오히려 칠살이 투출하는 것을 꺼린다. 이 경우는 무정(無情)하게 된 것이다.

❹ 상관패인격(傷官佩印格)은 원래는 귀격이다. 그러나 신왕하고 상관은 약한데 인성이 태강(太强)하면 도식(倒食)이 되어 귀하지도 못하고 총명하지도 못하게 된다. 이것도 무정(無情)한 것이다.

❺ 칠살과 식신이 모두 왕성한데 일간이 뿌리가 약하여 신약하면 극설교가(剋洩交加)로 좋지 않고, 신강하고 비겁도 많은데 재성이 약한 것은 무력(無力)한 것이다.

❻ 甲木이 辰月에 나서 편인 壬水를 보았는데 다시 丙火 식신을 보면 편인격이 식상으로 설기되어 좋은 것 같지만 丙火가 辰中의 戊土를 생하므로 인수격이 청(淸)하지 못하다. 이는 유정(有情) 했던 것이 무정(無情)하게 변한 것이다.

❼ 甲木이 辰月에 나서 壬水가 투출하였는데 지지에 戌土가 있으면 붕충(朋沖)이 되어 土가 동요하니 壬水가 辰土에 내린 뿌리가 흔들려 인수격을 이루지 못한다. 이것도 유정(有情) 했던 것이 무정(無情)하게 바뀐 것이다.

5) 격국과 조후(調候)

격국은 조후(調喉)를 따져야 하니 영웅호걸도 때를 만나면 적은 노력으로도 큰 능력을 발휘하고 때를 잘못 만나면 아무리 뛰어난 재능이 있어도 성공하기 어려운 것과 같기 때문이다.

가) 인수격에 관이 있으면 관인쌍전(官印雙全)으로 귀격이다. 그러나 木 일간이 겨울에 출생하였다면 천간에 관성이 투출하여도 발복하기 어려우니 얼어붙은 물이기 때문이다. 따라서 이때는 식상인 火가 있어야 목이 뻗어나갈 수 있다.

예)

甲 甲 庚 丙
子 申 子 寅

甲木이 子月에 출생하여 인수격이다. 천간에 庚金이 투출하여 관인상생(官印相生)을 이루나 지지에 申子合水로 水局을 이루어 한랭(寒冷)하니 파격이 된다. 그러나 년주에 식신 丙火가 寅木 장생지(長生地)에 앉아 조후를 해결하여 주니 발영(發英)할 수 있다.

나) 상관견관(傷官見官) 위화백단(爲禍百端)이라 하나 금수상관격(金水傷官格)만은 그렇지 않으니 도리어 정관인 火가 있어야 수기(秀氣)가 발할 수 있으니 조후가 급하기 때문이다.

예)

丁 庚 甲 戊
丑 午 子 申

庚金이 子月에 신자합수(申子合水)를 하고 丑時에 태어났으니 한랭하다. 상관은 지지에 있고 정관 丁火는 천간에 있다. 甲과 戊가 정관을 보좌 해주며 정관이 일지 午火에 녹(祿)을 얻어 강왕하다. 승상의 자리에 오른 옛사람이다. 만약 고관무보이거나 상관이 천간으로 투출해 있었더라면 크게 발복할 수 없었을 것이다.

다) 상관패인(傷官佩印)의 격국 중에서 목화상관격(木火傷官格)은 대귀하다. 수화기제 (水火旣濟)되기 때문이다. 상관대살(傷官帶殺)의 격국 중에서 금수상관격(金水傷官格)은 대귀하다. 수화기제(水火旣濟)되기 때문이다.

예)

丁 甲 丁 癸
卯 子 巳 卯

甲木이 丁巳月에 출생하여 상관격이다. 상관이 태과하여 문제이나 년간의 癸水가 상관패인(傷官佩印)이 되니 억부와 조후의 문제가 해결된다. 중학교의 교장선생을 역임한 사람이다.

라) 상관격에 재를 보면 본래는 귀격이다. 그러나 금수상관격(金水傷官格)은 별로 귀하지 못하다. 얼어붙은 물은 나무를 生 할 수 없기 때문이다.

예)
甲 庚 辛 壬
申 戌 亥 子

가정형편이 어려워 일찌감치 아르바이트를 하며 간신히 고등학교를 마친 후 직업 군인이 되었으나, 훈련 중 사고로 퇴직 후 사업에 실패하고 일용직 근로자로 근근히 처자식을 부양하는 사람이다.

마) 상관격이 재를 보면 좋으나 木火傷官格은 별로 귀하지 못하다. 말라붙은 흙(財)은 나무를 생하지 못하기 때문이다.

예)
甲 甲 戊 戊
戌 午 午 辰
乙 甲 界 壬 申 庚 己
丑 子 亥 戌 酉 申 未

甲木이 午月에 출생하여 상관격인데 천간에 戊土가 투출하여 상관생재(傷官生財가) 되었다. 그러나 사주에 水氣가 전혀 없어 조열하니 조후에 문제가 생긴 경우이다. 목화 상관격(木火傷官格)은 관성운을 기뻐하므로 庚申, 辛酉, 壬대운에 관직에 발전하였으나 癸대운 癸丑년 癸亥월 癸卯일 癸亥시에 사망한 사람이다.

바) 봄철의 木 일간은 火가 있으면 목화통명(木火通明)이 되어 좋다. 이때는 金이 없어야 좋다. 그러나 여름철의 木 일간은 이렇게 보지 않는다. 가을철의 金 일간이 水를 만나면 금수상함(金水相涵, 금수쌍청)이 되어 좋다. 그러나 겨울철의 金 일간은 이렇게 보지 않는다. 이때는 관성이 나쁘지 않다. 庚金일간이 申月에 나고 지지에 申子辰水 局이 되는데 丁火가 투출했다면 오히려 귀격이 된다. 금수상관희견관(金水傷官喜見官) 도 같은 원리이다.

예) 자평진전 예문

庚 甲 丙 甲

午 申 寅 申

甲木이 寅月에 출생하여 연약하고 金은 견고하다. 칠살 庚金이 申金에 통근하고
일간을 극니, 식신 丙火로 용신하여 칠살을 제하여야 한다. 이런 것을 아능생모(兒能生
母, 자식이 어미를 살려준다는 뜻)라고 한다. 만약 庚金이 미약하고 지지에 뿌리가 없다면
쓰지 않고 도외시한다.

사) 식신이 편인이 아닌 정인을 만나더라도 탈식(奪食, 식신이 파괴됨)의 작용이 된다.
그러나 목화상관격은 인수가 있으면 좋으니 수화상제가 되기 때문이다.

예) 자평진전 예문

丙 乙 庚 甲

子 卯 午 寅

乙木이 午月에 丙火가 투출하여 火氣가 치열하다. 火氣를 인성 水로 제화 하여야
하는데 시지의 편인 子水가 무력하다. 천간의 庚金 관성도 미약한데 관성을 돕는
재성도 없으며 더하여 정관 庚金은 상관 丙火의 극까지 받고 있다. 거지가 된 사주이다.

6) 묘고(墓庫)의 형충(刑沖)

辰, 戌, 丑, 未에 재관이 입고(入庫)하면 형충(刑沖)해야 발달하고 형충이 없으면
발달하지 못한다는 속설이 있으나 이는 잘못된 것이다. 잡기(雜氣, 진술축미)가 천간에
투출하거나 지지에서 삼합국이 되면 쓸 수 있는 것이다.

오히려 형충이 있으면 파격이 되는 경우가 있으니, 예컨대 甲木이 辰月에 나고 壬
水가 투출하였으면 편인격인데 지지에서 진술충이 된다면 임수의 뿌리가 흔들리니
인성이 손상되어 형충이 나쁜 것이다.

진술축미충은 붕충(朋沖)인데 土는 손상이 없는 것이니 土가 재(財)나 관(官)이라면 충
(沖)으로 발동하니 좋다고도 볼 수 있지만 고(庫)는 충(沖)으로 오히려 뿌리가 뽑힌다고

볼 수 있는 것이다. 그러므로 이런 잘못된 학설은 일소(一掃)해야 한다. 그러나 충(沖)으로 인하여 발달하는 경우도 없지는 않다. 癸水가 辰月에 나고 戊土가 투출하면 지지에서 辰戌충이 있더라도 파격이 되지 않는다. 正官格이니 辰戌冲으로 土가 발달하여 좋은 것이다. 土가 정관이나 정재일 경우 충(沖)이 되어도 해로움이 없는 것이다. 이런 경우 이외에는 충(沖)이 좋지 않다.

✦ 2. 格局〔용신〕과 相神의 의의

1) 格局〔용신〕의 의미

사주명리학의 성패는 격국(格局)에 있다고 할 수도 있다. 격국이란 일간의 사회성과 대외적인 활동무대를 말하는 것으로 사주의 짜임새요 틀이며 부귀와 빈천을 판단할 수 있는 근본이 된다. 격국은 사주의 유형과 상태를 나타내며 사주를 대표하는 스타일과 같으니, 격국의 성패(成敗)는 그 사주의 품질과 고저(高底)를 판단하는데 중요한 요소가 되며, 직업적성은 물론 성격특성에 이르기까지 많은 영향을 미치게 된다. 그러므로 사주를 추명 하는데 있어 가히 격국을 모르고서는 운명을 정확하게 판단할 수 없다고 할 수 있다. 그러나 일각에서는 격국용신(格局用神)이론을 무시한 체 단식판단만을 하며 격국용신무용론(格局用神無用論)을 주장하거나, 격국과 용신을 정하는 기준이 저마다 달라 헷갈리는 경우가 많은데 이는 격국과 그에 따른 상신(相神)을 정하는 원칙을 무시하고 단순하게 억부(抑扶)나 기세(氣勢)에만 치우쳐 용신(用神)을 정하기 때문에 생기는 문제라 할 수 있다.

사주명리학은 태양과 지구의 공전 및 자전 운동에서 일어나는 기후의 변화와 자연 순환원리를 중심으로 한 학문이다. 춘하추동 사계절의 변화와 그에 따른 자연현상을 세밀하게 관찰하며, 많은 실관경험을 거쳐 판단력을 기른다면 격국의 분석이 그리 어려운 것은 아니다. 격국은 일간과 월지에 대한 관계를 철저히 이해하고 분석하여 사계절의 특성을 구분하듯이 오행의 생극제화(生剋制化) 작용과 육신의 상호관계를 잘 살펴 설정하는 것이니, 정확한 기준을 가지고 올바른 판단만 내릴 수 있다면 격국과 용신을 파악하는 일이 그리 어렵지만은 않을 것이다.

2) 相神[격국용신]의 의미

상신(相神)이란 사주의 성패를 결정하는 핵심주체이다. 일주의 위임을 받은 통치자로서 격국과 운로를 주관하고 운용하는 역할을 한다. 성격(成格)을 위하여 제일 중요한 일을 하는 것이 상신이다. 그러므로 사주를 판단하는 과정 중에서 상신을 가려내고 상신의 길흉을 파악하는 일은 대단히 중요하다. 앞에서 격국을 파악하고 정하는 것이 매우 중요하다고 말했지만, 엄밀히 따져 말한다면 격국이란 사주의 이름이나 사주가 지닌 특성을 표현한 것에 불과하여 격국만 가지고는 그 사주가 좋은 사주인지 나쁜 사주인지, 큰 그릇인지 작은 그릇인지를 알 수는 없다. 사주가 성격(成格)이 되어있는가 파격(破格)이 되어있는가를 살펴야 되는데, 그 사주의 성패를 가름하고 판단하는 중요한 역할을 하는 것이 상신(격국용신)이다. 그러니까 상신이 잘 구비되어 성격(成格)이 잘되어 있으면 사주 주인공의 사회성이 뚜렷하고 부귀장수하며, 사주에 상신이 없거나 미약한 경우는 사회성이 약해지고 빈천하거나 요절하게 된다. 즉 정관격이니 상관격이니 하는 격의 명칭 보다는 상신의 상태가 사주의 성격(成格)여부와 길흉을 좌우하는 것이다. 상신이 순일하고 튼튼하면 처세술과 사회적응능력이 뛰어나고, 상신이 미력하거나 불분명할 때는 사회적응능력이 약해지니, 상신의 상태와 주변관계를 잘 살펴야 한다.

3) 격국과 용신에 대한 이해

사주에서 월지는 그 사주 전체의 기후와 왕쇠강약을 주관한다. 그러므로 사주의 주체인 일간은 월지에 의해 가장 큰 영향을 받으며 본질적인 성격(性格)이 규명지어진다. 그 다음 사주내의 타 간지들과의 육친십성의 관계에 따라 기질과 작용력 등이 결정지어지는 것이다. 격은 일간에게 월지 지장간 중 유력한 존재를 대입하여 정하는 것이며, 대입된 각각의 형태를 놓고 격을 갖추었다는 의미로 격국이라 하고, 또 각각의 형태에 따라 십성의 명칭을 붙여서 부르는 것인데 그 격에 따라 사주 주인공인 일간의 사회적 스타일이 정해지는 것이다. 고로 격국은 사주의 기본적인 형태를 말하는 것으로 격국을 통하여 그 사주그릇의 크기와 부귀빈천의 심도를 가늠할 수 있는 것이다. 하나의 사주에서 그 구조를 통하여 격을 정하고 그 격에 알맞게 유용한 상신 (격국용신)을 설정하면 그때 비로소 사주를 정확하게 추명할 수 있는 기반이 이루어진다. 정리하여 말하자면 인간은 공존의 존재인데 격국은 사주의 주인공이 공존하는 세상 (사회성)을 말하고 상신은 사회적응능력과 처세술을 말하는 것이다.

격을 정하기 위해서는 사주의 월지을 보아야 한다. 월지 지장간 중 천간으로 투출한 것이 무엇인가를 보아 정기, 중기, 여기 중에서 투출된 유력한 干과 일간과의 십성의 관계에 따라 명칭을 붙여 격을 정하고 그다음 사령하고 있는 월령의 여부를 파악한 후 청탁을 구분하고 신강과 신약까지 판단하여 사주에 맞는 용신을 정하면 되는 것이다.

격에 따라 사주 그릇의 크기와 부귀빈천의 심도를 평가할 수 있으나 모든 사주가 격이 뚜렷하고 순수하여 귀하기란 그리 쉽지만은 않다. 격이 뚜렷하지 않아도 오행의 흐름이 반듯하고 용신이 건왕하면 편안한 삶을 살아가는 것을 충분히 볼 수 있다. 예를 들어 관살이 혼잡 되어 사주의 격이 혼탁하나 인수가 건실하여 살을 중화시키면 마치 살인상생격과 같이 귀하게 사는 경우가 있다. 그러므로 사주를 분석 하는 데는 격(格) 뿐만이 아니고 사주 전체의 육친십성의 구성과 오행의 생극합충의 환경적 조건 즉 국(局) 또한 중요한 요소가 되는 것이다.

4) 격국의 사회적 의미

사주에서 격이라는 것은 그 사람이 선천적으로 타고난 스타일로 사회적인 목표를 말한다. 그러므로 격이라는 것은 사회활동의 도구가 되고 수단이 되며 활동공간이나 일터이고 직장과 사업장이 될 수 있다. 격이라는 것은 개인적인 것으로만 쓰는 것이 아니라, 사회구성원으로써의 대외적인 기질을 표방한다.

가) 격은 하나의 틀을 의미하며 한 사람이 살아가는 인생의 기본이 되며 사회성이요 사회적 등급이며 부귀빈천을 나타내는 지표로서 자기가 근본적으로 타고난 어떤 무엇을 할 수 있는 선천적인 능력이 된다. 또한 격은 한 사람이 그렇게 살아갈 수밖에 없는 조건이 된다.

나) 격은 上, 中, 下로 등급이 있다. 격이 튼튼하면 인생의 목표가 뚜렷하고 上級 (상급)의 격은 근본이 뚜렷하고 인생의 목표도 뚜렷하다. 상격은 능력도 좋고 인물도 좋으며 사회성도 좋고 잘 살게 되나, 하격은 힘들고 가난하고 노력해도 잘 안 되고 사회성도 떨어진다.

다) 파격(破格)도 격이므로 만약 인수격인데 파격이면 하다못해 운전이라도 가르치게 된다.

라) 격과 용신은 사회적응능력으로 격이 튼튼하면 직업의 근본 틀은 좋으나 용신이 무력하면 업무수행능력이 부족하며, 격이 부실하면 직업의 근본 틀이 안정되지는 않으나 용신이 좋으면 적응력과 업무수행능력이 좋아진다.

마) 격에는 격이 요구하는 상신이 있다. 즉 사회생활을 잘하기 위해서는 적응능력이 필요한 것이다. 예를 들어 인수격은 인수격이 원하는 상신이 있는가가 중요하다. 재운 (財運)으로 가면 돈을 버느라 공부한 것을 못 써먹지만(財剋印) 그러나 관이 있으면 학문을 활용하여 나의 위치가 생긴다(官印相生). 따라서 격에는 격이 원하는 상신의 유무가 중요하다.

바) 격국은 본질적으로 변하지 않는다는 전제를 두지만 꼭 그렇지만은 않다. 격국은 운에 따라서 合과 沖에 의하여 부분적으로 변하게 된다.

예)

辛 乙 癸 丙
巳 丑 巳 辰

위의 경우는 상관격이나 만약 대운에서 酉金운이 오면 월지 巳火가 상관격 역할을 하다가 巳酉丑 金局으로 바뀌어 편관격으로 체질이 바뀌게 된다. 그렇게 되면 본질은 선천적으로 상관격 이지만 운에서 편관격으로 체질이 바뀌어 인수를 쓰게 되고, 지금까지는 개인적인 삶을 살다가 자신이 스스로 하나의 조직(官)을 새롭게 구성 하거나 외부에 있는 조직(官)으로부터 스카웃을 받게 되는데 이때 용신의 역할이 없으면 자신의 의지와 관계없이 강제적으로 끌려가거나 당하게 된다. 그러므로 대운에서 사주 내의 십성과 대운과의 작용력을 잘 파악해야 한다.

사) 하나의 사주에 격국은 꼭 하나만 있지는 않다. 격국은 1~3개 까지도 나올 수 있다.

* 격은 혼잡된 것보다 하나의 격으로 순일한 게 좋다.

* 격이 혼잡되어 많으면 그 사람의 정체성이 혼란하게 된다.

* 격이 부실하며 여러 개 있는 사람은 운에 따라서 이것저것 여러 가지 일을 경험하고 여러 가지의 직업을 전전하며 살아가게 된다.

예1)

癸 乙 戊 甲
未 亥 辰 寅

만약 위와 같이 乙木이 辰월에 태어났는데 辰土 지장간의 여기 중기 본기가 천간에 모두 투출되어 있다면 본기인 戊土가 월간에 투간되어 정재격이 가장 격으로서는 강하지만 시간의 중기인 癸水 역시 지지에 강하게 뿌리를 두어 인수격의 성질도 무시할 수 없으며 년간의 甲木 겁재의 성격도 강하게 발현되어 있으므로 격의 특성이 오로지 하나만 성립된다고 보기에는 무리가 있으며 운에서 어떤 십성이 개입하느냐에 따라 충분히 달라질 수 있다. 격이 혼잡되어 나빠진 대표적 경우이다.

예2)

甲 甲 丙 甲
戌 子 寅 午

위의 예와 같이 甲木이 寅月에 태어났는데 寅중의 지장간 본기 甲木과 중기 丙火가 천간으로 동시에 투간되었다면 본기 甲木이 투간 되어 비견격이 기본적인 격이다. 하지만 천간지지로 木生火를 강하게 하기 때문에 중기인 丙火 식신격의 성격이 더 강하게 나타날 수도 있다. 이 경우는 겸격이 되어 좋아진 경우이다.

아) 사주에서는 격을 꼭 하나만 설정해야만 되는가? 그리고 격은 꼭 정해야만 하는가? 꼭 그렇지만은 않다. 다만 뚜렷한 것을 격으로 하지만 격을 꼭 정해야 하는 것은 아니다. 아래의 예와 같은 경우 格이 애매하면 꼭 하나로 정하지 말고 있는 그대로

두 개로 분석해야 한다.

예)
己 甲 癸 壬
巳 午 丑 申

甲木일간이 丑月에 癸水가 투출하여 인수격으로 일차적으로 관인상생의 구조로서 단순한 월급쟁이로서 고정된 월급을 받는 직장인이 기본적인 체질이지만, 또 한 본기인 己土가 투출해서 정재격이므로 운에서 지지로 巳午未 식재운이 오면 직장생활을 청산하고 자영업을 하고 살 수 있다.

자) 격을 설정하는 월지는 어떠한 것인가?
* 월지는 선천성의 근본이며 내면의 본성(essence)이다.
* 월지는 타고난 업이며 출생한 배경이다.
* 월지는 사회적 배경과 생활환경과 조건이다.
* 월지는 일간의 목적이며 목표의식이고 사상이다.

5) 격국과 상신의 관계

가) 격과 상신이 모두 튼튼하면 근본이 뚜렷하고 목표의식이 뚜렷하며 사회생활에서 처세술이 좋고 흉운에도 큰 문제가 없으며 어려움을 극복하는 능력이 있다.

나) 격은 튼튼한데 상신이 미약하면 근본은 뚜렷하나 적응능력과 대처능력이 약하다.

다) 격은 약한데 상신이 확실하면 근본과 목표의식은 약하지만 사회적응능력, 위기극복능력이 좋다.

라) 격과 상신이 모두 미약하고 사주에서 직업이 정확하게 정해지지 못하는 애매한 사주이면 무엇을 하든 어느 곳에 가든 그곳에 적응하고 재미를 붙이는 게 좋다. 격이

있으나 미약하므로 직업도 조건 좋은 곳을 선택하는 게 좋고 상신도 미약하므로 주어진 환경에서 최대한 적응하며 살아가는 게 좋다. 격이 확실하고 상신이 뚜렷하면 아무데나 적응하지 못하고 정해진 격에 따라 하나의 사회(직업) 속으로 들어간다.

예) 상관견관으로 파격된 사주

乙 乙 丙 丙
酉 卯 申 午
戊 己 庚 辛 壬 癸 甲 乙   5대운
子 丑 寅 卯 辰 巳 午 未

* 상관견관의 파격된 정관격(상신인 水와 土가 없음)
* 20세 午대운 결혼 巳대운에 이혼, 유흥업소 근무함
* 주인마담의 남동생과 결혼, 35세 壬대운 가정생활 시작
* 辰대운과 辛대운에 정육점 운영, 남편은 집장사로 성공함
* 자식 없음, 남편의 발기부전으로 섹스리스 부부생활
* 卯대운 甲午년부터 바람나고 을미년 다시 이혼했음

마) 파격에 억부용신이 뚜렷하면 사회성은 없으나 정신력은 강해서 변화에 잘 대처하고 응용능력이 탁월하여 용신운에 경제적으로 발전한다. 그러나 용신운이 아니면 어려워진다. 격이 취약할수록 운의 영향을 많이 받게 되며 사회적 변화와 환경의 변화에 민감하여 억부용신으로 살아가게 된다.

바) 투출된 천간이 월지와 음양이 다르거나 투출이 여러 가지이면 직업의 변화가 많아진다.

사) 격이 우선이 아니고 강약과 조후가 우선되는 사주는 신강신약의 억부용신을 말하는 것으로 이렇게 신강신약과 조후에 의지하는 사주는 사회성이 약하며 개인적이게 되고 불안한 사주구조이므로 평범하게 살아가고 불안정하므로 항상 무탈하기를 원하게 되며 자기 안녕과 이익을 추구하게 된다.

아) 격은 상신을 요구하므로 억부용신법과는 다르게 보아야 한다. 예를 들면 식신과 상관격은 식상생재로 가야하기 때문에 만약 사주에 財星이 없으면 안일하게 되며 어떤 일에 있어 결과를 얻지 못하게 된다.

예1) 상관생재의 구조에 패인(佩印)이 된 인상학박사의 사주

壬 甲 丁 戊
申 午 巳 戌

이 사주는 월지 진상관격으로 년주에 재성을 보아 상관생재로 성격(成格)을 이루었다. 거기에 더하여 시상(時上)의 壬水 편인이 지지에 申金 장생지를 득하고 억부와 조후를 해결해주므로 사주가 아름다워졌다. 다만 아쉬움이 있는 것은 일간 甲木이 지지에 뿌리가 없어 통근하지 못함이다.

위와 같은 구조의 상관격이면 상관격의 기질을 절대로 무시하지 못하므로 꼭 재성을 보아야 한다. 격을 통하여 그 기질이나 욕망이 사회적(직업)목표로 나타나지만 적응능력이 부족하여 격이 수용이 안 되면 힘들어진다. 그래서 격국용신(相神)이 필요한 것이다.

예2) 살인상생이 된 경우

壬 乙 辛 癸
午 酉 酉 卯

乙木 일간이 辛酉월에 태어나 편관격으로 근본적으로 무관적 기질이 있다. 편관이라는 것은 격으로 타고난 자신의 스타일이며 그렇게 살아갈 수밖에 없는 것이다. 즉, 나는 근본적으로 권력과 자리와 명예와 직장과 조직을 늘 원하는 사람이다. 그런데 인수가 용신이 되면, 그 바람이 공부를 해서 순조롭게 이루어지게 되는 것으로 위 사주는 壬水가 있어 살인상생이 되니 이것을 잘 활용을 하면 성공하게 된다. 선천적으로 타고난 심리와 적성은 직장을 목적으로 하거나 자기의 권력, 자리, 명예 등을 바라는 사람이다. 그러므로 공부를 해서 살인상생으로 활용하고자 한다. 이것을 격에 의한 선천적인 기질이라 한다.

예3) 상관으로 제살해서 쓰는 경우

丙 乙 辛 戊
戌 卯 酉 申

편관격이 강하면 丙火 상관을 상신으로 하여 제살해서 쓴다. 즉, 상관(언어, 활동, 아름다움, 변화, 특별한 기술, 재능, 아이디어, 모방과 창조)을 상신으로 쓰게 되면 격에 의하여 타고난 기질과 습성을 유연하게 받아들이지 않고 상관으로 제살하기 때문에 내가 자의적으로 개척하고 변화시켜 활용하고자 한다. 나는 상관을 통해 편관을 통제할 수 있으니 시키는 대로만 하지는 않으며 어려움과 문제들을 부딪치며 해결해 나가고 멋과 자유로움을 가지고 살아나가고자 한다.

예4) 살인상생(殺印相生)과 식상제살(食傷制殺) 둘 다 잘 못하는 경우

壬 乙 辛 戊
午 丑 酉 申

재성(土) 때문에 살인상생도 못하고 인수 때문에 식상제살도 못하여 이것도 안 되고 저것도 안 되는 경우는 사회적으로 발전하기 힘들고 고통스럽다.

자) 사주의 격에 따라서 사회적인 인생의 목표가 달라진다.

예1) 만약 인수격이면?

○ 乙 壬 ○
○ ○ 子 ○

사회적인 목표가 '나는 공부를 해서 어떻게 하겠다'이다.

예2) 만약 편재격이면?

○ 乙 己 ○
○ ○ 丑 ○

사회적인 목표가 '나는 돈을 벌어서 어떻게 하겠다'이다.

예3) 만약 편관격이면?

○ 乙 辛 ○

○ ○ 酉 ○

사회적인 목표가 '나는 권력을 얻어서 어떻게 하겠다'이다. 이렇게 격에 따라 각각 사회적인 인생의 목표가 다르게 설정된다.

6) 격과 격국용신[상신]의 쓰임새와 비교

격이 잘 짜여 있는 것이 중요하지만 상신(격국용신) 또한 그와 못지않게 중요하다. 격과 상신은 일간의 신강신약을 구분하는 역부용신과는 별개의 문제이다.

가) 格

❶ 선천적인 기질 ~ 타고난 성질이나 바탕

❷ 대외적인 기질 ~ 사회적인 목표, 사회활동의 수단이나 도구

❸ 활동공간 무대 ~ 일터(사업장, 직장)

❹ 격이란 사주를 대표하는 스타일을 뜻한다.

❺ 격은 성격(成格)이 되거나 파격(破格)이 될 수 있다.

❻ 격은 상태에 따라 상격(上格), 중격(中格), 하격(下格)으로 나누어진다.

나) 相神

❶ 격국을 책임지고 운용하는 역할로 사회적응능력과 조건이다.

❷ 격의 성패를 결정하는 주체이며 사주의 핵심 쓰임새이다.

❸ 인생의 성패를 가늠하며 적성, 가치관, 직업정신의 밑받침이 된다.

❹ 직업에 대한 적응능력과 사회활동에 대한 처세술을 말한다.

* 격국은 차종으로 보고 상신은 운전사, 일간은 차주, 그리고 가는 길은 대운으로 비유한다. 격국이 좋다는 것은 차가 아주 좋은 성능이라는 뜻이고 상신이 좋다는 것은

운전기사가 우수하다는 뜻이다. 즉 차주(일간)가 아주 성능이 좋은 차(격국)를 타고 우수한 운전기사(상신)가 운전을 하면 얼마나 편하겠는가? 그리고 차가 가는 길은 대운인 것이다. 억부용신은 그 차속에서 배고프냐 배부르냐? 조후용신은 에어콘이나 히타를 틀었느냐? 병약용신은 머리가 아프냐 괜찮으냐? 통관용신은 그 차안에서 가족간에 서로 다투느냐 아니냐의 문제 등과 같이 비유 할 수 있다.

　* 월주는 사주의 핵심으로 사주 일간의 선천적인 기반과 태어난 환경, 사회적인 배경, 내면적인 본성, 타고난 체질, 생활환경과 조건(기후, 습도, 온도, 방위성) 등을 나타낸다.

　* 천간은 외부이고 지지는 내부이다. 그러므로 월지 지장간이 투출되어 천간에 나타났다는 것은 그 성격이 밖으로 나타난 것이다.

　*** 자평진전을 이해하기 위해서 꼭 알아야 하는 용어**

　　(자평진전)　　　(현대명리)

　　용신　　=　　격국

　　상신　　=　　격국용신

　　희신　　=　　억부용신(일간이 원하는 것)

7) 相神[격국용신] 정하는 법

　격국과 성신(相神)을 논할 때는 사주의 신강신약에 따른 억부용신과는 별로 관련이 없다. 4길신격(정관, 정인, 식신, 재격)은 순용하여 생하는 것이나 설하는 것으로 상신을 정할 수 있고 4흉신격(편관, 편인, 상관, 양인격)은 역용하여 극제하는 것으로 상신을 정한다. 격국의 기신은 4길신은 극하는 것, 4흉신은 생하는 것이다.

　4길신인 　정관격은 ① 재성　② 인성

　　　　　　　정인격은 ① 정관(편관)

　　　　　　　식신격은 ① 재성

　　　　　　　재격은　 ① 식상　② 관성

4흉신인 편관격은 ① 식상 ② 인수

편인격은 ① 관성 ② 재성

상관격은 ① 재성 ② 인성

양인격 건록격은 ① 관성 ② 식상

위와 같이 상신을 구하는 것이 일반적 원칙이지만 사주구조에 따라 변할 수도 있다. 상신(相神)이 정해지고 나면 아래의 사항을 참조한다.

가) 상신(相神)은 월령에 통근을 하고 있는 것이 최고로 좋다. 뿌리가 있는 것이 그 다음이고 뿌리가 없어도 천간에 있는 것이 좋다. 지지에 합국을 이루고 있는 것도 좋다. 지지에 그냥 있는 것이 가장 안 좋다.

나) 상신(相神)은 궁극적으로 사회성을 나타내므로 財官의 향방이 중요하다.

다) 상신(相神)은 사주에 하나만 뚜렷하게 있고 有氣하면 좋고 특히 간지가 동주하면 더욱 좋다.

라) 상신(相神)이 둘이 되는 것은 무방하나 정, 편이 섞여 혼잡 됨은 꺼린다.

마) 상신(相神)이 셋 이상 중복되거나 혼잡하면 탁격이 된다.(종화격은 제외)

8) 격국과 상신(相神)을 정할 때 참고사항

가) 격국(體))과 상신(用)은 건왕(健旺)함을 필요로 한다.

격국과 상신은 월령에 통근(通根)함이 좋고 천간에 투출해야 더욱 좋은데, 지지에만 있는 것은 천간에 있는 것만 못하다. 뿌리가 없거나 약해도 천간에 있는 것이 사회성은 더 좋은데, 최소한의 대외적 지위를 확보할 수 있기 때문이다. 희신(喜神)도 월령에 통근함이 좋고 또한 다른 간지에서도 생조함이 좋다.

나) 격을 정할 때는 먼저 그 사주가 특별격에 해당하는지를 살펴보고 나서 특별격이

아닐 경우에 정격으로 판단한다.

이것은 특별격이 일반격에 우선해서 적용하기 때문이다.

다) 격국은 우선적으로 月柱(월지장간)에서 정한다.

월주에 없으면 時干에서 정하며 月과 時에 모두 없으면 年干에서 정하는데 强한 것으로 정하고 弱한 것은 버린다.

라) 격국이 월지 본기 사령이면 최대의 능력을 발휘하고, 중기나 여기의 경우에는 반 정도의 능력이 발휘된다.

그러므로 항상 다른 곳에 있는 육신이나 용신의 강약도 꼭 월지에 대비하여 왕쇠를 살펴보고 통근(通根)과 투출(透出) 여부를 살펴야 한다.

마) 격국은 사주에 하나만 뚜렷하게 있고 有氣해야 좋다.

격은 간지에 동주해 있으면 가장 좋다. 만약 공망이나 無氣하면 生助神이 있어야 된다. 격국이 둘이 되는 것은 무방하나 혼잡 된 것은 나쁘다. 壬子, 癸亥, 丙午, 丁巳와 같이 干支가 음양이 다를 경우는 秀氣된 것으로 보아 혼잡으로 보지 않는다.

만약 격이 혼잡되어 있으면 강하기는 하나 탁하여 쓸데없는 일을 많이 벌이거나 사회성이 복잡하여 성공하기 어렵다. 그러므로 격국이 사주에 여러 개 있을 때는 制化하면 좋아지나 制化하지 못하면 일생에 재앙이 따르게 된다.

바) 격국이 4길신일 때 이것을 합하거나 극하는 것은 기신(忌神)이 되고 격국이 4 흉신일 경우에는 이것을 생부(生扶) 하는 것이 기신이다.

기신은 합(合), 충(冲), 공망(空亡) 등으로 제화되는데 이 기신을 제화시키는 것을 구신(求神)이라 한다. 사주에 기신이 많고 구신(仇神)이 없으면 일생 동안 가난하거나 천박하게 살아가는데 구신운이 오면 약간은 발전한다.

사) 격국용신을 정할 때는 재관(財官)의 향방이 중요하다.

재관은 부귀의 근원이 되기 때문에 재관을 가장 필요로 하며, 사주에 재관이 있더라도 건왕해야 좋은 명이다.

아) 희용신(喜用神)을 파악할 때는 억부와 격국의 희용신을 각기 따로 살펴야 한다.

억부의 희용신이 있어도 격국에 희용신이 없으면 사회적으로(직책, 명예, 사업) 큰 발전이 없고, 격국의 희용신은 있으나 억부에 희용신이 없으면 사회적인 능력은 있으나 자신의 건강, 가정, 재물 등 개인적인 면이 약하다. 즉 억부용신에 해당하는 일주의 희용신은 개인용(個人用)이며 격국의 희용신은 사회용(社會用)인 것이다.

자) 격국용신에 대한 용어개념

❶ 격국은 일간의 활동무대와 일터로서 직장이나 사업장과 같다.

❷ 상신(격국용신)은 일의 감당 능력과 처세술 및 사회적응능력이다.

❸ 희신(억부용신)은 일간의 희망사항이요 요구 조건이다.

❹ 기신이란 주변에서 일어나는 방해나 잡음 구설과 같은 것이다.

차) 격국이 뚜렷하지 못하거나 성격(成格)이 되지 않은 경우

하는 일이 확실하지 않거나 직업이 일정하지 않으며, 삶이 뚜렷하지 못하여 이것도 아니고 저것도 아니다. 격국이 혼잡되거나 산란하면 한 가지 일을 끈기 있게 하지 못하거나 한 가지 일에 만족하지 못해 직업변동을 많이 하거나 스스로 일을 복잡하게 만들어 고통을 받는다. 그러나 격국은 대운의 흐름에 따라 성격도 되고 파격도 된다.

카) 상신(相神)은 년월의 천간에 있는 것이 좋고 지지에 있는 것은 그 만큼 품질이 떨어진다.

年月의 간지가 격국과 용신을 해치지 않으면 길한데, 년월에 格局用神이 있어야만 조기에 일찍 직업과 사회성이 좋아진다. 년월에 기신이 있으면 상격이 될 수 없는데, 년 월에는 억부용신이 없는 것이 유리하다. 억부용신은 일주를 도우나 격국을 흐리게 하는 경우가 많기 때문이다. 억부용신은 일시에 있는 것이 조금 더 유리하다. 년월에 기신이 있어 격국과 상신을 해칠 때는 그릇이 작아진다. 년월에서 도와주면 실력이 있는 윗사람이 끌어주는 형상으로 일찍부터 사회적으로 성공할 수 있다.

타) 격은 행운에 따라 성격(成格)도 되고 파격(破格)도 되며 변격(変格)도 된다.

격국이 건왕한 경우는 운이 바뀌어도 직업적인 변화를 하지 않는 경우가 많고,

격국이 미약한 경우는 대부분이 행운에 따라 사회성이 변화한다. 격국이 沖되거나 合할 경우 격국 자체보다 合의 십성을 잘 봐야 한다. 合변하는 십성을 따라 직업이 변하는 경우가 많으니 잘 관찰해야 한다.

파) 대부분의 사주에서는 격국으로 직업을 규정한다.

대부분 사주는 격국을 따라 직업이 결정되는데 격국이 미약하고 상신이 더 강할 경우에는 격국을 따라 직업을 선택하지 않고, 강한 상신 쪽으로 직업을 선택한다. 그리고 격국이 불분명하거나 일주가 약하고 격국도 미력 약할 때는 억부용신을 따라 직업을 갖게 되는 경우도 많다.

하) 격국이 뚜렷한 상격이나 중격은 직업의식이 강하고 직업도 사주대로 정해진다.

하격이나 파격에선 격국 대로 직업이 잘 적용되지 않는다. 그리고 가격(假格)사주는 上格이 거의 없는데 月令에서 격을 정하지 못하면 거의 가격이라고 생각해도 된다. 격은 좋으나 상신이 약하면 인생에 장애가 많다. 격국이 건왕해도 상신이 미력하면 명문가 출신이라도 성공하기 힘들고, 격국이 약하더라도 상신이 강하면 무명가 출신이라도 성공할 수 있다.

5장. 조후론과 궁통보감의 취용법

✦ 1. 십간의 조후용법[4]

궁통보감에서는 일간과 월령과의 관계에서 조후에 필요한 오행을 용신으로 설정하고 있다. 열 개의 일간이 태어난 계절에 따라 뜨거우면 식혀주고, 차가우면 따듯하게 해주는 방법론을 조후용신(調喉用神)이라고 한다. 그 중추적 내용은 일간별로 계절의 배합에 따른 희기(喜忌)를 따지는데 열 개의 천간별로 월에 따라 용신과 희신을 구분하는데 이가 바로 조후용신의 근본이 된다.

다른 명리이론서에서는 다양하고 복잡한 논리로 용신을 설정하지만 『궁통보감』에서는 오직 일간과 월지를 대조하여 각 십간의 성정, 음양의 진퇴, 팔자의 배합 등으로 용신을 설정하는 것이 특징이다. 『궁통보감』에서는 열 개의 천간을 12개의 월지에 대입하여 일간별로 기후의 배합에 따른 득실을 따져 필요한 오행을 배정하여 용신을 설정한다.

1) 갑목(甲木)

木이 봄에 태어나면 반드시 丙火의 기(氣)가 있어야 한다. 여명(女命)에 木이 旺하데

---

4) 정지호(2000), 『조화원약평주』, 삼한출판사. Ⅲ부 참조.

金으로 다듬으면 성품이 높고 우아하며 덕성이 있으니 귀명(貴命)이 된다. 목(木)은 土가 있으면 뿌리를 보호하며 자라게 하나, 土가 적으면 뿌리가 위험하여 가지가 무성하지 않다. 목(木)의 뿌리는 水로 적셔주어야 하나, 태과(太過)하면 뿌리가 상해 부목(浮木)이 된다. 따라서 인수(印綬)가 많으면 부모운은 좋으나, 자식운이 막힌다. 生木이 火를 만나면 수려하며 화려하나 여름에는 무성하여 힘들다. 甲木을 건축재에 비유하면 변하여 사목(死木)이 된다. 火氣가 지나치면 불에 타버리니 이때 金을 만나면 유용한 재목이 되고 길하다. 그런데 반대로 金이 태과(太過)하면 火로 制해야 귀격(貴格)이 된다.

예1)
丙 甲 甲 癸
寅 戌 寅 丑

甲木 일간이 寅月에 출생하여 時干에 丙火가 투출하고, 또한 년간에 癸水가 투출하였는데 丙火와 癸水가 멀리 있어 서로 장애가 되지 아니하니 더욱 좋은 구조이다. 이 경우가 春月 甲木의 上格이라 할 것인데, 혹 丙火는 천간에 투출하였으나 癸水가 지지에 있어도 마찬가지라 하겠다.

예2)
己 甲 丙 甲
巳 戌 寅 子

甲木이 丙寅月에 태어나 조후가 아름다운데 지지에 子水가 있어서 천간 丙火와 서로 장애됨이 없이, 子水가 甲木의 뿌리를 윤택하게 하니 더욱 길하다. 寅月의 甲木이 丙火가 없어서는 안 될 것이나, 혹 丙火 대신 丁火가 투출하는 경우가 있는데, 寅月 甲木의 용신으로서 큰 차이는 없다 하겠다. 그러나 식신 丙火에 비해 상관 丁火는 다소 용렬하고 집요하며 거칠고 사나운 편이다.

월별로 甲木의 용신은 다음과 같다.
인월은 이른 봄이므로 찬 기운이 아직 남아 있어 丙火로 조후하고 癸水로 윤택하게 하고 庚金과 丁火가 함께 있으면 더욱 좋다.

묘월은 木기운이 강하므로 庚金으로 극제해야 하며 戊土로 庚금을 보호해야 하는데 丁火가 투출하면 목화통명(木火通明)이 되어 더욱 좋다.

진월은 木 기운이 약하다. 우선 庚金을 쓰며 다음으로 壬水를 써서 庚金의 기운을 통관하여 일간 甲木을 돕는다.

사월은 火氣가 세력을 얻으므로 癸水로 조후하고 丁火로 보좌하여 목화통명을 이루고 庚金으로 보좌한다.

오월은 水기운이 허하고 뜨거운 계절이므로 癸水를 먼저 쓰고 丁火는 庚金이 강 할 때 보좌하여 쓰며 庚金은 水의 근원으로 삼는다.

미월은 午月과 같이 水기운이 허하고 뜨거운 계절이므로 午月과 같은 이치로 본다. 未月은 삼복(三伏) 중에 찬 기운이 생기므로 丁火를 먼저 쓰고 庚金과 癸水로 보좌한다.

신월은 金水가 왕성한 시기이므로 丁火로 金을 제련하고 庚金으로 甲木을 다듬는데 丁火가 없는 경우는 壬水로 살인상생(殺印相生)을 시킨다.

유월은 金이 왕성한 시기이므로 火의 제련이 필요하다. 그러므로 丁火로 金을 제련하고 丙火로 조후하며 그 다음 庚金을 쓴다.

술월은 木기운이 사라지는 계절이다. 丁火로 관살을 극제하고 癸水로 윤택하게 하며 戊土와 庚金으로 보좌한다.

해월은 壬水가 건록지(建祿地)에 있어 甲木이 부목(浮木)될 우려가 있다. 庚金으로 갑목을 다듬고 丁火로 庚金을 제련하며 丙火로 조후하고 戊土로 제방을 쌓아 水기운을 막는다.

자월은 매우 추운 시기이므로 丁火를 먼저 쓰고 庚金으로 甲木을 쪼갠다. 그리고 丙火로 조후한다.

축월은 만물이 살 수 없는 추운 계절이므로 庚金을 사용해서 甲木을 쪼개고 丁火를 끌어다 쓰며 丙火로 따듯하게 조후한다.

2) 을목(乙木)

甲木은 진기(進氣)이고 乙木은 퇴기(退氣)이다. 그러기에 乙木은 쇠퇴하는 성질이 있어 癸水로 생부(生扶)해주어야 한다. 水로 뿌리를 자윤(滋潤)하고, 丙火로 꽃을 피우면 영화로움이 따른다. 봄의 乙木은 지란(芝蘭)이나 화초의 상(象)이니, 丙火를 만나면 꽃잎이 하늘을 향하여 만물이 회춘한다. 여기에 癸水가 뿌리를 자윤(滋潤)하며 극제화합(剋制化合)하면 부귀한 명이 된다. 그러나 乙木이 水를 필요로 해도 水氣가 태과(太過)하면 음습해진다. 을목은 태양을 보아야만 꽃을 피우기 때문이다.

예)

丙 乙 壬 丁
子 卯 寅 巳

寅月의 乙木이 시주에 丙子가 있어 丙火로 조후하고 子水로 뿌리를 윤택하게 하니 아름답다. 丁壬이 합하여 木氣를 돕고 시지의 丙火와 子水가 水火가 서로 거리낌이 없으니 상서벼슬까지 올라간 사람이다.

월별로 乙木의 용신을 살펴보면 다음과 같다.

인월의 을목은 아직 찬 기운이 있는 상태이므로 병화로 따듯하게 해주고 계수로 자양한다.

묘월의 을목은 병화를 써서 빼어난 기운이 있게 하고 계수로 나무를 자라게 한다.

진월은 양기가 점점 강해지는 계절이므로 계수로 을목을 자윤하고 병화로 빼어난 기운을 발휘하게 한다.

사월은 火氣가 세력을 얻고 수가 절지(絶地)에 드므로 계수로 조후하고 병화로 보조하며 경금은 사주구조에 따라 쓴다.

오월은 열기가 뜨거우니 하지(夏至) 전에는 계수로 조후하고 하지 후에는 삼복(三伏) 중에 음기(陰氣)가 생겨나니 병화와 계수를 같이 쓴다. 경금은 사주 구조에 따라 사용한다.

미월은 화기가 물러가고 나무가 시드는 계절이므로 계수로 을목을 생하고 병화는 사주에 금수가 많은 경우에만 쓰며 경금은 사주 구조에 따라 겸용한다.

신월은 금기운이 사령하므로 병화로 조후하고 제살하며 계수로 관인상생을 시키고 기토로 보좌한다.

유월은 추분 전 상반기에는 계수로 생을 해주고 병화로 조후하고 제살한다. 임수는 계수가 없을 때만 쓴다. 그리고 추분 후 하반기에는 햇빛을 보아야 하니 병화로 조후하고 제살하며 계수로 관인상생을 해주고 임수는 계수가 없는 경우에 쓴다.

술월에는 나무가 뿌리가 마르고 잎이 떨어진다. 그러므로 계수로 을목을 자양해 주고 辛金으로 계수의 근원을 삼는다.

해월은 임수가 사령하여 조후가 시급하므로 병화로 양기를 주고 무토로 부목이 되는 것을 막아준다.

자월은 나무와 꽃이 얼어붙는 시기이므로 병화를 긴히 사용하여 조후를 맞춰주고 무토로 물을 막고 기토로 보좌해 준다.

축월은 한기가 몹시 강하므로 병화로 조후를 맞추어 준다.

3) 병화(丙火)

丙火는 태양이니 강력하고 매우 뜨겁고 더워 진화(眞火)라 한다. 火는 南方이라 밝고, 木이 없으면 그 세력이 오래가지 못한다. 丙火는 水로 조후용신(調候用神) 하는데, 丙火는 태양이고 壬水는 바다이니 임수를 보면 더욱 빛난다. 水가 없으면 火가 너무 뜨거워 만물이 상하기 때문에 병화는 壬水를 만나야 길하다. 壬水 대신 癸水를 만나면 구름과 안개가 태양을 가린 것과 같아 반갑지 않은 물이 된다. 그러므로 丙火가 壬水를 보면 귀격(貴格)을 이루나 癸水를 보면 귀격(貴格)을 이루지 못한다.

예)

庚 丙 壬 乙
寅 辰 午 巳

乙 丙 丁 戊 己 庚 辛
亥 子 丑 寅 卯 辰 巳

午月의 丙火가 月干의 壬水를 조후용신(調候用神) 하는데 時干에서 庚金을 보아 대귀할 수 있는 명이다. 그러나 辛巳, 庚辰 대운을 지나 己卯, 戊寅 대운에 土가 水를 극제하고 木이 水를 설기하여 火勢를 더하니 크게 빛을 보지 못하다가 丁丑대운을 맞이하여 丁壬合木으로 壬水를 합거시키니 일거에 몰락한 명이다. 그러니 사주 원명이 조화로움이 물론 더 중요하지만 대운의 도움이 없이는 대발할 수 없음을 알 수 있다. 丙子대운을 기약하여 보나 결국에 모든 것은 자기 선택에 따르게 된다.

월별로 병화의 용신을 살펴보면 다음과 같다.

인월의 병화는 월에서 장생지를 얻어 화기가 점점 강해진다. 그러므로 임수로 화기를 제어하고 경금으로 수를 생하여 보좌한다.

묘월은 양기가 점점 상승하므로 오로지 임수를 사용한다. 기토는 임수가 없을 경우에 사용한다.

진월은 열기가 강해지는 달이니 임수를 사용하여 열기를 식혀주고 임수가 없는 경우에는 갑목을 사용한다. 사주에 갑목이 없는 경우에는 경금 편재로 토를 설기하여 임수를 돕는다.

사월은 화기가 강하므로 임수를 써서 화기를 다스려 수화기제를 이루고 경금으로 수기를 생해준다. 임수가 없을 때는 계수를 쓴다.

오월은 월령이 양인이라 매우 염열(炎熱)하므로 임수로 열기를 식히고 경금으로 수기를 생해준다.

미월은 화염토조 하므로 임수로 자윤하고 경금으로 임수를 생해준다.

신월은 양기가 쇠약해지는 달이다. 임수를 써서 빛이 퍼지도록 하고 임수가 많을 때는 무토로 제화한다.

유월의 병화는 황혼의 태양이니 호수에만 작은 빛이 있다. 임수는 신왕한 경우에 사용하고 계수는 임수가 없을 때 사용한다.

술월은 불기운이 약해지므로 갑목을 써서 화기를 북돋워주고 임계수로 자윤해 준다.

해월은 병화가 월령을 못 얻었으므로 사주구조에 따라 용신을 정한다. 갑목으로 강한 관살을 설기하여 약한 병화를 돕고 무토로 관살을 제화한다. 경금은 목기운이 강할 때 쓰고 임수는 비겁이 강할 때 쓴다.

자월은 양기운이 시작하지만 용신은 해월과 같다. 갑목으로 강한 수의 기운을 설기하여 일간을 돕고 무토로 관살을 제화 한다. 경금은 목기운이 강할 때 쓰고 임수는 비겁이 왕할 때 사용한다.

축월은 기운이 양기를 향해 가므로 추위를 겁내지 않는다. 갑목으로 식상을 제화하여 설기를 막고 임수로 귀함을 얻는다.

4) 정화(丁火)

丁火는 등촉 불이고, 퇴기(退氣)하는 火이기 때문에 火勢가 아무리 강해도 열화(烈火)라

하지 않는다. 겉으로는 밝아도 안으로는 쇠갈(衰竭)하다. 따라서 인수인 甲木이 반드시 있어야 한다. 甲木이 있으면 가을 겨울생이라도 쇠절(衰絶)할 걱정이 없다. 그러나 壬, 癸水가 태과(太過)하면 관살이 혼잡 되어 불이 꺼질 수도 있다. 이때 인성 甲木이 도와야 한다. 丁火는 등불이고 , 甲木은 땔감이니 丁日生이 甲木이 있으면 부귀공명(富貴功名)을 이룬다.

예1)

丙 丁 甲 己
午 卯 戌 亥

戌月의 丁火가 지지에 득록하고 천간에 甲木이 투출하여 부귀격을 이루었다. 상관이 득령 하였으나 甲木으로 제화하여 인정(引丁)하는 명이다. 고서에 나오는 명이다.

예2)

丙 丁 癸 壬   女
午 卯 丑 午

丁火가 丑月에 壬, 癸水가 투간하여 관살이 혼잡하다. 사주에 丁火를 끌어줄 甲木이 없어 귀 할 수 없다. 고독한 팔자의 여명이다.

월별로 정화의 용신을 살펴보면 다음과 같다.

인월의 정화는 정인이 사령하여 목이 강하다. 경금으로 갑목을 쪼개고 갑목으로 정화를 이끈다.

묘월은 습목으로 정화를 태우지 못한다. 경금으로 먼저 갑목을 쪼개고 갑목으로 정화를 인도한다.

진월은 월령의 무토가 정화를 설기하여 약하게 만든다. 갑목으로 토기운을 조절하고 경금으로 갑목을 쪼개 정화를 도와준다.

사월은 정화가 계절의 도움을 얻어 왕성하다. 그러므로 임수로 왕성한 화기를 조절해주고 갑목으로 보좌해 준다. 경금은 갑목을 쪼개어 목화통명을 만들어준다.

오월은 정화의 건록지로 화기운이 강하므로 임수로 화기를 다스려주고 갑목으로 정화를 도와준다. 경금으로는 갑목을 쪼개며 임수를 도와준다.

미월은 정화가 약해지고 찬 기운이 서서히 시작된다. 그러므로 갑목으로 약한 정화를 생해주고 임수로 갑목을 도와주며 경금으로 갑목을 쪼개어 준다.

신유술월에는 화기운이 물러나므로 정화가 약해진다. 그러므로 갑목으로 정화를 돕는데 갑목이 없으면 을목으로 도와주고 경금으로는 갑목을 쪼개어 정화를 도와주며 병화로 금기운을 조절하여 갑목을 도와준다. 신월에는 갑목과 병화를 위주로 하고 유월에는 갑목과 병화와 경금을 모두 쓰며 술월에는 갑목으로 무토를 제화해 준다.

해자축 삼동(三冬)에는 계절이 추운 때이므로 정화가 약하다. 갑목으로 목화통명을 이루고 경금으로 보좌해 준다. 계수와 무토는 사주구조에 따라 적절히 사용한다.

5) 무토(戊土)

土는 중앙으로 동 서 남 북 사방에 미치니 춘하추동 4계절의 氣를 포함한다. 목화금수 (木火金水)의 사행(四行)은 모두 旺하기 때문에 土로 잘 배합해야 한다. 土는 아무리 강해도 火로 生해야 한다. 만일 火가 없으면 토왕(土旺)해도 뜻을 이루지 못한다. 土는 財를 만나면 좋으나 水氣가 태왕하면 오히려 土가 허물어질 염려가 있다. 土는 봄여름에 旺하며 실(實)하고, 가을겨울에는 약해져 허왕(虛旺)하다. 土는 중후할수록 좋다. 土가 旺地에 들어있어도 사주에 식재관(食財官)이 없으면 생의(生意)가 없다 따라서 土가 많으면 막히기 때문에 난관이 많고 土가 흩어지면 가볍게 움직인다.

예)

庚 戊 庚 丙
申 辰 寅 寅

이 사주는 조화원약에 나오는 사주로 丙, 甲, 癸 財官印이 모두 있어 장군이 되었다, 寅월에 申辰合水하여 무토가 냉하니 丙火가 조후용신이다. 丙火가 寅木에 장생(張生) 하여 살인상생(殺印相生)이 되고 칠살을 庚金이 식신제살(食神制殺)도 하니 그 역량이 탁월하다.

월별로 무토의 용신을 살펴보면 다음가 같다.

인월의 무토는 관살이 강하므로 우선 병화로 따듯하게 살인상생을 시키고 다음 갑목으로 토를 헤치며 계수로 자윤(滋潤)해 준다.

묘월의 무토도 관살의 기운이 강하므로 병화를 써서 따듯하게 해주고 다음 갑목으로 토를 헤쳐주며 계수로 자윤해 준다.

진월은 월령에서 무토가 사령한다. 그러므로 우선 갑목으로 토를 제화하고 다음에 병화로 따듯하게 해주며 계수로 자윤(滋潤)해 준다.

사월에는 양기가 상승하니 갑목으로 강한 무토를 극제하고 병화와 계수로 보좌해 준다.

오월은 화의 기운이 매우 강한 달이므로 임수를 써서 화기를 제화한다. 갑목은 임수가 있을 때만 쓰고 병화와 신금은 사주구조에 따라 사용한다.

미월의 무토는 여름의 흙이라 메마르다 그러므로 먼저 계수를 써서 자윤해주고 계수가 있을 때는 병화로 수화기제를 이루며 갑목으로 토를 제화한다.

신월에는 양기가 들어가고 음기가 나오니 먼저 병화로 조후를 맞추어 주고 계수로 윤택하게 해주며 갑목으로 소토를 한다.

유월의 무토는 설기를 당하여 약하고 차므로 우선 병화로 일간을 도와주고 조후를 해결하며 임계수를 사용하여 자윤(滋潤)하게 한다.

술월에는 무토가 매우 강하다 그러므로 갑목으로 강토를 극제하고 계수로 갑목을 도와주며 병화로 조후를 맞추어 준다.

해월에는 갑목으로 무토를 신령스럽게 해주고 병화로 조후를 맞추어 준다.

자월의 무토는 매우 차고 얼어붙어 있다. 그러므로 병화로 조후해주고 갑목으로 보좌해 준다.

축월에는 토가 매우 차고 얼어붙는다. 그러므로 병화로 조후해주고 갑목으로 병화를 보좌해 준다.

6) 기토(己土)

土는 동서남북의 중앙에 위치한다. 다시 말해, 戊己는 甲乙丙丁과 康辛王癸의 중앙에 위치한다. 己土는 전왕지(專王地)가 없으니 사계절의 氣에 따라 왕쇠(旺衰)를 취하는데, 土가 때를 잡으면 큰 능력을 발휘하는데 토가 기신(忌神)일 때는 오히려 土가 때를 잡으면 크게 흉하다. 이때는 금목수화(金木水火)의 배합에 의지해야 한다. 戊土는 높게 솟은 산이니 건토(乾土)라 하고 , 己土는 부드러운 흙이니 습토(濕土)라 하여 용신(用神)을 취하는 방법이 서로 크게 다르다.

예)

甲 己 丙 甲
子 丑 寅 子

己土가 寅月에 출생하여 천간으로 甲木과 丙火가 투출하니 살인상생(殺印相生)이 된다. 寅月에 지지에 水氣가 냉하니 丙火로 조후용신 하는데 甲木과 丙火가 동궁에서 상생하여 유정(有情), 유력(有力)하고 지지의 子丑寅으로 정(精)과 신(神)이 강하다. 조화원약에 나오는 사주로 재상까지 오른 사람이다.

월별로 기토의 용신을 살펴보면 다음과 같다.

인월에는 아직 축월의 기운이 남아있어 논밭이 얼어붙어 있다. 그러므로 병화로 조후해 준다.

묘월의 기토는 갑목과 계수와 병화가 있어야 한다. 갑목으로 소토하고 계수로 윤택하게 하고 병화로 따듯하게 해 준다.

진월은 곡식을 가꾸는 시기이다. 병화로 먼저 태양을 비추어 주고 계수로 땅을 윤택하게 해주며 갑목으로 수와 화를 소통 시켜준다.

사오미 삼하(三夏)의 기토는 계수로 마른 땅을 적셔주고 병화로 햇볕을 비춰 곡식을 자라게 하며 辛金으로 계수를 보좌해 준다.

신유술월은 겉은 비고 안은 채워지며 찬 기운이 일어나는 때이다. 그러므로 삼추(三秋)의 기토는 계수로 금기운을 설기하며 땅을 윤택하게 해주며 병화로 조후를 맞추어 따듯하게 해주고 신금으로 계수를 생해주며 갑목으로 병화를 보좌해 준다.

해자축 삼동의 기토는 흙이 얼어붙고 축축하다. 그러므로 병화로 따듯하게 조후를 맞추어주고 갑목으로 병화를 도와주며 정화와 무토로 보조해 준다.

7) 경금(康金)

경금(康金)은 견고하고 강하기 때문에 다른 오행과는 다르다. 겉으로는 음(陰)이나 속으로는 양(陽)의 기질이 내포되어 있다. 경금(庚金)이 丁火를 보면 큰 그릇이 되고, 壬水를 보면 金氣를 洩하여 금수쌍청(金水雙淸) 하게 된다. 십간 중 甲, 丙, 戊. 壬은 모두 陽으로 제(制)하면 길하다. 甲木은 庚金으로, 丙火는 壬水, 戊土는 甲木으로, 壬水는 戊土로 제(制)하면 길하다. 그러나 庚金만은 다른 양간과 다르게 丁火로 제(制)해야 길하다. 乙木은 유약하나 乙庚이 합하면 강금(剛金)을 온화하고 부드럽게 만든다. 庚金이 봄여름에 태어나면 휴수(休囚)하는 때이니 丑, 辰 습토가 있으면 좋으나 戌, 未 燥土가 있으면 취약하게 된다.

예)

丙 庚 甲 癸
戌 午 寅 卯

庚金이 甲寅月에 태어났는데 지지에 寅午戌火局을 이루고 時干에 丙火가 투출하여 火氣가 치열하다. 조화원약에 나오는 사주로 年干의 癸水는 뿌리가 없고 水生木으로 설기되니 조후를 이루지 못하여 평생 잔병치레를 한 사람이다.

월별로 경금의 용신을 알아보면 다음과 같다.

인월의 경금은 병화를 써서 경금을 따듯하게 해주고 갑목으로 보좌해 준다. 정화는 보조적으로 사용한다.

묘월에는 지장간의 을목과 경금이 합하여 강해질 우려가 있다. 그러므로 먼저 정화로 경금을 제련하며 갑목으로 정화를 도와주고 경금으로 갑목을 쪼개어 준다. 병화는 정화가 없는 경우에 쓴다.

진월에는 지장간의 무토로 경금이 묻힐 수 있으므로 갑목으로 소토해주고 정화로 보좌해 준다.

사월에는 화기는 건록지이고 경금은 장생지이다. 그러므로 먼저 임수를 써서 중화를 이루어 주고 무토와 병화로 보좌해 준다. 단 선후를 따지지 말고 사주구조에 따라 적절히 써야 한다.

오월에는 화기가 강하여 경금이 약해진다. 그러므로 임수로 화기를 조절하고 계수로 임수를 도와준다.

미월의 경금은 찬 기운이 생기고 토의 기운이 생해주니 강하다. 정화를 먼저 쓰고 갑목으로 정화를 도와준다.

신월의 경금은 매우 강하고 예리한 기운이 있다. 그러므로 정화로 제련하고 갑목으로 정화를 도와준다.

유월의 경금은 양인의 기운으로 매우 강하다. 정화로 금을 제련하고 갑목으로 정화를 생해주며 병화를 겸해서 사용한다.

술월은 무토가 사령하여 토기운이 강하다 그러므로 우선 갑목으로 소토하고 임수로 갑목을 도우며 경금을 씻어내어 빛나게 한다.

해월은 기온이 차고 한랭하다. 그러므로 우선 정화로 경금을 제련하고 병화로 조후를 도와준다.

자월은 차고 냉한 계절이다. 그러므로 정화로 경금을 제련하고 갑목으로 정화를 도와주며 병화로 따듯하게 조후를 맞추어 준다.

축월은 차고 냉한 동토(凍土)의 달이다. 그러므로 병화로 먼저 조후하고 정화로 경금을 제련하며 갑목으로 불기운을 돕는다.

8) 신금(辛金)

辛金은 습윤(濕潤)하며 부드럽다. 辛金은 숙살의 기가 쇠하여 다했기 때문에 부드러운 힘에 의해 화(化)하면 유약하여 강건하지 않고 한기(寒氣)가 심하지 않으며 조열(操烈)함도 심하지 않아 청(淸)하게 된다. 적천수에서 辛金은 土가 많으면 흉하고, 水가 많으면 길하다고 했다. 이것은 더우면 서늘함을 좋아하고, 추우면 따뜻한 것을 좋아하는 이치와 같다. 따라서 辛金은 계절을 불문하고 壬水로 조후용신을 삼아야 한다. 金, 水가 청(淸)하면 청고(淸高)한 命이 된다.

예)

己 辛 庚 丙
丑 酉 寅 辰

寅月의 辛金 일간이 己土가 상생을 하고 丙火로 조후를 맞추어주며 庚金이 甲木을 제화하니 격국이 완전한 것으로 보인다. 그러나 이 사람은 유능한 수재로 형제는 많았으나 자식은 적고 똑똑한 선비에 불과 했다. 조화원약에 나오는 사주로 壬水가 없기 때문에 辛金이 수기(秀氣)를 발현하지 못한 예이다.

월별로 신금의 용신을 알아보면 다음과 같다.

인월은 아직 찬 기운이 남아있어 신금을 돕지 못한다. 기토로 신금을 돕고 임수로 신금을 씻어주며 경금으로 월에 있는 갑목을 조절한다.

묘월은 양기가 일어나므로 임수로 신금을 씻어주고 갑목으로 토를 조절한다.

진월의 신금은 월령의 무토가 일간을 도우니 강하다. 임수로 금을 드러나게 하고 갑목으로 월령의 무토를 소토한다.

사월은 뜨거우니 임수로 열기를 식혀주고 계수로 보조하며 갑목으로 물을 막는 토를 조절한다.

오월은 정화가 사령하니 신금이 매우 약하다. 임수로 조후하고 기토로 약한 신금을 도우며 계수로 임수를 도와준다.

미월은 지장간의 기토가 신금의 빛을 가릴 수 있다. 임수로 신금을 윤택하게 하고 경금으로 임수를 보좌해 준다.

신월은 경금이 사령하여 금의 기운이 왕성하므로 임수로 왕성한 금기운을 설기해 준다. 갑목과 무토는 사주구조를 참고하여 사용한다.

유월은 월령에 辛金이 사령하여 일간이 매우 왕하다. 그러므로 오로지 임수로 신금을 씻어주고 유통시킨다.

술월은 무토가 사령하여 일간이 왕성하다. 그러므로 임수로 왕성한 금기운을 설기 시키고 갑목으로 무토를 소토한다.

해월은 차가운데 양기가 있다. 그러므로 임수로 신금을 씻어 드러내주고 병화로 조후를 맞추어 준다.

자월은 계수가 사령하여 차고 냉하다. 그러므로 병화로 조후를 맞추고 임수로 신금을 빛나게 하며 갑목과 무토로 보좌해 준다.

축월은 매우 차고 냉하다. 그러므로 우선 병화로 조후를 해결하고 임수로 신금을 드러내고 무토와 기토로 수의 기운을 조절한다.

9) 임수(壬水)

임수는 높은 곳에서 낮은 곳으로 흐르기 때문에 윤하(潤下)라고 한다. 물은 서북방(西北方)을 근원으로 삼으니 壬水가 申金이 있으면 장생(長生)되고 亥水를 만나면 건록을 이룬다. 물은 순류(順流)하면 부드러운 성질이 있고 역류(逆流)하면 노도와 같은 성질이 있다. 순류(順流)는 서에서 북으로 흐르거나 북에서 동으로 흐르거나, 동에서 남으로 흐르는 것을 말하고, 역류(逆流)는 이와 반대의 경우를 말한다. 水는 근원인 金을 만나면 흐름이 끊어지지 않는데 오히려 水가 범람하면 土로 극제해야 한다. 그러나 土가 많으면 물이 막히고 火가 많으면 고갈되고 木이 많으면 죽고 수원(水源)인 金이 쇠하면 기세가 쇠약하여 신약(身弱) 사주가 된다. 따라서 壬일주는 水가 유통되어야 좋다.

예)

辛 壬 庚 丙
亥 寅 寅 子

壬水가 寅月에 출생하고 시주(時柱)에 亥水 녹(祿)을 두어 년간의 丙火 재성이 조후용신이다. 녹왕한 壬水가 인수와 재를 만나 청년에 급제하고 관직에 올라 도독을 지낸 사람으로 조화원약에 나오는 사주이다.

월별로 임수의 용신을 알아보면 다음과 같다.

인월은 임수가 병궁에 들어 약하니 경금으로 생해주고 병화로 조후하며 무토로 물을 막아준다.

묘월은 더운 기운 속에 찬 기운이 섞여 있다. 그러므로 무토로 임수를 제화하고 辛金으로 수의 근원을 삼으며 경금으로 목의 기운을 조절한다.

진월은 지장간의 무토가 임수를 막을 수 있으므로 갑목으로 소토하고 경금으로 임수를 보좌한다.

사월의 임수는 병화가 사령하니 약하다. 그러므로 임수 비견으로 일간을 돕고 신금으로 수의 원천을 삼고 경금으로 보조해 준다.

오월은 정화가 사령하니 임수는 약하다. 그러므로 겁재 계수로 정화를 극제하고 경금으로 일간을 도우며 신금으로 보조해 준다.

미월은 기토가 사령하니 임수는 역시 약하다. 그러므로 辛金을 임수의 근원으로 삼고 갑목으로 토를 제극하며 계수로 임수를 도와준다.

신월은 임수를 생하니 물이 넘칠 수 있다. 그러므로 무토로 임수를 막고 정화를 써서 경금을 제극 하며 무토를 도와준다.

유월에는 금백수청(金白水淸)이 된다. 그러므로 갑목으로 무토를 극제하여 흙탕물이 되는 것을 막는데 경금은 갑목이 없을 때만 쓴다.

술월은 水氣로 進氣하니 임수의 성격이 너그럽다. 갑목으로 소토해 주고 병화로 조후한다.

해월은 임수가 사령하니 일간이 매우 왕하다. 그러므로 무토로 임수의 범람을 막고 병화로 무토를 도우며 경금으로 갑목이 무토를 해하는 것을 막아준다.

자월은 임수의 양인이 되므로 매우 차고 왕하다. 그러므로 무토로 물을 막고 병화로 조후하며 무토를 도와준다.

축월은 한기가 극에 달했다가 약해지는 시기이다. 병화로 조후하는데 갑목으로 병화를 도우며 정화로 병화를 보좌해 준다.

10) 계수(癸水)

癸水는 기후에 따라 빗물이나 눈과 서리 등으로 형상이 다르게 나타나기 때문에 나누어서 살펴야 한다. 겨울생은 매우 춥고 차가우니 丙火를 만나면 만물을 윤택하게 하지만 기세가 산만해 귀숙(歸宿)하지 않는다. 水氣가 太過하면 범람 하여 제방이 붕괴되고, 지나치게 적으면 고갈된다. 만일 水氣가 旺한데 또 水가 있으면 이때는 土로 극제 해야 한다. 癸水는 겉으로는 부드러운 것 같으나 안으로는 강하며 웅장하다. 癸水가 壬水를 만나면 壬水와 같아진다. 癸水는 매우 연약한 물이기 때문에 메마른 戊土를 만나면 극되어 본성을 잃게 된다. 癸水는 막히고 엉킨 것을 흐르게 하고 火旺하면 火에 從하고 土旺하면 土에 從하니 시류를 따라 흘러간다. 만일 본성을 잃지 않으면 조화하여 윤택함을 드러낸다.

예)

丙 癸 壬 壬
辰 卯 寅 子

癸水 일주가 지지에 寅卯辰方局을 이루어 식상이 태왕하다. 시간(時干)에 丙火 편재가 투출하여 식상생재를 이루었으나 천간에서 비겁이 쟁재(爭財)를 한다. 사주에 庚申金이 없어 木을 제하고 癸水를 생하여 귀격(貴格)을 이루기 어려운 사주이다. 이 명주는 평범한 인생을 살았으나 아들을 두지 못했고 형제간에 재산다툼이 많았다.

월별로 계수의 용신을 알아보면 다음과 같다.

인월의 계수는 빗물처럼 유약하니 신금으로 생해주고 병화로 따듯케 하며 경금으로 보좌해 준다.

묘월은 을목이 사령하니 계수가 약하다. 그러므로 경금으로 수원(水源)을 삼고 신금으로 보조해 준다.

진월은 곡우를 기점으로 전후로 나누어 본다. 상반기에는 화기가 강하지 않으므로 오직 병화를 쓰나 후반기에는 병화를 쓰며 신금과 갑목으로 보조해 준다.

사월은 병화가 사령하여 조열하므로 신금으로 계수를 생하며 경금으로 보조해 주고 임수로 신금을 극하는 정화를 합거한다.

오월은 계수가 뿌리가 전혀 없어 취약하므로 庚辛金으로 일간을 생해주고 임계수로 일간을 도와준다.

미월은 상반기와 하반기가 금기운에 차이가 있으므로 용신이 조금 다르다. 전체적으로는 庚辛金으로 일간을 생해주고 임계수로 돕는데 상반기에는 화기가 강하므로 비겁으로 화기를 잡는 게 우선이고 하반기에는 금기운이 오므로 비겁을 쓰지 않아도 된다.

신월에는 경금이 사령하여 일간이 예리하고 강하다. 그러므로 정화로 금을 제련하고 갑목으로 정화를 도와준다.

유월의 계수는 금백수청(金白水淸)하다. 신금으로 일간을 생해주고 병화로 조후한다.

술월에는 지장간의 무토가 일간을 강하게 제극하니 신금으로 수원을 삼고 갑목으로 소토하며 임계수로 갑목을 보좌해 준다.

해월의 계수는 강한데 해중의 갑목으로 인해 강하면서도 약하다. 그러므로 경신금으로 일간을 돕고 정화로 금을 조절한다.

자월은 추운 계절이므로 우선 병화로 조후하고 신금으로 계수를 도와준다.

축월의 계수는 냉기가 심하니 우선 병화로 조후하고 임수가 수화로 어울려 태양을 빛나게 하며 무토로 수의 기운을 조절해 준다.

　　이상에서 살펴본바와 같이 『궁통보감』은 일간을 12개의 월지에 대입하여 조후
상으로 필요한 오행에 기준하여 배정하여 설명하고 있다. 열 개 일간의 계절에 따르는
특성을 살펴보는 데서 출발하여 일간의 성정이 뜨겁고 조열하면 식혀주고, 차고 냉하면
따뜻하게 데워주는 조후(調喉)의 방법을 제시하며 일간별로 기후의 배합에 따른 득실을
따져 월지별로 희신과 용신을 정리함으로써 조후용신의 근본 바탕을 마련하였다.

　　『궁통보감』은 월별로 희용신을 설명하기에 앞서 십간의 기본과 희기(喜忌), 춘하추동
계절에 따른 오행의 계절별 총론, 실제 사주풀이 등으로 엮어나가고 있는데 『궁통보감』
에서는 이전의 다른 명리이론들과 달리 오로지 일간과 월지를 대조하여 각 십간의 성정,
음양의 진퇴, 팔자의 배합 등으로 희용신이 있는지 살피고 격국의 고저를 판단하고
있다. 하지만 일면에서 보면 궁통보감의 이론은 일간을 기준으로 한 사주의 전체적인
십성의 구조상태를 전혀 고려치 않고 일간과 월지에 기준한 격국의 상태에 따르는
오행의 상궤와 변화를 무시하고 있어 명리학의 근본인 음양오행의 기질론에 합당하지
않고 조후와 물상론으로만 용신을 설명하여 명리학의 일반적 원리에 위배되는 일면도
있다.

〈십간의 월별 조후용신표〉[5]

일간	월지	寅	卯	辰	巳	午	未	申	酉	戌	亥	子	丑
甲	용신	丙	庚	庚	癸	癸	癸	庚	庚	庚	庚	丁	丁
	보조	癸	丙戊丁	丁壬	丁庚	丁庚	庚丁	丁壬	丁丙	甲壬丁癸	丁戊丙	庚丙	庚丙
乙	용신	丙	丙	癸	癸	癸	癸	丙	癸	癸	丙	丙	丙
	보조	癸	癸	丙戊		丙	丙	癸己	丙丁	辛	戊	戊己	
丙	용신	壬	壬	壬	壬	壬	壬	壬	壬	甲	甲	壬	壬
	보조	庚	己	甲	庚癸	庚	庚	戊	癸	壬	戊庚壬	戊己	甲
丁	용신	甲	庚	甲	壬	壬	甲	甲	甲	甲	甲	甲	甲
	보조	庚	甲	庚	甲庚	甲庚	癸	庚丙戊	庚丙戊	庚戊	庚	庚	庚
戊	용신	丙	丙	甲	甲	壬	癸	丙	丙	甲	甲	丙	丙
	보조	甲癸	甲癸	丙癸	丙癸	甲丙	丙甲	癸甲	癸	丙癸	丙	甲	甲
己	용신	丙	甲	丙	癸	癸	癸	丙	丙	甲	丙	丙	丙
	보조	庚甲	癸丙	癸甲	丙	丙	丙	癸	癸	丙癸	甲戊	甲戊	甲戊

---

5) 송유성(2012), 「사주명리학의 조후론 적용에 관한 연구:『궁통보감』의 조후론을 중심으로」, 대구한
    의대학교 대학원, 박사학위논문, p. 131

庚	용신	丙	丁	甲	壬	壬	丁	丁	丁	甲	丁	丁	丙
	보조	甲丙壬丁	甲丙庚	丁壬癸	戊丙丁		甲	甲	甲丙	壬	丙	甲丙	丁甲
辛	용신	己	壬	壬	壬	壬	壬	壬	壬	壬	壬	丙	丙
	보조	壬庚	甲	甲	甲癸	己癸	庚甲	甲戊	甲	甲	丙	戊壬甲	壬戊己
壬	용신	庚	戊	甲	壬	癸	辛	戊	甲	甲	戊	戊	丙
	보조	丙戊	辛庚	庚	辛庚	庚辛癸	甲	丁	庚	丙	庚	丙	丁甲
癸	용신	辛	庚	丙	辛	庚	庚	丁	辛	辛	庚	丙	丙
	보조	丙	辛	辛甲		辛壬癸	辛壬癸		丙	甲壬癸	辛戊丁	辛	丁

6장. 격국론, 억부론, 조후론의 차이점

✦ 1. 격국론, 억부론, 조후론의 차이점

1) 억부론 = 개인적 생존능력

적천수의 억부용신론은 일간과 전체 사주구성을 대조하여 강약(強弱)을 구분하는 것이 기본이 되며 사주를 판단하는 기준이 일간중심이 되기에 억부용신은 다분히 개인적이고 사적인 운명의 길흉(吉凶)을 파악하는 데 유용한 면이 있다. 억부용신이라는 것은 일간을 사주 전체에 비교하여 강하면 억제하고 약하면 부조해 주는 방법으로 일간에게 개인적 생존방법을 제시한다. 그러기에 억부용신을 통하여서는 일간을 기준하여 개인이 원하는 것이나 사생활, 즉 가정에서의 가족관계나 재물 등 육친에 대한 대처능력을 판단하여 주로 한해의 길흉을 알 수 있다.

2) 격국론 = 사회적 공존능력

자평진전의 격국용신론은 일간과 월령을 대조하여 성격(成格)과 파격(破格) 여부를 구분하는 것이 기본이 되며 월지 중심의 간명법이 되기에 격국용신은 다분히 공익적이고 사회적인 부분을 파악하여 사회적 성패(成敗)를 파악하는데 더 유용한 면이 있다. 격국용신이란 일간의 대외적인 사회성을 나타내는 것으로 일간의 기본적 스타일과 직업유형을 말하며 상신을 통하여 사회적 공존방법과 처세술을 제시한다. 그러기에 격국용신론을 통하여서는 대외적으로 직장이나 사회적인 일 그리고 사회 활동 무대의 크기 등을 볼 수 있다. 사회성과 직업적인 일에 관한 것, 사주 그릇의 크기 등을 알 수 있으며 주로 대운의 성패를 알 수 있다.

3) 조후론 = 안정적 자기관리능력

궁통보감의 조후용신론은 월지에 의한 계절변화에 따라 한난조습(寒暖燥濕)을 살피는 것이 기본이 되며 월지 대비 일간 중심이 되어 일간의 체질과 심리 등을 파악하여 인생의 행복 조건을 제시하기에 건강한 생활에 따른 인생의 희기(喜忌)를 논하기에 유용한 면이 있다. 이는 계절에 따른 한난조습을 관찰하는 것이니 조후용신을 통하여 안정적 자기관리 방법을 제시한다. 그러기에 조후용신을 통하여서는 월지에 따른 한난조습(寒暖燥濕)을 살펴 일간의 체질과 심리적 상태를 알고 그에 따르는 행불행의 체감행복지수를 알 수 있다.

✦ 2. 자평진전과 적천수 및 궁통보감의 사회적 배경과 차이점

적천수의 저자 유백온은 원나라 말 홍건적 출신의 주원장을 도와 전쟁터를 누비며 명나라를 개국한 인물이고 자평진전의 저자 심효첨은 중국 청나라 건륭 4년(1739)에 進士급제하여 관료생활을 한 인물이다. 반면에 난강망(궁통보감)의 원 저자는 미상으로 명나라 말기의 저서로 추정할 뿐이다. 그러므로 세 저자의 사상과 관점의 차이를 사회적 배경에서 추측해 볼 수 있다.

근본적으로 억부용신과 격국용신과 조후용신이 서로 사주의 길흉을 판단하는 기준이 각기 다른 이유는 자평진전과 적천수, 궁통보감의 시대적 사회적 배경이 다르기에 그로 인해 각 저자들이 생활했던 사회적 환경과 도덕적 기준이 달랐기 때문일 수도 있다. 적천수의 저자 유백온은 원나라 말 홍건적 출신의 주원장을 도와 전쟁터를 누비며 명나라를 개국한 인물이다. 그렇다면 아마도 그 당시의 사회상이나 생활상은 다분히 각 나라들이 힘의 균형을 이루고 있으면 안정되고 평안할 수 있으나 만약 힘의 균형이 깨어져 한나라가 강력한 지도력을 갖게 되었을 때에는 흡수 통일되는 양상을 띠였을 것이다. 그러기에 우리들은 그러한 세상을 살아갔던 유백온은 당연히 일간위주의 억부론과 종화론(從化論)적인 가치기준을 가지게 되었을 것이라 추측해 볼 수 있다. 반면에 자평진전의 저자 심효첨은 중국 청나라 건륭 4년(1739)에 진사(進士)급제하여 관료생활을 한 인물이다. 청나라 건륭황제는 중국 최후의 태평성세인 강건성세(康乾盛世)의 마지막을 장식한 황제로 이 시기는 사회경제적으로 안정되고 부흥하였기에 세상의 사람들에게는 사회적 명망과 직업적 성공 그리고 가문의 발전과 영광 등이 중요한 사회적 가치관이었을 것이다. 그러기에 심효첨은 일간 위주의 개인의 사생활에 초점을 맞춘 억부용신론 보다는 월지 위주의 공적인 사회생활에 초점을 맞춘 격국용신론적인 가치기준을 가지게 되었을 것이라 추측할 수 있다. 그리고 궁통보감의 원 저자와 시대는 미상으로 밝혀지지 않고 있다. 그러니 추측하건대 궁통보감의 저자는 유백온이나 심효첨처럼 문관이나 무관의 벼슬을 한 귀족이 아니었으며 또한 경제적으로도 크게 부유한 지방의 부호나 토호도 아니고 그저 춥고 배고프고 가난한 명리학자였을 가능성이 높다고 볼 수 있다. 저서의 내용 중 인용된 예문들이 주로 명(明)나라시대 유력 인사들의 사주가 많은 것을 보아 명대(明代) 말에 만들어진 저서로 추측을 할 수 있는데 그러기에 궁통보감의 원 저자는 경제적, 사회적 성공보다는 일간과 월지대비 조후에 초점을 맞추어 안락하고 따뜻하며 마음이 행복한 민초들의 삶에 가치기준을 가지게 되었을 것이라 추측해 볼 수도 있다. 이렇게 이 세 가지 이론서의 사상과 관점의 차이를 저자들의 활동시기의 사회적 배경에서 추측해 볼 수 있기에 적천수의 억부용신과 자평진전의 격국용신, 궁통보감의 조후용신이 서로 사주의 길흉과 성패, 행불행을 바라보는 관점과 용신이론에 차이가 생겼다고 생각해 볼 수 있다.[6]

적천수의 억부용신론은 개인적이며 현실적인 관법으로, 일간과 전체 사주구성을 대조하여 강약(強弱)을 구분하는 것이 기본이 된다. 사주를 판단하는 기준이 일간중심이 되며 그러기에 억부용신은 다분히 개인적이고 사적인 부분과 일간의 취미와 취향 등을 파악하는 데 유용한 역할을 하게 된다. 우리나라의 일제시대 이후 근대 산업화시기의

---

6) 박재범(2018), 「命理學의 滴天髓, 子平眞詮, 窮通寶鑑 用神論 比較 硏究」, 국제뇌교육종합대학원대학교, 박사학위논문, pp. 106~108

춥고 배고픈 시절 개인적인 성공과 개개인의 길흉이 중요시 되는 사회적 환경으로 억부적 관법은 시대적 흐름에 부응하는 면을 갖게 되었다. 억부용신이라는 것은 일간을 사주 전체에 비교하여 강하면 억제하고 약하면 부조해주는 방법으로 일간의 생존능력을 측정하는 방법론이 된다.

자편진전의 격국용신론은 사회적이며 공익적인 관법으로 일간과 월령을 대조하여 성격과 파격 여부를 구분하는 것이 기본이 된다. 즉 일간 중심이 아니고 월지 중심의 간명법이 되기에 격국용신은 다분히 공익적이고 사회적인 부분을 파악하여 사회적 성공 여부를 파악하는데 더 유용한 역할을 하게 된다. 격국이란 일간의 대외적인 사회성을 나타내는 것으로 일간의 근본적 스타일과 직업적성 및 활동공간을 말하며 사주의 짜임새, 틀, 그릇의 크기 등의 말하는 것이다. 그러므로 격국의 성패는 부귀빈천 (富貴貧賤)의 고저(高低)를 판단하는 데 중요한 기준이 되며 직업적 성향이나 처세술적인 부분에 까지 영향을 미치게 되니 일간의 공존성을 측정하는 방법으로 현 시대에 사주를 간명하는 데 있어 매우 중요한 요소가 된다.

궁통보감의 조후용신론은 월지를 중심으로 계절에 따른 한난조습(寒暖燥濕)을 살펴 환경에 따른 일간의 건강과 감정 등을 파악하는 것이 기본이 된다. 조후가 중심이 된 『궁통보감』은 월지에 의한 계절의 변화에 따른 일간의 형편을 중심으로 희기(喜忌)를 논한다. 계절에 따른 음양의 변화인 한난조습을 관찰하는 것이니, 사주를 파악하는 데 있어 가장 기본이 되면서 간과할 수 없는 중요한 부분이 되기도 한다. 사주에서 음양이 제대로 파악되지 않으면 오행의 생극제화(生剋制化)의 길흉도 알 수 없다. 예를 들어 水가 木을 生한다 하지만 子월의 甲木은 너무 한랭하여 水의 生을 받을 수 없게 된다. 오히려 子월의 한기가 木을 상하게 하니 丙火가 없이는 생존 할 수가 없다. 이 子월의 한기를 火의 기운으로 조절하게 된다면 水는 木을 타고 흐르게 되어 相生을 이루고 木은 火와 相生하여 꽃을 피울 수 있게 되는 것이다. 조후용신론은 월지 계절에 따른 일간의 안정적 자기관리 방법론으로 사주 관명에 있어 일간의 행불행을 측정하는 또 다른 중요한 요소가 된다.

자평진전의 용신론 중에서 또 하나의 중요한 한 부분은 비록 미약하게 다루었지만 격국은 조후(調喉)를 따져야 하니 영웅호걸도 때를 만나면 적은 노력으로도 큰 능력을 발휘하고 때를 잘못 만나면 아무리 뛰어난 재능이 있어도 성공하기 어려운 것과 같기 때문이라고 하여 조후(調候)를 논한 부분이 있다는 것이다. 그러므로 궁통보감이나 적천수나 자평진전 모두 정도의 차이와 시각적 관점의 차이가 있지만 조후를 외면하고는 사주의 용신을 설정할 수 없다는 공통점이 있음을 알 수 있다.

✦ 3. 용신이론의 결론

격국이란 사주의 틀을 나타내는 것으로 사주를 대표하는 세력이다. 격국용신론은 월지를 중심으로 성격(成格)여부를 보는 것이고 억부용신론은 일간을 중심으로 강약을 보는 것이며 조후용신론은 일간 대비 월지로 한서온냉에 따르는 기후를 보는 것이다.

위와 같이 격국론과 억부론과 조후론은 분명히 다르기 때문에 격국용신, 억부용신, 조후용신은 각각 따로 보아야 하고 또 그 구별을 정확히 해야 한다. 대운의 사회적인 성패는 주로 격국용신(상신)을 보고 판단해야 하고 한 해의 개인적 길흉은 주로 억부용신을 보고 판단해야 하며 대세운 기간 동안의 행불행의 체감행복지수는 조후용신을 보고 판단해야 한다. 사주를 보는 대부분의 사람들은 사주는 격국으로 분석하고 길흉을 판단할 때는 억부용신을 대입하는데 이것은 문제가 있다. 물론 어떤 사주에서는 격국용신과 억부용신이 같을 수도 있다. 격국용신에서는 대운의 길운이 들어오면 사회적인 일이 잘 풀릴 것이고 억부용신에서는 세운의 길운이 들어오면 그 한해가 좋을 것이며 조후용신에서는 대세운에서 조후가 맞으면 안정적 자기관리가 되어 육체적 심리적 안정을 이루고 편안해 질 것이다.

적천수의 억부론과 자평진전의 격국론 그리고 궁통보감의 조후론에는 근본적인 차이점이 있다. 그 근본적 차이점을 인간 삶의 방법론적인 측면에서 살펴보면 다음과 같다.

태초부터 인간은 탄생과 동시에 부여받는 천부인권이 있고 생존의 존재로서 기본적인 생명활동을 한다. 그러나 반면에 인간은 생존방법의 효율성을 높이기 위하여 진화의 과정을 거치며 사회를 구성하게 되었고 그에 따르는 직업을 가지고 공존의 존재로서 사회활동을 한다. 이러한 결과 각 개인들은 사생활 및 재물에 대한 길흉의 차이와 사회생활 및 직업에 대한 성패의 차이를 가지고 살아가게 되어있다. 물론 더 많은 부를 축적하고 더 많은 사회적 성공을 할수록 부가적으로 따라오는 인간 삶의 행복지수는 높아진다. 하지만 각 개인에 따라 경제적으로 부유하지 않고 사회적으로 성공하지 못하였어도 스스로 만족감을 느끼며 행복하게 살아가는 사람이 있는가 하면 반면에 아무리 많은 부를 축적하고 커다란 사회적 성공을 했더라도 스스로 만족하지 못하며 체감행복지수가 떨어져 불행하게 살아가는 사람도 있다. 이는 전적으로 그 개인의 체질과 성격에 따르는 문제이다.

적천수의 억부용신을 통하여는 주로 생존의 존재로서 인간의 개인적 생존능력을 파악할 수 있다. 억부용신은 개인이 원하는 것이나 사생활, 즉 가정에서의 가족관계나 재물 등 육친에 대한 대처능력을 판단하는 기준으로 주로 한해의 길흉을 알 수 있다. 반면에 자평진전의 격국용신을 통 하여는 공존의 존재로서 인간의 사회적 공존능력을 파악할 수 있다. 격국용신은 대외적으로 직장이나 사회적인 일 그리고 사회활동 무대의 크기 등을 판단하는 기준으로 사주전체의 사회성과 직업적인 일에 관한 것, 사주 그릇의 크기 등을 알 수 있으며 주로 대운의 성패를 알 수 있다. 그리고 궁통보감의 조후용신을 통하여는 체감 행복지수와 심리적 안정감을 파악하여 인생의 행복여부를 알 수 있다. 조후용신은 개인의 출생 계절에 따른 체질과 그로 인해 세상을 받아들이는 자세나 희노애락의 감정을 판단하는 기준으로 각 개인의 인생전반에 대한 체감행복지수와 대·세운 기간 동안의 행불행의 여부 등을 파악할 수 있다.

✦ 4. 격국론, 억부론, 조후론별 사례 분석

『적천수』의 억부용신론은 일간과 전체 사주구성을 대조하여 강약(强弱)을 구분하는 것이 기본이 되며 사주를 판단하는 기준이 일간중심이 되기에 억부용신은 다분히 개인적이고 사적인 운명의 길흉(吉凶)을 파악하는 데 유용한 면이 있다. 억부용신이라는 것은 일간을 사주 전체에 비교하여 강하면 억제하고 약하면 부조해 주는 방법으로 일간에게 개인적 생존방법론을 제시한다. 반면에 『자편진전』의 격국용신론은 일간과 월령을 대조하여 성격(成格)과 파격(破格) 여부를 구분하는 것이 기본이 되며 월지 중심의 간명법이 되기에 격국용신은 다분히 공익적이고 사회적인 부분을 파악하여 사회적 성패(成敗)를 파악하는데 더 유용한 면이 있다. 격국용신이란 일간의 대외적인 사회성을 나타내는 것으로 일간의 기본적 스타일과 직업유형을 말하며 상신을 통하여 사회적 공존방법론을 제시한다. 그리고 『궁통보감』의 조후용신론은 월지에 의한 계절변화에 따라 한난조습(寒暖燥濕)을 살피는 것이 기본이 되며 일간 대비 월지 중심이 되어 일간의 체질과 심리 등을 파악하여 인생의 행복 조건을 제시하기 때문에 건강한 생활에 따른 인생의 희기(喜忌)를 논하기에 유용한 면이 있다. 이는 계절에 따른 한난조습을 관찰하는 것이니 조후용신을 통하여 안정적 자기관리론을 제시한다. 이에 각 용신이론 별로 실제 사주의 예를 들어 각 용신이론의 유용함과 차이점이 있음을 확인하고 그 결과를 통하여 종합적인 사주관명의 방법을 알아보고자 한다.[7]

1) 『적천수』용신 이론에 근거한 사주명조 분석

예1) 큰 돈을 번 공인중개사(억부용신이 건왕한 사주)[8]

壬 戊 癸 辛
戊 申 巳 丑
庚 己 戊 丁 丙 乙 甲   7대운
子 亥 戌 酉 申 未 午

이 사주는 戊土일주가 巳월에 득령하여 신강하니 년간의 辛金 상관으로 억부용신을 하고 壬癸水로 희신 한다. 지지에서 巳丑합으로 용신의 뿌리가 되니 용신이 건왕하여 능력 있는 사주가 된다. 그러나 이 사주를 자평진전의 관점에서 보면 편인격의 사주가 巳申합으로 인성이 합거되고 천간에 재성이 투출하여 인수를 파극하니 파격이 된 사주이다. 이렇게 파격이 된 사주는 억부용신을 활용하게 되니 개인적이며 사사로운 인생을 살게 된다. 대운이 마침 희용신운인 金水운으로 순항하여, 丁대운에 인수격이 성격이 되니 부동산 중계사를 취득하여 사회성을 얻게 되고 분당에 개업하여 酉대운 억부용신운에 큰돈을 번 여자이다. 이렇게 억부용신이 건왕하여 식상생재가 되고 조후용신에 문제가 없는 사주는 개인적인 부를 축적하고 즐겁고 행복한 삶을 영위하게 된다.

---

7) 박재범(2018),「命理學의 滴天髓, 子平眞詮, 窮通實鑑 用神論 比較 研究」.국제뇌교육종합대학원대학교, 박사학위논문, p. 109.

8) 양성모(2010),『사주실전통변론』, 중산동양학연구소, pp. 28~29.

예2) 비겁이 용신인 사주(억부용신이 미력한 사주)[9]

丙 丙 辛 庚
申 申 巳 子
戊 丁 丙 乙 甲 癸 壬 10대운
子 亥 戌 酉 申 未 午

이 사주는 丙火가 巳월에 득령 했으나 財官이 태과하여 신약하다. 巳월에 丙火가 시간에 투출되어 건록격인데, 신약한 비겁을 도와줄 인성 木이 없는 가운데 金 재성이 旺하니 시상 丙火가 격이자 용신이 된다. 이 사주는 비견격이 『자평진전』의 성격의 요건인 관성이나 식상이 투출하지 못하여 성격을 이루지 못한 중에 신약한 일간을 도와줄 인수가 없고 병신합, 사신합으로 일간과 억부용신이 뿌리부터 합거 되니 대표적으로 무력한 사주이다. 더하여 대운이 金水기신운으로 향하여 일찍 부모를 여의고 형님이 운영하는 조그만 의류공장에서 형제에 의탁하여 외롭게 살아가는 사람의 사주이다. 이 경우처럼 파격이 된 사주는 사회적 능력이 떨어지는데, 더하여 억부용신이 무력하니 경제적인 능력도 부실하게 된다. 그러나 조후상으로는 문제가 없으니 부실한 인생에도 나날이 심리적 즐거움은 안고 살아가게 된다. 이와 같이 억부용신, 격국용신, 조후용신을 순차적으로 대입하여 종합적으로 사주를 분석하여야 한다.

예3) 상관견관 위화백단의 여명(억부와 격국 조후 모두 파격이 된 사주)[10]

庚 戊 辛 癸
申 寅 酉 卯
戊 丁 丙 乙 甲 癸 壬 2대운
辰 卯 寅 丑 子 亥 戌

이 사주는 戊土일간이 辛酉월 庚申시에 태어나 상관이 태과한데 사주에 인성이 없어

---

9) 김기승(2013), 『격국용신정해』, 다산글방, pp. 100~101.

10) 양성모(2017), 『격국용신완전정복』, O.B.C.A, pp. 181~182.

파격이 되었다. 이 사주는 억부용신을 써야하는 매우 신약한 사주인데 사주에 일간을 도와줄 인성이 없으니 寅중의 丙火로 억부, 격국 및 조후용신을 해야 한다. 그런데 지지에서 卯酉충 寅申충으로 관성이 충극을 맞으니 상관견관 위화백단으로 파격이 되었다. 이 사주의 주인공은 남편이 간암으로 사망하고 남의 농장에서 화분을 받아 판매하는 화분가게를 운영하며 근근이 생계를 유지하고 있다. 이렇게 억부, 격국, 조후에 모두 문제가 있는 사주는 경제적, 사회적, 심리적으로 문제를 안고 살아가게 된다.

예4) 재생살이 되어 피해의식에 시달리는 사람(용신이 불발된 사주)

癸 丙 壬 己
巳 寅 申 酉
甲 乙 丙 丁 戊 己 庚 辛　4대운
子 丑 寅 卯 辰 巳 午 未

이 사주는 丙火일주가 壬申月에 태어나 편관격의 사주이다. 편관격의 사주는 4 흉신이므로 역용을 해야 하기에 년상의 己土 상관으로 제살하여 성격을 한다. 반면에 천간에 壬癸水가 투간하여 재생살이 되었으므로 관살이 중하여 인성 寅木으로 억부용신을 하여야 하는데 寅申沖으로 탐재괴인 되니 용신이 미력하다. 어릴 적 폭력적인 아버지 (편재 申金) 밑에서 자라나 똑바로 해야 한다는 강박관념(관살)의 트라우마를 가지고 있다. 주변 사람들의 여러 번의 중매에도 불구하고 상대가 사치낭비 하는 것 같아서, 상대가 나를 무시하는 것 같아서, 상대가 너무 급하게 접근해서 등등의 이유로 타인을 믿지 못하는 경계심리에 의해 50세가 되도록 결혼을 못하고 있는 금융감독기관 종사자이다. 이 사주는 어릴 적부터 48세가 되기까지 火土대운을 가서 식상제살로 성격을 하여 직업적인 사회성은 좋게 되니 금융결제원의 과장으로 직업적 안정은 이루었다. 그러나 억부용신 상으로는 金이 기신이고 土가 구신이니 흉운이 되므로 경제적인 면이나 개인적인 인간관계 등에는 흉하여 50세가 되도록 결혼을 못하고 전셋집을 전전하고 있다. 이렇게 丙壬沖으로 일간이 다치고 寅申沖으로 인성이 상한 사주는 자기 자신의 자아와 마음에 큰 상처를 안고 살아가게 된다.

예5) 성형외과 의사(억부, 격국, 조후 용신이 모두 건왕한 좋은 사주)

辛 乙 丁 庚
巳 未 亥 申
癸 壬 辛 庚 己 戊 6대운
巳 辰 卯 寅 丑 子

이 사주는 乙木 일간이 亥月에 태어나 인수격인데 득령을 하였으나 실지 실세하여 신약한 사주가 되었다. 월지 亥水로 억부용신을 하고 木으로 희신을 한다. 그런데 이 사주는 기신인 미토가 용신과 해미합목이 되어 흉이 변하여 길하게 된 사주이다. 그런데 이 사주는 인수격이 연간에 庚金 정관이 투출하여 관인상생(官印相生)으로 성격 (性格)을 이루었다. 시간에 辛金 편관이 투출하여 관살이 혼잡해지는 폐단이 생길 수 있었으나 월간의 丁火와 시지의 巳火가 조후를 해결해주며 구응(求應)의 신이 되어 식상제살(食傷制殺)을 하여주니 사주가 청해진 사례로 성형외과 의사의 사주이다. 대운이 희용신(喜用神)의 운으로 가고 있어 직업적, 경제적으로 성공하고 조후가 안정을 이루니 체감행복지수가 매우 높은 사람이다. 이 사주의 경우처럼 억부용신, 격국용신 조후용신이 모두 건왕한 경우는 매우 성공적이며 행복한 인생을 살아가게 된다.

예6) 법무사(합살류관으로 淸해진 사주)[11]

壬 丁 癸 戊
寅 丑 亥 午
己 戊 丁 丙 乙 甲 9대운
巳 辰 卯 寅 丑 子

이 사주는 丁火 일간이 癸亥월에 출생하여 편관격을 이루고 시상(時上)에 壬水로 관살혼잡(官殺混雜)이 되었으나 연간의 戊土가 구응(救應)의 신이 되어 戊癸合으로 칠살(七殺)을 합거(合去)하니 합살류관(合殺流官)이 되어 정관격이 되었다. 정관격의

---

11) 이효정(2017), 「사회경제적 성공자의 자기만족도에 관한 명리학적 연구」, 국제뇌교육종합대학 원대학교, 박사학위논문, p. 77.

사주가 재생관은 안되나 시지의 寅木으로 관인상생을 하여 사주가 어렵게 성격을 한 경우이다. 실령, 실지, 실세하여 매우 신약한 사주로 시지의 寅木을 억부용신 겸 격국용신, 조후용신으로 하는데 대운이 寅卯辰 東南方의 용신운을 가면서 법무사가 되어 적당한 사회성을 가지고 경제적으로 안정을 이루었으며 심리적으로도 행복감이 높은 사주이다.

예7) 판사(편인격의 신강한 사주가 재성을 억부용신으로 하는 사주)[12]

庚 丁 丁 乙
子 卯 亥 巳
辛 壬 癸 甲 乙 丙　1대운
巳 午 未 申 酉 戌

이 사주는 丁火 일간이 亥月에 태어났는데 지지에서 亥卯合木을 하고 년간에 乙 木이 투간하여 실령, 득지, 득세한 편인격의 신강한 사주가 되었다. 편인격의 사주가 지지에서 관인상생(官印相生)이 되며 시간의 재성 庚金으로 억부용신을 하여 편인을 제화(制化)하니 성격(成格)이 잘된 사주이다. 월지 정관의 직업적성으로 판사가 되었는데 壬午 대운에 와서 억부, 격국, 조후용신이 모두 해결되니 사회경제적으로 성공하고 체감 행복지수 높은 인생을 살아가고 있다.

예8) 부동산으로 큰돈을 번 학원사업을 하는 여자[13]

甲 戊 丙 己
寅 辰 子 亥
壬 辛 庚 己 戊 丁
午 巳 辰 卯 寅 丑

---

12)　이효정(2017), 「사회경제적 성공자의 자기만족도에 관한 명리학적 연구」, 국제뇌교육종합대학
　　　원대학교, 박사학위논문, pp. 77~78.

13)　이효정(2017), 「사회경제적 성공자의 자기만족도에 관한 명리학적 연구」, 국제뇌교육종합대학
　　　원대학교, 박사학위논문, p. 79.

이 사주는 戊土 일간이 子月에 태어나 재격을 이루는데 시주의 甲寅 편관을 재생살(財生殺) 하여 파격(破格)이 될 수 있다. 그런데 월간의 丙火가 살인상생(殺印相生)으로 구응(救應)의 신이 되어 패중유성(敗中有成)으로 성격(成格)이 된 사주이다. 사주가 신약하여 丙火가 억부용신이 되며 子月에 지지에 水局을 이루어 한냉(寒冷)하므로 丙火가 조후를 해결한다. 용신 丙火가 일간과 유정(有情)하고 시지의 寅木에 장생(長生)하며 생조(生助)를 받으니 좋은 사주가 되었는데 용신인 편인을 활용하여 학원사업을 하였다. 그러나 학원사업으로 돈을 벌었기보다는, 해당 지역이 개발되기 전 당시 급매로 싸게 나온 땅을 사서 빚을 얻어서 학원을 자가로 지었던 것이 巳, 午 用神 대운에 부동산 가치가 많이 올라가서 부자가 되었다. 巳, 午 火運은 억부용신 및 격국용신 조후용신이 모두 충족 되므로 사회경제적 성공을 이루고 이로 인한 만족도와 행복감이 높은 사람이다.

2) 『자평진전』 용신 이론에 근거한 사주명조 분석

예1) 부동산으로 큰 부를 이룬 여류화가(성격이 잘 된 사주)[14]

庚 乙 癸 壬
辰 巳 卯 寅

丁 戊 己 庚 辛 壬   1대운
酉 戌 亥 子 丑 寅

이 사주는 乙木이 卯月에 출생하여 건록격의 신강한 사주이다. 건록격의 사주는 관성으로 제하여 성격(成格)을 하는데 時干의 정관 庚金이 시지 辰土의 생을 받고 일지 巳중의 庚金에 통근하여 상신이 건왕하고 일간과 유정하며 성격(成格)이 잘 되었다. 년간 임수로부터 시작하여 수생목, 목생화, 화생토, 토생금으로 오행이 주류무체를 이루고 생생유통하여 좋은 사주의 예이다. 무술(戊戌)대운에 이르러 유산으로 받은 부동산으로 큰 부를 이루고 모 대학원에서 박사학위를 공부하며 후학을 지도하는 여류화가의 사주이다. 이 사주의 예에서 보듯이 사주의 억부용신을 떠나 격국용신이 성격이 된 사주는 인생의 근본이 뚜렷하고 사회성이 좋으며 더하여 억부용신 마저도

---

14) 양성모(2010), 『사주실전통변론』, 중산동양학연구소, p. 2.

건왕한 경우에는 개인의 경제적 충족도와 인간관계에도 길함이 따르게 된다.

예2) 지방군수에 당선된 사람(패중유성이 된 사주)[15]

辛 壬 丁 戊
丑 子 巳 戌
癸 壬 辛 庚 己 戊   1대운
亥 戌 酉 申 未 午

이 사주는 壬水일주가 정사월에 출생하여 재격의 사주가 된다. 정재격의 사주가
편관을 보아 재생살이 되니 파격이 된다. 그러나 일간 임수가 정임합으로 재성을
합하여 재생살을 하지 못하도록 하고 시지 丑土에 통근한 辛金 인성이 살인상생으로
통관을 하니 구응의 신이 되어 패중유성이 되었다. 초년 土運에는 일간을 극제하는
관살운이므로 어려웠으나 庚申대운부터 스스로 처세를 잘하고 선택을 잘하니 주변의
조력과 도움으로 발복하고 辛酉, 壬戌대운을 거쳐 癸亥대운 庚寅년에 지방군수에 당선
되었다. 이렇게 패중유성이 된 사주는 만약 대운의 흐름이 좋지를 못하여 주변 환경이
바쳐주지를 못하면 사회적으로 성공보다는 실패가 따르게 되는데 이 사주는 반대로
대운이 흐름이 좋아 스스로의 올바른 선택과 처세에 따르는 주변의 인덕과 도움으로
사회적인 성공을 이룬 경우이다.

예3) 고통과 어려움 속의 여자(일간과 상신이 무력하여 파격이 된 사주)[16]

丁 癸 壬 戊
巳 丑 戌 午
丙 丁 戊 己 庚 辛   3대운
辰 巳 午 未 申 酉

이 사주는 癸水가 戌月에 출생하여 정관격이 되나 중관(重官)의 명으로 관살이 혼잡한

---

15) 양성모(2010), 『사주실전통변론』, 중산동양학연구소, pp. 2~3.
16) 양성모(2010), 『사주실전통변론』, 중산동양학연구소, pp. 3~4.

중에 재생살이 되어 철저히 파격이 된 사주이다. 이 사주는 『적천수』적인 관점으로 보면 종살격의 사주가 되어 대귀(大貴)할 수도 있다. 하지만 이 사주는 실령, 실지, 실세하여 극신약 한 중에 일간을 생조(生助)해 주는 인성이 전무하고 억부용신인 비겁 壬水 또한 무근하고 희신의 도움이 없어 편중된 나쁜 사주의 전형적 예이다. 초년 辛酉, 庚申 상신(相神)운에는 억부용신 까지 충족이 되니 비행기 조종사인 아버지 밑에서 대학까지 졸업하고 유복하였으나 23세 己未대운부터 아버지(재성)의 도박으로 집안이 몰락하여 고생하던 중에 33세 戊午(己丑년)대운부터 안마시술소를 전전하며 힘들게 살아가고 있는 여자의 사주이다. 재생살이 된 극신약 사주에 비겁으로 억부용신하는 여명(女命)에서 흔히 일어 날 수 있는 현상이다. 이렇게 『적천수』 종격론과 『자평진전』의 격국론이 희용신이 상반되는 경우 실제 상담 현장에서 좋고 나쁨을 분별하는데 가장 혼동이 생기게 된다.

예4) 언어 장애를 앓고 있는 아이(파격이 된 종재격의 편고한 사주)[17]

庚 乙 庚 庚
辰 巳 辰 辰
甲 乙 丙 丁 戊 己   4대운
戌 亥 子 丑 寅 卯

이 사주는 乙木일간이 庚辰월에 출생하여 정관격의 사주가 되나 사주 전국(全局)에 관살이 태중하여 乙木은 심하게 위협을 받고 있다. 비록 일간이 辰중의 乙木에 통근하였으나 水生木이 되지 않아 『적천수』의 억부용신론으로 보면 종재격의 사주이다. 그러나 『자평진전』의 격국용신론으로 보면 재생관살로 파격이 되어 사회성에 문제가 생길 수 있는 사주이다. 종재격 사주의 특성대로 집안이 경제적으로 매우 부유하고 다른 면에는 아무 문제가 없으나 土金으로 편고한 사주의 특성상 金剋木을 심하게 당하여 신경과 언어장애를 겪고 있는 장애아의 사주이다. 그런데 이 사주는 조후상으로는 큰 문제가 없으니 심리적으로는 안정이 되어 있다. 이 사주의 경우처럼 억부용신으로 보는 개인의 경제적 길흉과 격국용신으로 보는 사회적 성패, 그리고 조후용신으로

---

17) 양성모(2010), 『사주실전통변론』, 중산동양학연구소, p. 4.

보는 체감 행복지수가 각기 다를 수 있다.

예5) 시각장애인의 사주(재생살로 파격이 된 사주)

辛 乙 乙 庚
巳 未 酉 戌
辛 庚 己 戊 丁 丙　9대운
卯 寅 丑 子 亥 戌

이 사주는 乙木 일간이 酉월에 정편관이 투출한 중에 재생살이 되어 파격이 된 극신약한 사주다. 이 사주 또한 『적천수』 관점으로 보면 종살격의 사주가 된다. 천간의 乙木이 둘이라도 強金을 대적할 힘이 없고 지지에서 일간을 생조할 일점 水氣가 없어 시지에 巳火 상관으로 제살을 하고 싶으나 巳酉合金으로 그 또한 불가하게 되었다. 위 사람은 어릴 적 丙戌 대운에 홍역을 앓고 金剋木으로 시신경에 손상을 입어 시력을 잃은 후 亥 子 水運에 간신히 고등학교를 마치고 맹인 학교에서 안마와 침술을 배워 안마사의 삶을 살고 있는 사람이다.[18]

예6) 방송국 감독(패중유성이 된 정관격의 사주)

己 壬 乙 癸
酉 申 丑 未
丁 戊 己 庚 辛 壬 癸 甲　1대운
巳 午 未 申 酉 戌 亥 子

이 사주는 壬水일주가 丑월에 己土가 투출하여 정관격인데 월간에 을목 상관이 투간하여 파격이 되었다. 그러나 일지와 시지의 申酉金 인성이 상관을 제화해 주니 패중유성이 된 경우이다. 丑月의 壬水일주가 일지와 시지의 申酉金과 년간의 癸수로 한랭하며 신강하여 己土 정관으로 억부용신하는 사주이다. 이 사주는 정관격의 사주가 인성을 상신으로 하며 火운에 조후를 맞추어주고 재생관이 되기를 기다리는 사주이다.

---

18)　양성모(2010), 『사주실전통변론』, 중산동양학연구소, p. 5.

戌대운에 우연히 방송국에 입사 한 뒤 신유, 경신, 기미 대운동안 평생을 근무하였다. 戌午대운 정년퇴직을 한 후에도 대운의 흐름이 좋아 그 능력을 인정받고 경제적 풍요로움 속에 왕성하게 활동을 하고 있으며 자녀들이 현철하게 성장하여 효도를 받고 있다. 이 사주의 경우처럼 비록 庚申, 辛酉대운에 억부용신과 조후용신은 안 맞아도 격국용신이 맞는 경우는 적당한 사회성을 유지하며 살다가 억부, 격국, 조후용신 모두가 맞아들어가는 무오 정사대운에는 사회적, 경제적, 심리적으로 모두 만족한 삶을 살아가게 된다.

예7) 의대교수(편인격이 財官을 보아 성격이 잘 된 사주)[19]

時 日 月 年
甲 戊 丁 癸
寅 子 巳 巳
辛 壬 癸 甲 乙 丙 10대운
亥 子 丑 寅 卯 辰

이 사주는 戊土 일간이 丁巳月에 태어나 인수격(印綬格)으로 신강한데 시주의 편관 甲木으로 살인상생을 하고 태과한 인성을 년간의 癸水로 제화를 하여주니 성격이 잘 된 사주이다. 시상(時上)의 甲木이 상신이 되고 연간의 癸水와 일지의 子水를 희신(喜神)하여 격국과 억부와 조후를 모두 해결하는 사주이다. 인수격이 편관(偏官)으로 용신하여 성격(成格)을 이루고 용신이 일간과 유정하며 희신의 생부를 받으니 격국과 용신이 모두 건왕(建旺)한 사주로 의대 교수가 되었다. 득령득세한 사주로서 격과 용신이 튼튼한데 대운 또한 희용신으로 흘러가 사회경제적 성공으로 인한 만족감과 행복감이 높은 사람이다.

예8) 대학교수(관인상생으로 성격이 된 사주)

丁 丙 戊 乙
酉 辰 子 酉

---

19) 이효정(2017), 「사회경제적 성공자의 자기만족도에 관한 명리학적 연구」, 국제뇌교육종합대학 원대학교, 박사학위논문, p. 74.

辛 壬 癸 甲 乙 丙 丁 2대운
巳 午 未 申 酉 戌 亥

丙火 일간이 子月에 태어나 정관격인데 지지에서 재생관(財生官)을 이루고 년간의 乙木이 관인상생(官印相生)을 하니 년간의 乙木을 상신으로 성격(成格)을 이루고 시간의 丁火를 희신하여 조후를 해결한 사주이다. 정관격의 사주가 정인을 용신하므로 선천적으로 타고난 직업적성으로 대학교수가 되어 존경을 받던 사람이다. 巳午未 南方대운에 억부와 조후와 격국용신까지 해결되어 사회경제적 성공을 이루고 이로 인한 만족도와 행복감이 매우 높았던 사람이다.

3) 『궁통보감』 용신 이론에 근거한 사주명조 분석

예1) 대하소설 토지의 작가(금수상관격이 조후를 갖춘 아름다운 사주)
癸 庚 辛 丁
未 申 亥 卯
戊 丁 丙 乙 甲 癸 壬 5대운
午 巳 辰 卯 寅 丑 子

이 사주는 세계적 대하소설 토지의 작가 사주이다. 庚金일주가 辛亥月에 출생하였는데 시간에 癸水가 투출하여 상관격으로 신약하다. 억부상으로는 신약하니 시지의 未土 인수가 억부용신이고, 상관격의 사주가 지지에 亥卯合木으로 상관생재가 되나 신약하고 한랭하여 未土 정인으로 상신하여 상관패인을 시키니 성격을 한다. 그런데 조후상으로는 亥月의 庚金이 금수상관으로 한랭하니 丁火 관성으로 조후용신을 한다. 초년의 壬子, 癸丑 대운은 상관운으로 丁火를 끄자 남편과 6.25 동란 중 사별하였다. 상관패인격의 사주가 木火土 대운의 흐름으로 조후와 억부, 격국용신이 모두 맞으니 불후의 대작을 남기고 성공적이며 행복한 인생을 영위하게 되었다.

예2) 식상태과의 폐해가 드러난 여명(금수상관격에 조후가 안 맞는 사주)[20]

庚 辛 甲 癸
子 丑 子 巳
丁 戊 己 庚 辛 壬 癸　7대운
巳 午 未 申 酉 戌 亥

이 사주는 辛金일주가 子月에 태어나 일단 식신격나 식신이 태과하여 상관과 같으니 월지 眞傷官格으로 볼 수 있다. 상관격의 사주가 甲木 정재를 보아 상관생재가 되니 일단 성격이 될 수 있는데 子월의 辛금이 子丑 수국이 되고 년간과 시간의 癸水와 庚金으로 금수한랭 하여 필히 火 관성을 보아야 하겠으나 년지의 巳火가 水剋火를 심하게 당하여 沒하였으므로 관성이 실조하여 이 사주의 주인공은 자제력과 참을성이 부족할 수 있으며 火는 정신을 의미하는데 火가 沒했으니 우울하고 음침한 성격의 일면도 있겠다. 일단 이 사주는 식상이 태과하므로 희생과 봉사 정신으로 남을 위해 헌신하며 봉사하는, 법 없이도 살 수 있는 사람도 될 수 있으나 항상 태과는 불급으로 오히려 성정이 옹렬하고 인색하며, 법 없이 산다는 삶이 오버하여 입만 열면 거짓말을 밥 먹듯이 하는 사람이다.

예3) 성전환수술을 결심한 남자(申子水局으로 체질이 바뀐 경우)[21]

丙 庚 庚 甲
子 寅 午 戌
丙 乙 甲 癸 壬 辛　1대운
子 亥 戌 酉 申 未

이 사주는 庚金일주가 지지에 寅午戌 火局을 이루고 시간에 丙火가 투출하여 칠살격을 이루었다. 그런데 칠살격의 사주가 甲木 재성이 투출하여 재생살이 되니 파격이 되었다. 칠살격은 식상제살을 하거나 살인상생을 이루어야 成格이 되는데 이 사주는 인성 戌

---

20)　양성모(2010), 『사주실전통변론』, 중산동양학연구소, p. 36.

21)　양성모(2010), 『사주실전통변론』, 중산동양학연구소, p. 46.

土가 寅午戌 火局이 되어 살인상생을 못하고 또한 시지의 子水가 寅木에 설기되어 미력하므로 식상제살도 하지 못하여 전형적으로 파격이 된 사주이다. 억부상으로 일간의 뿌리가 없어지고 매우 신약하여 중화를 잃고 종살격이 될 수도 있으나 시지의 子水가 발목을 잡아 종살을 할 수도 없다. 조후 상으로는 화기가 중천하니 시지의 子水로 조후용신을 해야한다. 강한 七殺은 일간에게는 최고의 스트레스가 되고 인생의 형벌이 되어 고통을 주게 된다. 이 사주에서는 火局 즉 강력한 양의 기운인 火體를 띠고 남자의 몸으로 태어난 자체가 인생의 형벌이 되는 것이다. 壬申대운을 거치며 천간에서는 丙壬沖으로 관성을 충하여 사회적 가치관에 변화를 보이게 되며 불의의 편관과 맞서 싸우고자 하니 경찰대학에 진학하여 사회정의를 실현하는 삶을 추구하고자 하였다. 그러나 대운의 지지 申金이 일지의 인목을 寅申충을 하여 자기정체성에 변화가 오게 되고 시지의 子水와 申子합수로 강력한 陰의 에너지가 발생하여 체질이 변하게 되었다. 21세 癸酉대운에 들어 陰기가 더욱 강하게 발현됨으로 체질적 변화를 이겨내지 못하고 성전환수술을 결심하게 되었다. 이와 같이 조후에 문제가 있는 사주는 체질적, 심리적인 문제가 있는 경우가 많다.

예4) 동성애를 하는 여자(寅亥合木과 亥卯木局으로 체질이 바뀐 경우)[22]

辛 乙 辛 癸
巳 亥 酉 卯
丁 丙 乙 甲 癸 壬 3대운
卯 寅 丑 子 亥 戌

이 사주는 乙木일간이 酉월에 辛金이 투출하여 편관격으로 신약하여 인성 癸水가 억부용신이고 살인상생으로 화살하여 성격을 시키니 인성 癸水가 격국의 상신이 된다. 하지만 乙辛沖과 卯酉沖, 巳亥沖으로 木과 火의 양에너지가 손상을 당하여 조후에 문제가 생기며 인체 호르몬계의 이상으로 교감신경과 부교감신경에 문제가 발생한 경우이다. 사주에서 태과한 七殺과 상충살은 일간에게 스트레스와 트라우마가 되고 인생의 굴레가 되어 고통을 주게 된다. 이 사주는 살인상생의 사주에 金水로 한랭하니

---

22) 양성모(2010), 『사주실전통변론』, 중산동양학연구소, p. 46~48.

위 예3)의 火局의 사주와는 반대 현상으로 강한 陰體를 띠고 여자의 몸으로 태어난 자체가 인생의 굴레가 되는 것이다. 이렇게 칠살로부터 일간과 비겁이 을신충과 묘유충을 맞으면 자존감과 자아의 욕구가 좌절되고 남편과 불화를 하게 되며 상대를 버거워 하게 된다. 그리고 巳亥沖으로 인성이 식상을 충극 해버렸으니 남편의 사랑과 관심(亥水)이 오히려 나의 자유와 즐거움 기쁨과 행복(상관 巳火)을 짓밟는 억압이 된다. 남편의 의처증의 압박과 폭력을 살인상생으로 감내하며 수용하는 생활을 해왔으나 43세 丙寅대운을 맞이하며 천간으로 丙辛합을 하니 신체호르몬의 변화가 생기게 되고 지지로 寅亥合木으로 비겁이 강해지며 양체질로 변하니 시지의 巳火 상관이 木生火 살아나게 된다. 이 사주는 巳亥沖의 사이에 비겁(同姓)인 木이 통관을 시켜야만 비로소 상관 巳火가 소생을 하게 되니 동성애를 할 때만 즐거움과 쾌락 기쁨과 카타르시스를 느껴 오르가즘에 도달하게 되는 이치이다. 충극으로 잡혀있던 비겁과 식상이 丙寅, 丁卯 대운에서 살아나니 감정계가 살아나며 일상에서 벗어난 일탈의 행동에서 인생의 기쁨과 행복을 느껴 동성애에 빠지게 된 경우이다.

예5) 금수상관격의 불행한 여명(상관견관 위화백단의 사주)

戊 庚 甲 戊
寅 申 子 午
戊 己 庚 辛 壬 癸 5대운
午 未 申 酉 戌 亥

이 사주는 庚申일주가 子月에 출생하여 상관격인데 금수상관격이 되니 조후용신으로 관성 火를 보아야 한다. 이 사주는 얼핏 보면 상관격의 사주가 편재가 투출하여 상관생재를 이루니 성격이 잘되 보이고, 또한 금수상관의 사주가 午火 정관으로 조후용신하고 甲木과 戊土로 용신을 보조하니 조후용신에도 문제가 없는 것으로 보이며, 子月에 庚金이 신약하니 戊土 편인으로 억부용신도 해결된 문제가 없는 사주로 보인다. 그러나 자세히 보면 甲庚沖, 子午沖, 寅申충으로 조후용신이 충극을 당하고, 甲庚沖과 寅申沖으로 재성이 충극을 맞고 甲戌剋으로 인성이 손상을 입으니 상관격의 사주에서 요구하는 상신이 모두 상하여 격국도 파격이 되었으며 억부용신인 戊土도 甲戌剋으로 극제를 당하여 무력하니 조후용신, 격국용신, 억부용신 무엇하나 온전한 것이 없이 철저히 파격이 된 상관견관 위화백단의 사주이다. 이 사주의 주인공은 戌대운에 일찌감치 결혼하여 전남편과의 사이에 2남 1녀가 있는데 남편의 무능력으로 별거하던 중 전 남편과 이혼정리 되지 않은 상태에서 壬辰년 새 남자를 만나 동거하여 癸巳년 癸亥월 癸卯일 丁巳시에 유복자를 또 낳았다. 동거남이 음료수 대리점을 운영했으나 사업부진과 사채의 늪에 빠져 庚申대운 癸巳년 辛酉월 낚시터에서 음독자살을 했다. 현재 직업은 유흥업소 종사자이다. 이 사주는 특히 辛酉, 庚申대운에는 상관격의 사주가 파격이 되고, 申子合水로 水氣가 강해지니 조후용신인 午火도 손상을 입게 되며. 戊土의 기운을 설기하여 사주의 병(病)인 子水를 생하여주니 억부용신도 안 맞게 되어, 억부용신을 통한 개인적인 사생활이나 격국용신을 통한 사회적 직업, 그리고 조후용신을 통한 체감행복지수 등이 모두 다 무너지는 경우가 된다.

예6) 국밥집으로 성공한 여자(식신을 활용한 사주)[23]
壬 癸 乙 己
子 丑 亥 卯
壬 辛 庚 己 戊 丁 丙   1대운
午 巳 辰 卯 寅 丑 子

癸水 일간이 亥월 壬子시에 태어나 겁재격의 사주이다. 지지의 亥子丑 방합으로 비겁이 중중(重重)하여 한랭하니 지지의 亥卯에 뿌리를 두고 힘 있게 투출한 乙木 식신을 용신하여 성격이 된 사주이다. 식신 용신이 주는 천성을 활용하여 식당업을 선택하였고 대운이 용신운인 木, 火 운으로 흘러 경제적으로 성공한 사람이다. 가난한 시집살이에 생계를 해결하기 위하여 시작한 순대국밥 장사가 크게 번창하여 많은 재물을 벌은 사람이다. 식신을 쓰는 사주가 말년에 재성운을 가니 큰돈을 벌게 되었고 한랭한 사주가 대운에서 조후문제를 해결하니 체감 행복지수가 매우 높은 사례이다.

예7) 폐암으로 사망한 남자(火氣가 치열하여 문제를 일으킨 사주)

---

23) 이효정(2017), 「사회경제적 성공자의 자기만족도에 관한 명리학적 연구」, 국제뇌교육종합대학 원대학교, 박사학위논문, pp. 83~84.

丙 甲 庚 甲
寅 午 午 午
丁 丙 乙 甲 癸 壬 辛 10대운
丑 子 亥 戌 酉 申 未

이 사주는 甲木 일주가 午月에 출생하여 월지 상관격이다. 극신약한 상관격이
재성이 투출하지 않고 인성 水의 제화가 없어 파격이 된 사주이다. 조후용신으로 水가
필요하나 사주에 전혀 수기가 없어 월간의 庚金이 火剋金을 당하니 버틸 수가 없다.
초년에 부모가 모두 돌아가시고 부모의 혜택을 못 받아 공부해야 할 시기에 일찍
주물공장에 다니면서 기능공으로 일하다 壬申. 癸酉대운에 조후문제가 해결되니 20
년 독립하여 개인사업을 시작하였다. 사주의 왕한 열기를 金水로 식혀주니 사업에
성공하여 돈을 많이 벌었다. 사주가 水剋火가 안 되고 火生土로 설기가 안 되어 젊은
시절부터 폐. 기관지가 안 좋아 고생을 많이 했다. 甲戌 대운에 寅午戌 火局이 되니
旺한 火氣로 인하여 辛巳년 폐암이 발병하여 壬午년 午月에 사망했다. 이렇게 사주가
조후의 균형을 이루지 못하는 사주는 안정적으로 자신을 관리하지 못하여 육체적으로
건강하지 못하거나 정신적으로 건강하지 못하여 불행하게 된다.

예8) 뇌혈관경색으로 사망한 여자
庚 癸 癸 甲
申 亥 酉 辰
72 62 52 43 32 22 12 2
乙 丙 丁 戊 己 庚 辛 壬
丑 寅 卯 辰 巳 午 未 申

癸水일간이 酉月에 출생하여 편인격의 사주가 金水로 한랭하다. 甲木 상관을
억부용신과 격국의 상신으로 하여 어렵게 성격을 이루나 사주에 재성 火氣가 일점도
없으니 조후가 해결이 안 되어 甲木이 발영(靜榮)하지 못하니 결과와 결실이 없는 미력한
사주가 되었다. 金은 기신이 되고 土는 구신이 된다. 火氣가 없고 甲辰백호로 木克土하는
기세가 있어 土가 剋을 당하고, 사주에 金氣가 태과하니 土의 기운이 설기되어 비, 위가

매우 약하다. 비위가 약한 사람이니 삐쩍 마르고 골골거리는 체질이 된다. 金水寒冷한 사주이니 필히 火運을 만나야 한다. 43세 戊辰대운은 仇神 운으로 최악의 흉운이다. 천간에서는 戊癸合을 하니 水生木이 안되고 지지에서는 辰酉합을 하니 金剋木이 되어 결국 甲木 두뇌가 손상되는 운이다. 편인격의 전문가 프리랜서형의 사주로 부동산업을 하다가 뇌혈관경색으로 사망하였다. 金多水濁의 사주는 金의 혈전찌꺼기에 의해 水 혈관이 탁해지고 막히는 체질이다. 참고로 혈전은 동맥경화증에 의해 병든 혈관에서 주로 생기며 심장에서 뇌로 가는 내경동맥 또는 뇌혈관의 어디에서나 발생할 수 있다. 이렇게 금수로 한랭하여 조후가 안 이루어진 사주도 안정적으로 자신을 관리하지 못하여 육체적으로 건강하지 못하거나 정신적으로 건강하지 못하여 불행하게 된다.

4) 삼대용신법에 따른 유명인 사주 분석[24]

이상과 같이 『적천수』, 『자평진전』, 『궁통보감』의 용신이론에 적용하여 각각 8건씩의 사례분석을 하여 보았다. 그 결과 각각의 용신 이론 간에는 근본적인 차이점이 있음을 알 수 있다. 『적천수』의 억부용신 사례에서는 주로 개인이 원하는 것이나 사생활, 즉 가정에서의 가족관계나 재물 등 육친에 대한 길흉을 알 수 있었으며 억부용신이 좋은 사주와 억부용신 운에는 주로 경제적 성공을 이루고 가정을 비롯한 주변이 편안함을 파악할 수 있었다. 반면에 『자평진전』의 격국용신 사례에서는 주로 사주 주인공의 대외적인 직장생활이나 사회적인 문제 그리고 사회활동반경의 크기 등을 판단하여 인생의 성패 여부를 알 수 있었으며 상신이 좋아 성격이 잘 된 사주나 상신운에는 주로 사회적 성공을 하게 됨을 파악할 수 있었다. 그리고 『궁통보감』의 조후용신 사례에서는 출생 계절에 따른 체질과 그로인해 세상을 받아들이는 자세나 희노애락의 감정 등을 파악하여 각 개인의 인생전반에 대한 체감행복지수와 인생의 행불행을 알 수 있었으며 조후용신이 잘 갖춰진 사주나 조후용신운에는 체감행복지수가 높은 행복한 생활을 하고 반면에 조후가 맞지 않는 사주들은 육체적으로나 정신적으로 건강하지 못한 생활을 하게 됨을 알 수 있었다. 이렇게 용신의 상태에 따라 길흉과 성패, 행불행의 차이가 있음이 확인된바 아래에 사회적으로 유명한 인물의 사주 5

---

24) 박재범(2013), 「命理學의 滴天髓, 子平眞詮, 窮通寶鑑의 用神論 比較 研究」, 국제뇌교육종합 대학원대학교, 박사학위논문, pp. 123~129

개를 임의적으로 특정하여 각 용신론에 대입하여 입체적으로 분석해 보고자 한다. 유명인들의 사주는 그 진위를 확인하기는 힘드므로 일반적으로 가장 많이 알려진 사주를 채택하여 분석하였다.

예1) 성공한 경제인 정주영(격국, 억부, 조후용신이 모두 좋은 유력한 사주)

丁 庚 丁 乙
丑 申 亥 卯
戊 己 庚 辛 壬 癸 甲 乙 丙 6대운
寅 卯 辰 巳 午 未 申 酉 戌

- 억부용신 = 庚金 일간이 일지 申金과 시지 丑土에 뿌리를 두어 기세가 있으나 실령, 실세하여 신약사주로 인성 丑土를 억부용신하고 관성 火로 희신한다.
- 격국용신 = 이 사주는 庚金 일간이 亥月생으로 亥卯木局을 이루고 년간에 乙木이 투출하여 정재격(食神生財格)인데 일간의 좌우로 丁火 정관을 보아 식신생재 재생관으로 성격이 잘 되었다.
- 조후용신 = 해월에 庚金이 丑時에 태어나 사주가 한랭하니 천간의 丁火로 조후용신 한다.
- 월지 식신 亥水는 재성 乙木을 키우고 乙木은 재생관하여 丁火로 꽃을 피우니 사주가 아름답다. 중년에 火운으로 접어들며 크게 발전하였다.
- 이 사주는 고인이 된 정주영회장의 사주로 일간에 대입하여 월지가 식신을 이루고 식신은 다시 재성을 생하는 식신생재격으로 복록이 많고 총명하며 대인관계가 원만하므로 사업경영 능력과 조직관리능력이 탁월한 명이다. 시지의 丑土로부터 土生金 金生水 水生木 木生火로 오행이 주류무체를 이루니 복록이 끝없이 많은 대부대귀한 사주이다. 고 정주영회장의 사주는 이렇게 억부, 격국, 조후용신이 모두 잘 갖추어져 있으므로 커다란 경제적인 성공과 사회적인 명성을 얻고 정신적 육체적으로도 건강하게 장수를 할 수 있었다.

예2) 불행한 정치인 박근혜(격국은 좋으나 억부, 조후가 불미한 사주)

甲 戊 辛 辛

寅 寅 丑 卯

己 戊 丁 丙 乙 甲 癸 壬　1대운

酉 申 未 午 巳 辰 卯 寅

- 억부용신 =丑月의 戊土 일간이 실지, 실세하여 극신약 한 중에 관살이 태과하니 寅중의 丙火로 억부용신 한다.
- 격국용신 = 戊土 일간이 辛丑月에 출생하여 상관격의 사주가 상관대살을 하고 있는데 극설이 교가 되고 있으니 寅중의 丙火로 보조하여 성격을 한다.
- 조후용신 = 戊土 일간이 丑月, 寅時에 출생하여 조후가 시급하니 丙火로 조후하고 甲木으로 보좌를 해주야 한다. 그런데 사주에 병화가 투간되지 않았으므로 寅중의 丙火로 조후용신을 하여야 한다.
- 결론적으로 이 사주는 나를 극제하여 힘들게 하는 편관의 뿌리인 寅木이 일간 戊土의 장생지가 되며 용신의 장생지가 되어 만복의 근원이 되고 있다.
- 이 사주는 18대 대통령으로 임기를 채우지 못하고 탄핵당한 박근혜대통령의 사주이다. 상관대살격의 사주로 박정희 대통령의 장녀로 출생하여 어린 시절부터 한나라의 당 대표를 거쳐 18대 대통령을 역임하기까지 사회적 권력과 매우 인연이 깊었는데 이는 사주의 격국이 주는 특성이라 하겠다. 그러나 형제들과의 관계도 원만치 못하였으며 들리는 풍문에는 모든 자산관리는 최순실을 비롯한 최씨 일가에서 대행을 하였다 하니 자신에게는 재물에 대한 인연이 없음으로 이는 억부용신이 불미한 탓이라 할 수 있다. 그리고 개인적인 삶에 있어서는 부모님 모두 흉탄에 쓰러졌고 정상적인 혼인생활이나 자녀출산 등의 일상적인 평범한 생활을 한 적이 없으며 최씨일가와의 인연으로 주변으로부터 불편한 눈총을 받아오며 행복하지 못한 생활을 하여 왔는데 이는 조후용신이 불미한 탓이라 볼 수 있다. 대운의 흐름이 원만하여 사회적 성공과 성취를 이루며 역동적인 삶을 살아 왔으나 戊申대운 丙申년을 맞이하여 대세운에서 寅申冲으로 용신이 병살당하니 모든 것이 한 번에 무너지는 불행을 겪게 되었다. 이 사례에서 보듯이 우리 인간의 삶에서 억부용신과 격국용신 조후용신에 따라 개인적 길흉, 사회적

성패, 인생의 행불행이 좌우됨을 확일할 수 있다.

예3) 사회적 패륜범 이영학(격국, 억부, 조후용신이 모두 불미한 사주)

己 庚 丁 壬
卯 戌 未 戌
甲 癸 壬 辛 庚 己 戊 2대운
寅 丑 子 亥 戌 酉 申

- 억부용신 = 未月의 庚金 일간이 득령, 득지, 득세하여 신강한데 土가 많아 문제이므로 시지의 卯木으로 억부용신 한다. 그러나 억부용신이 卯戌合으로 기반되어 불미하며 정관과 식신이 합하여 서로 못쓰게 되어 신왕무의의 불행한 사주가 되었다.
- 격국용신 = 庚金 일간이 未月에 己土가 투간하여 인수격의 사주이므로 丁火 정관을 상신으로 성격이 잘 될 뻔하였다. 그러나 년간의 壬水가 丁壬합으로 정관을 합거시키니 파격이 되고 또 지지에서 정편인이 혼잡하여 탁격이 되고 태과한 인성을 극제 해줄 재성이 卯戌합으로 기반이 되어 아주 저급한 파격의 사주가 되었다.
- 조후용신 = 未月의 庚金일주는 찬 기운이 생기고 土를 만나 강하다 그러므로 丁火 정관을 먼저 조후용신으로 쓰고 甲木 편재로 정관을 도와야 한다. 그러나 丁壬합으로 정관이 합거되어 도덕성과 면역력에 문제가 생기고 식신이 합거되어 사회적 교감능력에 문제가 생겼으며 卯戌합으로 정재가 합거되어 합리적 현실감각이 떨어지는 사주이다.
- 제화되지 않은 태과한 편인성은 극단적 가학주의를 가져오고 편향된 관념주의자를 만든다. 또한 제화되지 않은 태과한 편인성은 저장강박증과 몰래 훔쳐보는 관음증을 유발한다. 사주가 인성이 혼잡하고 태과하여 재성이 제화를 해주어야만 생각과 사고가 명석해지고 현실감을 가지게 되는데 지지에서 재성이 卯戌합으로 기반(羈絆)되어 비현실적 망상에 빠져버렸으며 사주에서 묘하게도 식재관이 모두 몰하여 기술도 돈도 직장도 없이 오로지 인성(후원금과 국가지원금 등)으로만 사는 이상한 팔자가 되었다. 사주 천간에 식신 정관 정인이 투간하여 남의 눈에는 착하고 성실하고 반듯하고 도덕적인 원만한 사람으로 보이니 여러 사람들이 속아 넘어갈 수 있었다.

이 사례에서 보듯이 억부, 격국, 조후용신이 모두 부실하면 개인의 사생활, 즉 가족 관계나 재물 등 육친에 대한 복이 없으며 경제적 성공을 이룰 수 없고 주변이 편하지 못하며 사회적으로도 성공을 할 수 없다. 그리고 육체적으로나 정신적으로 건강하지 못한 생활을 하게 됨을 파악할 수 있다. 이영학은 주변 인간관계와 생활환경이 어머니, 양아버지, 부인, 희귀질병 등으로 모두 부실하고 잘못되어 있었다. 어린 딸의 친구를 농락하고 살해한 이영학의 사례를 통하여 사주가 불미하면 주변 환경에 커다란 문제가 있음을 알 수 있다.

예4) 비운의 연예인 최진실(격국, 억부, 조후용신이 모두 불미한 사주)

癸 戊 甲 戊
丑 辰 子 申
戊 己 庚 辛 壬 癸 4대운
午 未 申 酉 戌 亥

- 억부용신 = 子月의 戊土 일주가 실령, 실세하여 신약한 사주인데 인성의 조력이 없으므로 년간의 戊土 비견으로 억부용신을 한다. 지지에서 일간과 용신의 뿌리가 합변하여 흉성이 되니 용신이 일간과 무정하고 무력하다.

- 격국용신 = 戊土 일주가 子月에 출생하여 정재격이 되는데 편관 甲木이 투간하여 재생살이 되니 파격이 된 사주이다. 이러한 사주를 가진 여명은 경제적인 문제를 해결하기 위하여 커다란 고생을 하여야 하고 시집살이에 폭력적인 남편을 만나게 되며 질병과 생활고에 시달리게 된다는 것이 명리학의 일반적 견해이다.

- 조후용신 = 戊土 일주가 子月, 丑時에 태어나 사주가 매우 한랭하고 한습하니 조후가 매우 시급하다. 丙火로 조후하고 甲木으로 丙火를 보좌하여 주어야 하는데 사주에 조후용신인 없다. 이러한 사주는 아무리 사회경제적인 성취를 이루더라도 육체적 정신적으로 건강하지 못하여 인생을 살아가며 체감 행복지수가 높을 수 없다.

- 이 사주는 꽃다운 나이에 자살로 생을 마감한 고 최진실의 사주이다. 재생살이 되었으니 재성인 아버지가 흉성이 되어 출생하면서부터 부친의 덕이 없고 추위와 배고픔에 시달리는 고난의 삶이 시작 되었다. 19세가 되는 술대운에 비겁

용신운이 오니 탁월한 미모로 일약 스타덤에 오르고 24세부터 38세가 되는 辛酉, 庚대운을 지나며 식상으로 제살을 하며 식신생재를 하니 성격이 되어 사회적 명성을 얻을 수 있었다 그러나 억부용신과 조후용신이 맞지를 않으니 개인의 사생활, 즉 가족관계나 재물 등 육친에 대한 복을 누릴 수 없었으며 경제적으로 안정할 수 없었고 주변이 편하지 못하였다. 또한 육체적으로나 정신적으로 건강하지 못한 생활을 하였음을 알 수 있다. 스타 연예인으로서의 과로와 가정사, 남편의 배신과 구타, 외도 등에 시달리며 불행한 삶을 살다가 39세부터 申대운이 되니 41세가 되는 2008년 戊子년에 대운과 세운 사주원국에서 申子辰合水로 水氣가 태왕해져 재생살을 하니 정신적 고통을 감내하지 못하고 자살을 하였다. 이렇듯이 『적천수』, 『자평진전』, 『궁통보감』의 용신이론에 적용하여 한 사람의 인생을 각기 다른 측면에서 관찰할 수 있는데 그중에 특히 조후 용신은 인간의 건강하고 행복한 삶과 가장 밀접한 연관이 있음을 알 수 있다.

예5) 영광스런 체육인 김연아(용신이 무정하고 평범하나 대운에서 발복한 사주)

乙 癸 甲 庚
卯 酉 申 午

戊 己 庚 辛 壬 癸　9대운
寅 卯 辰 巳 午 未

- 억부용신 = 申月의 癸水 일간이 득령, 득지, 득세하여 신강한 사주이다. 인성으로 신강하니 재성 午火를 억부용신한다. 억부용신이 일간과 무정하니 대운의 도움이 있어야 발복할 수 있는 사주이다.
- 격국용신 = 癸水 일간이 申月에 출생하여 정인격이다. 정인격의 사주는 관성을 보아야 성격이 되는데 이 사주는 관성을 보지 못하여 일단 성격을 이룰 수 없는 것으로 볼 수 있다. 하지만 정인격이 일지에 酉金 편인을 보고 인성이 태왕하여 실제는 편인격의 성격조건을 갖추어야 한다. 그러므로 관성을 상신으로 하지 않고 재성인 午火를 상신하여 성격을 이루어야 한다.
- 조후용신 = 癸水 일간이 申月에 출생하여 지나치게 강하고 예리하니 丁火를 사용하여 庚金을 단련하고 甲木 상관으로 丁火를 도와야만 한다. 그런데 이

사주에는 丁火 대신 년지의 午火가 있으니 이를 조후용신하고 甲乙 木으로 조후용신을 보좌해주어야 한다.

- 이 사주는 편인에 상관의 직업적성으로 예체능계에 소질을 드러내 피겨스케이팅을 하게 되었다. 사주의 억부, 격국, 조후용신이 년지의 午火로 용신이 일간과 무정하여 평범한 면이 있으나 재성을 용신하는 사주에 기신인 비겁이 없으며 식상생재를 이루니 대운의 조력이 있다면 발복하여 크게 성공을 할 수 있는 사주이다. 2008년~2017년(19세~28세) 壬午대운에는 겁재와 편재대운으로 경쟁과 경합하는 환경 속에서 왕성한 사회 활동성을 보이면서 목표의식을 가지고 큰 결실과 재물을 얻을 수 있는 대운이다. 19세 부터의 壬대운은 사주 천간의 甲庚 冲을 통관으로 해소해 주니 희신인 식상이 살아나 오히려 길하다. 지지에서는 용신인 午대운으로 억부, 격국, 조후 모든 문제가 해결되는 운이니 가히 대발할 수 있었다. 2010년 庚寅년에 대운과 세운에서 寅午合火로 용신국을 이루니 밴쿠버 동계올림픽에서 금메달을 딸 수 있었다. 이렇게 사주의 격과 용신이 크게 뚜렷하지 않아도 대운의 조력을 받으면 얼마든지 사회경제적으로 성공하고 인생의 행복지수가 충만해질 수 있음을 이 사주는 보여주고 있다. 그리고 사주 보다는 인간의 노력과 열정이 더 중요함을 배우게 해주는 좋은 사례라 하겠다.

5) 용신론별 차이점 분석[25]

이상 『적천수』, 『자평진전』, 『궁통보감』의 용신이론에 근거한 현대인 사주명조의 비교분석 결과 각각의 용신 이론 간에는 아래와 같은 근본적인 차이점이 있음을 알 수 있다.

『적천수』의 억부용신을 통하여는 주로 생존의 존재로서 인간의 개인적 생존능력을 파악할 수 있고 억부용신으로는 개인이 원하는 것이나 사생활, 즉 가정에서의 가족 관계나 재물 등 육친에 대한 대처능력을 판단하여 주로 운명의 길흉을 파악할 수 있다. 반면에 『자평진전』의 격국용신을 통하여는 주로 공존의 존재로서 인간의 사회적응 능력을 파악할 수 있고 격국용신으로는 사주 주인공의 대외적인 직장생활이나 사회적인

---

25) 박재범(2013), 「命理學의 滴天髓, 子平眞詮, 窮通寶鑑의 用神論 比較 硏究」, 국제뇌교육종합 대학원대학교, 박사학위논문, pp. 129~131

문제 그리고 사회 활동반경의 크기 등을 판단하여 주로 인생의 성패를 파악할 수 있다. 그리고 『궁통보감』의 조후용신을 통하여는 심리적 존재로서 인간의 행복조건을 파악할 수 있고 조후용신으로는 개인의 출생 계절에 따른 체질과 그로 인해 세상을 받아들이는 자세나 희노애락의 감정 등을 파악하여 각 개인의 인생전반에 대한 체감행복지수와 인생의 행불행을 파악할 수 있다.

『적천수』, 『자평진전』, 『궁통보감』 용신론의 가장 큰 차이점은 억부론은 일간을 중심으로 강약을 보는 것이고 격국론은 월지를 중심으로 사주의 틀을 보는 것이고 조후론은 일간 대비 월지의 기후에 따르는 체질을 보는 것이다. 저자의 그 동안의 내담객에 대한 상담결과, 한해의 세운에 대한 길흉은 주로 『적천수』의 억부용신을 보고 판단할 수 있었으며 10년 대운기간 동안의 사회적인 성패는 『자평진전』의 격국용신〔상신〕을 보고 판단할 수 있었고 개인 인생의 전반적인 행복과 불행에 대한 체감지수는 주로 『궁통보감』의 조후용신으로 대세운에 따라 판단할 수 있었다. 억부용신에서는 세운의 길운이 들어오면 그 한해가 좋았으며 격국용신에서는 대운의 길운이 들어오면 그 대운기간 동안 사회적인 일이 잘 풀렸고 조후용신에서는 대세운에서 길운이 들어오면 그 시기에 안정적 자기관리로 행복하였다. 사주를 보는 대부분의 사람들은 사주분석은 격국용신론으로 하고 길흉을 판단할 때는 억부용신론을 대입하는데 격국용신과 억부용신이 같은 사주는 문제가 없으나 격국용신과 억부용신이 다른 사주는 오류가 생기고 문제가 있을 수 있다. 일반적으로 억부용신과 격국용신이 모두 무난하고 좋으면 모든 것이 성공적이고 행복하게 살아간다고 판단하나 실제 상담의 현장에서는 경제적인 풍요와 사회적인 성공에도 불구하고 의외로 정신적 스트레스나 심리적 불안 등으로 고통 받고 힘들어 하는 경우를 많이 만날 수 있는데 이는 조후용신을 무시한 결과일 수도 있다.

이상과 같이 각 용신론을 비교분석하며 현대인의 실제 사주의 예를 들어 각 용신론의 유용함과 차이점을 알아본 결과 격국과 용신론에 대하여 다음과 같이 정리한다.

격국과 용신은 하나의 시스템으로 사주의 기본적 스타일과 성공의 핵심 키포인트를 말한다. 격국이란 일간과 월지와의 십성의 관계를 나타내는 것으로 사주의 근본적인 체질을 말하는 것이며 용신은 하나의 사주가 갖는 음양오행의 체질로부터 가장 절실하게 필요로 하는 음양오행을 말하는 것이다. 그러므로 우리는 격국과 용신을 통하여 하나의 사주로부터 정확히 무엇이 필요하고 요구되는가를 알 수 있다. 사주를 판단하는 데는 일간과 격국용신의 상태를 분석할 필요가 있는데, 다양하고도 복합적인 격국용신의 결과에 따라 한사람의 인생의 성공과 실패, 부귀빈천, 행불행 등을 판단하게 된다.

가장 중요한 것은 사주에 따라서 알맞은 용신을 설정하여야 하는 것인데 일반적인 용신법은 억부용신, 조후용신, 병약용신, 통관용신, 전왕용신, 순역용신이다. 격국은 사주의 전체적인 틀이고 용신은 그 격에 따라서 정해진다. 월지에서 가장 유력하게 일간에게 영향을 미치는 육친오행으로 격국을 정하며, 그에 따라 사주의 전체적인 틀과 환경을 판단하는데 이때 그 사주의 여러 가지 환경에 따라 일간에게 가장 이로운 작용을 하는 오행이 바로 용신이다. 그러므로 용신이란 사주 중화의 요체가 되며 길흉을 판단하는 가장 핵심적인 기준이 되고 그 사주에서 제일 필요로 하는 길신이 된다. 한 사람의 사주를 판단하기 위해서는 선제 조건으로 사주의 상태를 분석하여 용신을 정해야 하며 그 용신의 상태와 흐름을 면밀히 관찰하여야 한다. 용신은 다양한 형태로 있는데 사주팔자 중 어느 한 글자가 용신이 되기도 하며, 오행 중의 하나가 용신이 될 수도 있고 사주의 구조 자체가 용신이 되는 경우도 있다. 용신은 일주, 격국과 더불어 사주 감명의 삼요소가 되니 그 셋을 모두 대비하여 사주를 판단해야 한다. 사주를 주택에 비유하자면 일주는 집주인이며 격국은 그 집이 아파트냐 단독주택이냐의 건물유형이고 용신은 그 집의 문을 열고 들어가는 열쇠와 같다하겠다. 그러므로 용신 (열쇠)이 좋으면 쉽고 편안하게 내 집을 출입할 수 있으나 용신(열쇠)이 부실하면 내 집을 출입 하는데 어려움을 겪게 되는 것과 같이 용신은 사주 주인공인 일주에게 직접적인 영향을 끼치게 된다. 이렇듯 길흉판단의 요체는 바로 용신이 된다.

용신은 사주에서 제일 중요한 것이지만 용신에도 청탁이 있기 때문에 무조건 여러 개가 있다고 좋은 것은 아니다. 용신은 통근이 뚜렷하고 건왕(建旺)해야 좋다. 용신이 제 능력을 발휘하기 위해서는 여러 조건이 필요한데 간략하게 정리하면 다음과 같다. ① 용신은 건왕해야 한다. ② 용신은 통근, 득지, 득국 할수록 좋다. ③ 용신은 지지에 뿌리를 두고 천간으로 투출한 것이 우선이다. ④ 용신은 年, 月보다 日, 時에 있어 일간과 가깝고 유정해야 좋다. ⑤ 용신을 생조(生助)하면 길하고 피상(被傷)하면 흉하다.

사주구조에 따라 용신이 정해지면, 용신의 명칭도 붙여지게 된다. 하지만 격국과 용신의 명칭 자체에 따라서만 사주의 귀천(貴賤)이 결정 되는 것은 아니다. 사주 내에서 설정된 용신의 구조가 좋고 또 운에서도 용신을 잘 도우면 성공적이며 부귀하고 행복한 인생을 살게 되고, 반대로 용신이 충, 극 당하였거나, 뿌리가 없이 약하거나, 일간과 무정하다면 좋은 사주가 되지 못하므로 성공적이며 부귀하고 행복한 인생을 살기는 어렵다.

격국과 용신의 명칭은 세분화되어 있으나 일반적으로 분류되어 있는 용신의 종류는 다음과 같다. ① 억부용신은 일간이 강하면 식. 재. 관으로 억제하고 약하면 인. 비로 부조한다. ② 조후용신은 사주가 한랭하면 木, 火로, 조열하면 金, 水로 조후용신 한다. ③ 병약용신은 사주에 편중되어 병이 되는 오행이 있으면 이를 극제하는 오행이 용신이다. ④ 통관용신은 오행이 서로 상전(相戰)하고 있을 때는 중간에서 이를 통관시키는 것으로 용신한다. ⑤ 전왕용신은 오행이 한쪽으로 완전히 치우쳐 그 세력에 따라 종하거나 합화하거나 하나의 오행으로 전왕한 경우 그 왕한 오행을 용신한다. ⑥ 격국용신은 격에는 격이 원하는 상신이 있으니 4길신격은 순용하고 4 흉신격은 역용한다. 격국용신은 길흉을 가늠하는 기준이 되기보다는 사주 주인공이 타고난 스타일대로 사회성을 가지고 잘 살아 가기 위한 요구조건이 된다.

7장. 격국별 용신 사례분석

※ 격국별로 사례는 편의 상 억부용신을 구분하여 정리한다.

✦ 1. 식신격(食神格)

식신격은 월지 지장간 본기가 식신이거나 월지 지장간 중에 식신이 투출 하였을 때 성립이 된다. 식신격이 성격이 되어 유기하면 복록이 많고 도량이 넓으며 식복이 있다. 식신격은 편관을 두려워하지 않으나 만일 사주가 신강하여 관성을 억부용신할 때 식신이 관성을 극제해버리면 모든 노력이 허망해질 수 있다.

인수(印綬)는 공부로 官을 취하고자 한다면 식신은 제조 생산하여 財를 추구한다. 財를 추구하는 식신은 官을 극하고 관을 추구하는 인수는 식신을 극한다. 그러기에 인간이 부귀를 한꺼번에 얻기란 그리 쉬운 일이 아니다. 물론 사주 내에 오행이 균형을 이루어 관인상생(官印相生)과 식상생재(食傷生財)가 모두 잘 이루어 질 때는 부귀를 모두 얻을 수도 있다.

1) 식신격의 조건

가) 成格

- 월지가 식신이거나 월지에서 식신이 투간 한 경우에 성립한다.
- 일간이 통근하여 신왕하고 식신이 강한데 財를 보면 식신은 재성을 생한다

(식신생재) 그러므로 노력해서 결과나 재물, 활동공간을 확보한다. 이런 연유로 식신격의 상신(相神)은 거의 다 재성을 쓰게 된다. 재성은 식신의 결과이면서 또 식신을 극하는 인성을 제어해 주니 좋다.

- 일간이 튼튼해야 식신을 잘 이용할 수 있다. 그러므로 식신격은 일간의 뿌리가 아주 중요하여(일지, 시지, 연지 순) 천간에 비겁이 있더라도 뿌리가 내린 일간의 힘에 미치지 못한다.
- 식신격이 칠살이 강한 경우에도 일간이 통근하면 식신제살하여 성격(成格)이 된다.
- 식신이 태과하고 일간이 약할 때는 오히려 인성이 있어야 성격한다.

나) 破格

- 편인은 식신격을 파극하니 기신이 되어 편인도식으로 파격이 된다.
- 식신은 약한데 비겁이 태과하여 재(財)를 볼 때는 군겁쟁재가 일어나 파격이 된다.
- 칠살이 강한데, 식신이 뿌리가 없고 약할 때는 식신제살이 안되어 파격이 된다.
- 식신격이 뿌리 없이 약할 때 인성이 강하면 편인도식이 되어 파격이 된다.
- 일주가 약한 가운데 식신생재 되는 사주에 칠살이 강할 때는 재생살로 이어져 파격이 된다.
- 겁재와 편인이 기신으로 年, 月 上에 있을 때는 편인도식과 군겁쟁재가 일어나 파격이 된다.
- 식신격이 천간에 겁재가 투출하면 겁재는 재성을 극하여 식신의 결과물을 겁탈하니 나쁘다.

2) 식신격의 중요사항

- 월지가 식신으로 월지에서 투출한 자(字)가 식신일 때 최고 좋다.
- 식신격은 재성운이 좋고 편인, 겁재운은 흉하다.
- 식신은 재(財)를 생해주는 것이나 일간의 기운을 빼앗아 가기도 한다. 그러므로 식신격은 신왕하며 식신생재가 되는 것이 좋다.
- 식신격은 관성을 보는 것을 꺼리고 편인이 식신을 극하는 것을 꺼리며 재성과 상생되는 것을 좋아한다.

- 식신은 하나만 있는 게 좋고 식신의 길흉은 대개 재성의 길흉과 비슷하다.
- 食神生偏財는 스케일이 커서 사업적인 기질로 재물을 생산하고 食神生正財는 근면과 성실성으로 합리적으로 재물을 생산한다.

3) 식신격의 예

가) 식신격 비겁용신

예1) 중소기업에 취직한 여성

庚 戊 戊 壬
申 子 申 戌
辛 壬 癸 甲 乙 丙 丁
丑 寅 卯 辰 巳 午 未

- 戊土 일간이 申月에 庚金이 시간에 투출하여 식신격이다.
- 식신격은 신왕함을 요하나 일간을 生해줄 인수가 없어 연지戊土에 뿌리를 두고 있는 월간 戊土 비견을 억부용신하고 인수운을 기다려야 한다.
- 이 사주는 식신격이 재성을 보아 식신생재가 잘된 것은 좋으나 식신격이 잘 成格되기 위해서는 일간이 건왕하여야 하는데 사주에 印星 火의 조력이 없고 일간의 뿌리 戊土가 申酉戌방합으로 약해졌으며 조후가 안 맞아 下格의 사주가 되었다.
- 위 사주는 다행이 대운이 용신 火운으로 향하여 어렵게 고등학교를 졸업할 수 있었으나 대학진학은 꿈도 못 꾸고 중소기업에 취직을 하였다.

예2) 중장비 기사

壬 己 己 壬
申 未 酉 寅
丁 丙 乙 甲 癸 壬 辛 庚
巳 辰 卯 寅 丑 子 亥 戌

- 己土일간이 酉月에 출생하여 식신격(食神格)이다.
- 실령(失令)하고 실세(失勢)하여 신약사주로 인성(印星)을 용신해야 하나 인수가 없으니 월간의 己土 비견을 가용신(假用神)하고 火運을 기다려야 한다.
- 이 사주 또한 식신격이 천간에 재성을 보아 식신생재가 잘 된 것은 좋으나 사주에 인성의 조력이 없어 신약해졌으며 조후가 안 맞아 下格의 사주가 되었다.
- 초년 대운부터 기신(忌神) 水運으로 향하여 가세가 어려운 집에 출생하여 공부를 못하고 객지로 나와 중장비 운전을 배웠다. 결혼 후 맞벌이를 하며 열심히 살았으나 癸丑대운 乙酉년에 기신 金水가 太旺 해지자 재물을 잃고 상처를 하였다.

나) 식신격 식상용신

예1) 富를 이룬 의사의 사주

戊 戊 丙 辛
午 戌 申 丑

己 庚 辛 壬 癸 甲 乙
丑 寅 卯 辰 巳 午 未

- 戊土日干이 申月에 출생하여 투출한 간이 없으니 식신격이다.
- 비겁과 인수가 旺한 신강사주로 財官이 필요하나 원국에 없으므로 식신이 격이자 용신으로 전문가 유형의 사주인데 용신 또한 건왕하다.
- 인성대운에 어렵게 공부하여 의사가 되었고 壬辰대운은 사주의 식신 申金과 반합으로 財局을 이루니 富를 이루었다. 식신격 식신용신은 기술, 교육, 연구, 생산업 등에 발전하고 이재에 밝다.

예2) 반도체 기술자

甲 己 丁 丙
戌 丑 酉 申

乙 甲 癸 壬 辛 庚 己 戊
巳 辰 卯 寅 丑 子 亥 戌

- 己土 일간이 실령하였으나 득지, 득세하고 時干의 甲木이 火를 생하고 火가 지지 식상(食傷)을 극하므로 신강해졌다.
- 식상 金을 억부용신(用神)하는데 용신의 세력도 强旺하다.
- 己土일간이 酉月에 出生하여 투출된 干이 없으니 식신격으로, 비록 재성이 투출하지 못하여 上格의 사주가 되지는 못하였으나 申중의 壬水, 丑중의 癸水로 재성을 암장(暗藏)하고 있으며 印-比-食 구조를 이루어 전문기술자형의 中格 사주가 되었다.
- 초년 대운이 상신(相神) 수운(水運)으로 향하여 식신생재(食身生財) 후 時上의 정관 甲木을 생하자 대학을 졸업하고 반도체 회사에 취직하였다. 壬寅대운에 재관(財官)운이 오자 부모로부터 많은 상속을 받고 안정적인 생활을 하였다.

다) 식신격 재성용신

예1) 여자 은행원

庚 辛 乙 癸

寅 亥 丑 丑

癸 壬 辛 庚 己 戊 丁 丙

酉 申 未 午 巳 辰 卯 寅

- 辛金 일간이 丑月에 癸水가 연간으로 투출하여 식신격이 성립된다.
- 득령, 득세하여 신강사주인데 사주가 한랭하여 火를 보아야 한다. 그러나 사주에 火가 없으니 丙火를 암장한 寅木 정재를 용신하고 火운을 기다려야 한다. 편인이 강하니 재성으로 억부용신을 하기에 적합하다.
- 식신격의 사주가 지지의 亥水와 寅木에 통근을 한 재성 乙木이 투간하여 食神生財가 되니 成格이 잘 되었다. 그러나 사주에 관성 火五行이 약해 사주가 한랭하여 貴格이 될 수는 없다.
- 대운이 용신 木火운으로 향하니 대학을 졸업하고 은행에 취직하였다.
- 己巳대운에 들자 주택을 마련하였고 진급도 하였으며 순탄하게 직장생활을 잘하고 있다.

예2) 편인도식이 된 식신격의 남자

丁 丙 甲 丁
酉 寅 辰 未

丁 戊 己 庚 辛 壬 癸 9대운
酉 戌 亥 子 丑 寅 卯

- 丙火 일간이 辰月에 출생하여 정기 戊土가 사령하니 格으로 삼아 식신격이다.
- 丙火 일간이 실령하였으나 지지에 木方局을 이루고 천간에 丁火와 甲木이 투출하여 신강하니 강한 인성 木을 제화하는 시지의 酉金 재성을 용신으로 한다.
- 식신격의 사주가 월간에 편인이 투간하여 편인도식이 되니 파격이 될 뻔 했다. 그러나 시지의 酉金 정재가 구응의 신이 되어 파격을 면하였으나 천간의 겁재 丁火가 相神을 극제하므로 成格이 잘 될 수는 없다. 이러한 사주는 운에서 도움을 받아야만 하는데 다행히 대운의 흐름이 좋아 은행원으로 안정된 생활을 하고 있다.

라) 식신격 관성용신

예1) 비정규직의 남성

丙 丙 壬 戊
申 午 戌 午

庚 己 戊 丁 丙 乙 甲 癸
午 巳 辰 卯 寅 丑 子 亥

- 丙火일간이 戌月에 생하여 戊土가 연간으로 투출하였으니 식신격이다.
- 월지 戌土가 午戌 火局을 이룬 중 時上으로 丙火가 투출하여 매우 신강사주로 시지 申金에 통근한 월간의 壬水를 용신하여 火勢를 제압하고 申金으로 壬水를 생해줘야 한다.
- 식신격이 재성을 보아 成格을 하여야 하나 천간 지지로 比劫을 보아 破格이 되었다. 억부용신인 壬水가 格인 식신에게 극을 당하고 火勢를 감당하기에

역부족이며 또한 相神인 申金도 丙午火에 쟁재를 당하고 있으니 파격이 되었다.

- 초년은 용신 水운이 되어 전문대학을 졸업하고 중소기업 계약직으로 취직을 하였으나 근무실적이 저조하여 정규직이 되지 못하고 어렵사리 비정규직으로 연명하고 있는 사람이다.
- 식신격에 관성용신은 격과 용신이 상전(相戰)하니 오로지 희신(喜神)인 재성운이 와서 사주의 중화가 이루어져야만 발복한다.

예2) 초등학교 여교사의 사주

丙 甲 戊 庚　女

寅 戌 寅 子

丙 乙 甲 癸 壬 辛 庚 己　4대운

戌 酉 申 未 午 巳 辰 卯

- 甲木 일간이 寅月에 시간에 丙火가 투출하여 식신격이다.
- 월지에 비견으로 득령(得令)하고 년지의 子水와 시지의 寅木으로 세를 얻어 신강하다.
- 년간의 편관 庚金이 戌土에 뿌리를 두고 있으니 강한 비겁을 억제하는 억부용신으로 삼는다.
- 식신격이 되기도 하지만 월지 건록격으로 신강하여 년간의 편관 庚金으로 극제하여 相神을 하고 한편으로는 시지의 丙火 식신으로 설기하며 월간에 戊土를 보아 식신생재, 재생관, 관인상생으로 상생유통하여 成格이 잘 된 사주이다.
- 44세 癸대운에 남편의 외도와 사업실패로 한동안 불화를 겪었으나 위기를 잘 극복하고 현재 안정적으로 생활하고 있는 초등학교 교사의 사주이다.

마) 식신격 인성용신

예1) 운이 좋아 안정된 삶을 살고 있는 사람

甲 壬 庚 辛

辰 午 寅 亥

壬 癸 甲 乙 丙 丁 戊 己
午 未 申 酉 戌 亥 子 丑

- 壬 日干이 寅月에 본기 甲木이 시상으로 투간하여 식신격이다.
- 식신이 유기하여 총명하고 건강하나 일간이 休囚地를 만났으니 신왕함을 필요로 하는데 신약함이 문제가 된다.
- 식신격의 사주가 일지에 寅午合火로 財局을 이루니 成格이 되었다.
- 천간의 庚, 辛金으로 억부용신을 삼으나 모두 뿌리가 없어 아쉽다. 다행이 대운이 억부용신 金을 도우는 土와 金의 방향으로 흘러 일간이 힘을 얻게 되자 식재를 능히 다스릴 수 있어서 안정된 생활을 누릴 수 있었다. 인비식구조로 머리가 총명한 학자의 풍의 사람이다.
- 직업체질은 전문가형이므로 교육계와 경제, 경영, 의학, 변호사 등에 적합하다.

예2) 과일 유통업을 하는 여자

辛 丙 壬 癸 女 10대운
卯 戌 戌 卯
庚 己 戊 丁 丙 乙 甲 癸
午 巳 辰 卯 寅 丑 子 亥

- 丙火 일간이 戌月에 식신격인데 실령 실지 실세하여 신약하다.
- 신약하니 인수 卯木을 억부용신한다. 木이 용신이니 水 木이 길하다.
- 식신격의 사주가 천간에 재성이 투간하고 신왕하여야 좋은데, 천간에서 丙辛合이 되고 지지에 卯戌合이 되어 上格의 사주가 되지는 못하였다.
- 대운의 흐름이 좋아 남편과 함께 농산물 과일 유통업을 잘하고 있는 사람이다.

바) 식신생재격

예1) 故 정주영 회장

丁 庚 丁 乙
丑 申 亥 卯
戊己庚辛壬癸甲乙丙
寅卯辰巳午未申酉戌

- 庚金 일간이 亥月생으로 亥卯合木局을 이루고 년간에 乙木이 투출하여 전형적인 식신생재격(食神生財格)이 되었다.
- 庚金 일간이 일지 申金과 시지 丑土에 根을 두어 기세가 있으나 신약한 사주로 인성 土를 억부용신하고 관성 火로 조후를 맞춘다.
- 亥水는 재성 乙木을 키우고 乙木은 재생관하여 丁火로 꽃을 피우니 아름답다. 중년에 火운으로 접어들며 크게 발전하였다.
- 고 정주영회장의 사주로 일간으로 대입하여 월지가 식신을 이루고 식신은 다시 재성을 생하는 격으로 복록이 많고 총명하며 대인관계가 원만하므로 사업수완이 좋은 명이다. 시지의 丑土로부터 土生金 金生水 水生木 木生火로 주류무체를 이루니 복록이 끝없이 많다.
- 일주가 강하고 재성이 약할 때 사주 가운데 식신이나 상관이 있으면 식상을 用하여 財를 生해야 길하며, 일간이 신약하고 식상이 강하면 인성운이 좋다.

◆ 2. 상관격

상관격(傷官格)은 월지 지장간의 정기(正氣)가 상관일 때와 월지 지장간 중 상관이 투출 하였을 때나 주중(柱中)의 상관이 국을 이루어 유력할 때 성립된다. 상관은 일간의 기를 도기(盜氣)하기 때문에 신왕(身旺)을 요하는데 그중에서도 인수와 균형을 이루고 있으면 인수가 상관을 극제하여 상관의 나쁜 작용을 제화해주므로 좋다. 상관격의 사주에 正官이 있게 되면 상관견관위화백단(傷官見官爲禍百端)이라 하여 백가지 재앙이 일어난다. 그렇지만 상관(傷官)이 官을 본다고 꼭 화(禍)가 일어나는 것은 아니며 상관이 관을 극해도 인성(印星)이 있어 상관을 제하여 관성(官星)을 보호하거나, 재성이 관을 생하여 주면 오히려 상부상조하게 된다.

상관격이 성격(成格) 되기 위해서는 인성의 쓰임이 중요한데 이 인성의 쓰임에 따라 많은 변화가 생기게 된다. 상관패인(傷官佩印), 파료상관(破了傷官), 상관상진(傷官傷盡), 도식(倒食) 등 모두 인성이나 관성과의 관계를 말하는 것으로 상관과 인성, 관성의 관계가 적절해야 상관격으로 상격(上格)을 이룰 수 있다.

상관격은 두뇌가 비상하고 총명하고 순발력과 임기응변이 좋고 감각적이므로 어떤 일도 쉽게 배우고 잘하며 이 시대에는 탁월한 능력과 적응력을 나타낸다. 그러나 상관격은 강제로 눌리는 것에 상당히 거부감을 나타내며 주변사람들에게는 잘하지만 정작 가까운 사람에게는 그렇지 않다. 그러기에 상관격은 항상 겸손한 마음과 자세를 갖는 것이 좋으며 우선적으로 말을 조심해야 한다. 또한 상관격은 다재다능하고 예술적 소질이 있으나 오만하고 기가 강하며 타인을 자기보다 못하다고 생각하므로 여러 사람이 싫어한다. 그러므로 상관격은 묵상이 아주 중요하다. 상관은 말을 잘하고 논리도 맞지만 제화가 되지 않는 상관은 듣는 사람에게 부담을 주기 때문에 기분을 나쁘게 한다. 특히 천간으로 투출한 상관은 입을 막지 못한다.

1) 상관격의 성격과 파격 요건

가) 成格
- 월지가 상관이거나 투간된 자(字)가 상관일 때 성립한다.
- 일간이 약하고 상관이 왕성하여 일간의 기운을 설기할 때는 상관패인(傷官佩印)이 되어 인성이 브레이크 역할을 해야 성격이 된다.(정인이 더 좋다)
- 상관격은 일간을 강력하게 설기 하니 일간의 뿌리가 매우 중요하다.
- 日干이 신왕(身旺)하고 상관이 약할 때는 재성을 상신으로 하여 상관생재(傷官生財)하여 상관의 목적이 정해져 있어야 성격이 된다.
- 일간이 旺하고 관살이 강할 때 상관이 관살을 제(制)하면 상관가살(傷官駕殺)이라 하여 성격(成格)이 된다.
- 일주가 신약하고 상관이 왕성한데 칠살이 있을 때는 인성이 투출하면 성격이 된다.
- 진상관격이 상관상진(傷官傷盡)하여 기묘함이 있을 때는 대귀해진다.

나) 破格

- 상관격이 정관을 보면 상관견관(傷官見官)이 되어 파격이 된다.(金水傷官格은 예외)
- 상관패인(傷官佩印)을 이루고 있는데, 재가 인성을 파극하면 탐재괴인(貪財壞印)이 되어 파격이 된다.
- 상관생재(傷官生財)를 이루는 구조의 사주가 신약한데 재가 너무 많거나, 재가 합거될 때는 파격이 된다.
- 상관가살(傷官駕殺)을 이루고 있는 사주에 인성이 상관을 파극할 때는 파료상관(破了傷官)이 되어 파격이 된다.
- 身旺한 사주의 상관격에 인성이 많을 때는 도식(倒食)이 발생하여 파격이 된다.
- 상관격의 사주에 비겁은 상관을 생하고 재를 극하기 때문에 흉하다.
- 신약한 사주가 상관생재(傷官生財)를 이루고 있는데 칠살이 투출되어 있을 때는 파격이 된다.
- 형충이 너무 많은 경우에도 파격이 된다.

2) 상관격의 중요사항

- 일간이 약한 상태에서 상관이 강하면 盜氣라 하여 완전히 설기를 당해 일간이 허약한 상태이니 굉장히 흉하다.
- 상관격에서 먼저 파악해야 할 일은 일간을 설기만 하는지, 상관생재를 하는지, 상관제살을 하고 있는지를 파악한다.
- 상관격은 식신이 있어도 별 문제가 없으나 식신격에는 상관이 좋지 않다.
- 상관격은 상관상진(傷官傷盡)되는 것이 중요하다. 즉, 사주에 관성이 없거나 있어도 상관에 의해 파극이 되어 완전히 제거되어야 하는 것이다.
- 상관격에 관성이 파진(破盡)되지 못하였는데 관성운이 오면 상관견관(傷官見官) 위화백단(爲禍百端)으로 재화가 극심하게 일어난다. 만일 운이 관성을 극하는 운으로 가고 재가 왕성하지 않으면 안락하고 형통한다. 그러나 상관격에 관성을 용신으로 쓰는 상관용관격의 예외도 있으니 주의해서 보아야 한다.
- 사주가 상관상진(傷官傷盡)이고 관성이 일점도 없더라도 재성이 전혀 없으면 오히려 가난하고 박명하다. 상관격은 재를 만나야 재가 능히 관을 생하기 때문에 기묘하다.

- 신약한 상관격에 재성이 없이 상관만 태왕하면 그 피해가 칠살과 다름없다.
- 연주(年柱) 상관이면 부모가 온전하지 못하고 月柱에 상관이면 형제가 온전하지 못하며 시주(時柱)에 상관이면 자식이 불미하고 일지에 상관이면 처첩이 온전치 못하다. 상관의 화(禍)는 가벼우면 귀양(歸養)이요, 무거우면 악형을 당하고 傷官有戰이면 그 수명을 보존하기 어렵다.

3) 제화가 되지 않은 상관격의 단점

- 허세를 부리기 좋아하고 남을 무시하고 반항적이다.
- 자만심이 강하고 남을 꺾으려 한다.
- 평생 관재구설이 떠날 날이 없고 직업의 변화가 많다.
- 재주는 많으나 결실은 없고 매사에 빨리 싫증을 느낀다.
- 남자는 여자를 보면 찔러보고 여자는 남자를 꺾으려 하니 남자가 떠나고 그래서 고독해지니 자식에게 정을 쏟고, 일을 하며 스캔들을 일으킨다.

4) 상관격의 예

가) 상관격 비겁용신

예1) PC방을 운영하는 남자

辛 戊 壬 癸
酉 子 戌 丑
甲 乙 丙 丁 戊 己 庚 辛
寅 卯 辰 巳 午 未 申 酉

- 戊土 일간이 戌月의 여기 辛金이 시상으로 투출하여 상관격이다.
- 재성이 旺한 신약사주로 비겁 戊土를 억부용신하고 인수 火運을 기다려야 한다.
- 상관격의 사주가 재성이 투간하여 상관생재를 이룸은 좋으나 신약한 상관격이 상관패인이 되어야 상격이 되는데 사주에 인성이 없어 下格이 되었다.
- 초년 辛酉, 庚申 대운은 기신운으로 학업에 관심이 없었고, 己未대운에 직장을

다니다가 戊午대운에 들자 대운 천간 戊土는 재성水를 다스리고 대운지지 午火는 월지 戌土와 午戌 火局을 이루어 상관을 제화시키는 길운으로 직장을 그만 두고 PC방을 창업하여 운영하였다.

예2) 꽃집을 하던 청년

癸 癸 壬 丁　男 4대운
丑 卯 寅 巳
甲 乙 丙 丁 戊 己 庚 辛
午 未 申 酉 戌 亥 子 丑

- 癸水 일간이 寅월에 태어난 水木상관격으로 인성이 없이 실령 실지 실세하여 신약하다.
- 신약한 일간 癸水를 도와줄 인성이 없어 비겁으로 용신하며 인수운이 오기를 기다려야 한다.
- 상관격이 년주에 재성을 보아 일차적으로는 식상생재가 되었다. 그러나 상관격은 일간이 신왕함을 요하는데 천간의 비겁들이 시지의 축토에 근근히 통근을 하였으나 인성의 조력이 없어 매우 신약하다. 그리고 식상이 태과한 상관격은 필히 인성으로 제화를 시켜야만 성격이 되는데 사주에 인성이 없으므로 下格이 되었다.
- 누나 일곱에 아들 하나의 막내로 어머니를 도와 시장에서 꽃집을 하던 청년인데 늦도록 결혼을 못하고 있다.

나) 상관격 상관용신

예1) 정치인 · 의사 · 교수

丙 乙 壬 壬
戌 未 寅 寅
庚 己 戊 丁 丙 乙 甲 癸
戌 酉 申 未 午 巳 辰 卯

- 乙木 일간이 寅月에 丙火가 시상으로 투출하여 상관격이 되었다.
- 연월에 겁재와 인수가 생부(生扶)하니 신강하여 丙火상관이 격이자 억부용신이 되었다.
- 상관격의 사주가 지지에 재성을 보아 상관생재가 잘되고 연월간의 인성으로 상관패인을 하며 일간이 강왕하여 최상격의 사주가 되었다.
- 초년부터 대운이 용신 동남방으로 흘러 의사집안에서 출생하여 유복하게 성장하였다. 乙木이 時上의 丙火 상관으로 꽃을 피워 총명하고 영리하여 다방면으로 탁월한 능력을 인정받았다.
- 겁재가 旺하니 자존심이 강하고 도전정신과 승부욕이 강하며 부지런하다. 상관으로 획기적인 아이디어를 잘 창출해내고 정인으로 논리적이고 지적이며 예지능력이 탁월하고 총명하며 박학다식하다.
- 의사와 교수를 역임하다가 컴퓨터 백신을 개발하였으며 이후 용신 火대운에 수많은 개발성과를 내어 안철수 연구소의 수천억대의 지분을 소유하게 되었다. 또한 카이스트교수를 역임하고 서울대학교 융합대학원장으로 부임하였으나 모든 직을 사임하고 2012년 12월 정치권에 입문하였다.

예2) 장애인의 자녀를 둔 여자

甲 己 丙 丙　女　10대운
戌 巳 申 午
戊 己 庚 辛 壬 癸 甲 乙
子 丑 寅 卯 辰 巳 午 未

- 己土 일간이 申月에 출생하여 財星이 없는 중 비겁과 인성이 旺한 신강사주로 상관이 격이자 억부용신이다.
- 상관격이 재성을 보지 못하여 상관생재를 이루지 못하고, 격이자 용신인 상관 申金은 정편인에 火剋金을 당하여 도식(倒食) 되고 정관 甲木도 甲己合으로 기반이 되어 전형적으로 파격이 된 사주이다.
- 장애인 자녀를 둔 사람으로 힘들지만 열심히 생활하고 있다.

예3) 여러 가지 직업변화를 겪고 있는 남자

癸 戊 辛 辛　男 8대운

丑 辰 丑 丑

甲 乙 丙 丁 戊 己 庚

午 未 申 酉 戌 亥 子

- 戊土 일간이 丑月에 辛金과 癸水가 투출하여 상관생재격이다
- 득령하고 득지 득세하여 비겁으로 신강하므로 강한 비겁의 기운을 설기 시키는 상관이 격이자 억부용신이다.
- 상관격이 時干에 癸水 정재를 보아 상관생재로 成格을 하였다. 그러나 戊土 일간이 丑月 丑時에 출생하여 한랭한데 조후를 해결해줄 火氣가 전혀 없고 강력한 상관을 제화해줄 인성이 없어 전문성이 없으므로 上格의 사주가 될 수 없다.
- 삼성전자를 퇴직한 후 43세 酉대운부터 기계부품제조업을 시작하여 대기업에 납품을 하다가 현재는 식당을 운영하고 있다.

다) 상관격 재성용신

예1) 자영업을 하는 남자

壬 戊 丁 丙

戌 寅 酉 午

乙 甲 癸 壬 辛 庚 己 戊

巳 辰 卯 寅 丑 子 亥 戌

- 戊土 일간이 酉月에 출생하여 월지 본기를 격으로 삼아 상관격이다.
- 이 사주는 연, 일, 시로 寅午戌火局을 이루고 연, 월간으로 丙 丁 火가 투출되어 인성이 旺한 신강사주이다.
- 시상의 편재 壬水를 相神 및 억부용신으로 삼아 강한 인성 火를 제화시켜야 하고 월지 酉金 상관으로 壬水를 보호해야 한다. 재성이 丁壬合으로 묶이고 지지에 뿌리가 없어 미력함이 흠이 되는 사주로 下格의 사주이다.

- 초년 比劫대운이 흉하여 형편이 좋지 못한 가정에서 고등학교를 겨우 마치고 객지로 나왔다. 대운이 北方 水運을 만나 어렵게 시작한 유통업이 잘되어 돈을 벌었고 경리직원과 결혼하여 슬하에 두 남매를 두었다. 그러나 장남으로 태어나 부모형제를 보살피느라 지출이 많고 경기가 안 좋을 때는 수금이 안 되어 어려움을 호소하기도 한다.
- 대운이 아무리 좋아도 사주원국의 도식(倒食)작용과 쟁재(爭財)의 작용이 모두 해소되지는 않기 때문에 성실한 생활로 안정을 추구할 수는 있으나 큰 부자가 되기는 어려운 사주이다.

예2) 유산을 많이 물려받은 남자
乙 丁 戊 丙
巳 卯 戌 申
丙 乙 甲 癸 壬 辛 庚 己　男 4대운
午 巳 辰 卯 寅 丑 子 亥

- 丁火 일간이 戌月생으로 월간에 戊土가 투출하여 火土 상관격이다.
- 비겁과 인성이 중첩(重疊)되어 신강하다. 그러므로 申金인 재성을 취용하니 부모로부터 물려받은 유산이 풍부하였다.
- 상관격의 사주가 편인을 보아 전문성이 있는데 겁재가 통관을 시키니 편인도식이 안 일어난다. 또한 년지의 申金으로 상관생재가 되니 성격이 잘 된 中格의 사주이다.

라) 상관격 관성용신

예1) 라이프플래너의 여성
甲 己 戊 丁
戌 巳 申 未
丙 乙 甲 癸 壬 辛 庚 己
辰 卯 寅 丑 子 亥 戌 酉

- 己土일간이 申月에 본기를 격으로 잡아 상관격이다.
- 연지 未土, 월간戊土, 시지 戌土가 일지 巳火와 연간 丁火의 생을 받으니 비겁이 강한 사주로 시상의 정관 甲木으로 억부용신 한다.
- 申金 상관으로 설기시키는 것도 나쁘지 않으나 정관을 용신하는 사주이니 격과 용신이 상극되어 이를 소통시킬 재성이 필요하다.
- 이 사주는 상관격이 재성을 보지 못하여 상관생재가 이루어지지 못하니 成格이 제대로 되지 못한 下格의 사주이다. 다만 상관격이 인성의 제화를 받으니 전문성은 가질 수 있으며 전체적으로 관성과 인성 비겁의 구조이니 영업 및 판매, 상담, 교육 등의 직장생활에 적응도가 높다.
- 천간에서는 甲己合으로 정관이 묶이고 지지에서는 巳申合으로 상관이 묶여 격과 용신이 모두 기반된 상태이니 직장생활에도 문제가 생기고 사업에도 문제가 생기는 사주이다. 이런 사주는 행운에서 문제를 해결해 주지 못하면 상당한 문제를 안고 살게 된다.
- 사주의 주인공은 辛亥대운부터 계속 水 희신운으로 향하여 대운에서 成格을 시켜주고 월지 申金 상관과 甲木 용신을 소통시켜 주니 안정된 생활을 하고 있다. 재성운이 되므로 경제활동을 하게 되어 의류도매상을 하여 돈을 벌었으나 재물이 모이지 않자 그만두고 보험사에서 일하고 있다.
- 사주가 월지 상관격이지만 火 土 비겁이 강한 구조로 비록 재성운이라도 원국에서 쟁재 되는 작용이 있어 큰 재물이 모이기는 쉽지 않다.

예2) 혼자 아이를 키우고 사는 여성발명가

丙 庚 戊 庚　女 7대운
子 寅 子 子
庚 辛 壬 癸 甲 乙 丙 丁
辰 巳 午 未 申 酉 戌 亥

- 庚金 일간이 子月에 태어나 金水 상관을 이루고 지지에 子水 상관이 무리를 지어있어 희생과 봉사정신이 배여 있다.
- 금수상관격(金水傷官格)으로 한냉(寒冷)하여 조후용신으로 時上의 丙火를 써야한다.

木 火 土 운이 길하다.

- 금수상관격의 사주가 일지 寅木으로 상관생재를 이루며 월간의 戊土가 패인(佩印)을 하여주고 일지 寅木에 통근한 丙火로 조후를 해결하니 격이 잘 이루어진 中格의 사주이다. 上格이 되지 못하는 이유는 일간이 통근하지 못하였기 때문이다.
- 상관패인격의 사주로 무용예술분야에 종사했으며 탁월한 아이디어와 기획력으로 방범창에 대한 특허를 출원한 사람이다.
- 그러나 女命 진상관격의 특성상 부부이별의 운명은 피해 갈 수 없었다.

마) 상관격 인성용신

예1) 인상학 교수

壬 甲 丁 戊
申 午 巳 戌

戊 己 庚 辛 壬 癸 甲 乙 丙
申 酉 戌 亥 子 丑 寅 卯 辰

- 甲木 일간이 巳月에 丁火가 월간으로 투출하여 상관격이며 신약하다
- 시상의 壬水 편인을 억부 및 조후용신하고 시지 申金을 희신으로 삼는다.
- 木火상관격의 사주가 년주에서 戊戌 土로 상관생재를 이루고 시주에서 壬申으로 조후를 해결하며 절묘하게 상관패인으로 成格을 이룬 사주이다. 그러나 상관이 태과하여 신약한 사주가 지지에 전혀 일간의 뿌리가 없어 일간이 건왕하지 못하므로 上格의 사주가 될 수는 없다.
- 평범한 가정주부로 생활하다가 북방 水운을 만나자 용신 인수운이 되어 인상학 공부를 시작하게 되어 인상경영학박사를 취득하였다.
- 연, 월, 일이 火局을 이루는 상관격으로 언변이 뛰어나니 대학에서 인상학강의를 하며 자신감 있게 활동하고 있는 사람이다.

예2) 방송국 작가

辛 丁 壬 戊　女 5대운
丑 卯 戌 申
甲 乙 丙 丁 戊 己 庚 辛
寅 卯 辰 巳 午 未 申 酉

- 丁火 일주가 戌월에 戊土가 투간하여 상관격이다.
- 일간이 戌月에 실령하고 실세하여 매우 신약한 사주이다. 일지의 卯木 편인이 신약한 일간을 돕는 억부용신이며 월간의 壬水가 卯木 용신을 돕고 있어 좋다.
- 상관격의 사주가 시간에 편재 辛金을 보아 상관생재로 결과 도출력이 뛰어나며 일지에 卯木 편인이 상관패인을 하여주니 成格이 되었다. 신약한 丁火 일간이 戌 중의 丁火에 통근함은 다행이나 丁壬合과 卯戌合으로 일간과 용신이 모두 기반이 되어 그렇게 탁월한 사주가 되지는 못한다.
- 상관격의 사주가 편인을 용신하니 기록본능과 표현본능이 강하여 현재 모 방송국의 인기 드라마 작가로 활동하고 있다.
- 상관격의 사주에 傷官見官의 폐단은 피해 갈 수가 없으니 부부이별을 하였고 丁 壬合 卯戌合의 특성으로 상당한 도화기를 나타내는 사람이다.

바) 가상관격

상관격은 월지에서 상관을 이루어야 격이 성립된다. 그런데 신강한 일간을 상관으로 꼭 설기하여야 하는데 상관이 월지가 아닌 다른 곳에 있어 격으로 삼게 되는 경우를 가상관격이라고 한다. 월지오행을 기준하여 격을 정하는 원칙을 벗어났으니 가상관격 이라고 한다. 하지만 사주 내에 다른 곳에 식상이 있다 해서 무조건 가상관격이 되는 것은 아니며 또한 가상관격도 유기하고 합국을 하면 진상관격(眞傷官格)과 능력이 같아 지는 것이다.

예1) 운보 김기창 화백
辛 癸 乙 甲
酉 丑 亥 寅
丁 戊 己 庚 申 壬 癸 甲
卯 辰 巳 午 未 申 酉 戌

- 癸水 일간이 亥月에 득령하고 일시지가 酉丑 金局을 이루었으며 시간으로 편인 辛金이 투출하여 일간을 생하니 신강하며 한랭하다.
- 木 식상으로 설기하여 억부용신을 하고 火運을 기다려야 한다.
- 연주의 甲寅木 상관으로 일간의 왕한 水기운을 설기하는 가상관격으로 편인에 비겁으로 신강한 사주가 상관으로 설기하여 成格이 된 전문예술인의 사주이다.
- 水木 상관격으로 문필과 예능방면으로 천부적 소질을 타고 났는데 대운이 희용신 火운으로 흘러 상관생재를 하니 한국 화단에 커다란 이름을 남겼다.

예2) 인기 가수

辛 戊 戊 丙
酉 辰 戌 戌
乙 甲 癸 壬 辛 庚 己
巳 辰 卯 寅 丑 子 亥

- 戊土 일간이 戌月에 戊土가 투간하여 비견격이나 사주에 태왕한 비겁의 기운을 설기 시켜줄 시간의 辛金 상관이 격이자 용신이 된다.
- 시간의 辛金이 戌 중의 辛金에 뿌리를 두고 일지와 辰酉合金으로 상관용신이 건왕하다.
- 상관이 격이자 용신이 된 이런 사주는 에너지가 많고 활동력과 기예에 능하다. 이 사주의 주인공은 용신 庚子, 辛丑대운에 수많은 히트곡을 발표하여 최고의 인기와 사랑을 받았다.

사) 상관견관(傷官見官) **위화백단**(爲禍百端)

예1) 남자성격의 자치방범대장 여인

庚 戊 辛 癸
申 寅 酉 卯
戊 丁 丙 乙 甲 癸 壬 2대운
辰 卯 寅 丑 子 亥 戌

- 무토가 酉月에 辛金이 투출하여 상관격이다.

- 일간 戊土가 통근을 못하고 식상관이 태과한데 이를 제화해줄 인성이 없고 지지에서 상관견관이 되어 전형적으로 파격이 된 사주이다.

- 격국의 相神과 통관용신은 癸水이며 寅中의 丙火를 억부용신 한다.

- 사주구조가 전체적으로 상관생재가 되어 장사하기에 적합하다.

- 남편은 간암으로 사망했는데 이는 金剋木, 상관견관으로 일어난 결과이다.

- 남의 농장에서 화분을 받아 배달 판매하는 화분가게를 운영하고 있다. 식상생재로 유통업은 되나 金剋木이 심하여 농장을 운영하기에는 문제가 있다.

- 寅申冲, 卯酉冲으로 관성이 충극을 당하여 이성적이지 못하고 매우 감정적인 사람이다. 자기가 좋아하는 여자후배에게 너무 집착하여 동네에서 동성애자냐는 구설이 심하나 동성애자는 아니고 식상이 제화되지 못한 폐단으로 일어나는 스토커기질이다.

- 동네 자치방범대장을 하고 있는데 이는 식신제살하며 식상으로 관성을 극제하여 남자 위에 올라서려는 기질이 매우 강한 결과이다.

- 언제 잘살 수 있는지, 丙申년에는 일이 좀 풀리려는지 질문을 하지만 사주가 파격이 되어 평생 사는 게 그런 팔자이니 어떠한 운에도 발복할 수 없는 사주이다. 깨진 쪽박에 비가 온다고 물을 받을 수 있겠는가? 그러기에 대운보다 사주원국이 좋아야 하는 게 우선이다.

- 丙寅, 丁卯 대운으로 용신운이 아무리 와도 소용없고 오히려 패망한다. 왜냐면 운에서 오는 丙 丁 火를 원국의 癸水가 충극해 버리고 대운 지지의 寅 卯 木운은 寅申冲 卯酉冲으로 오히려 상관견관 위화백단 현상이 일어난다.

- 丙申년 현재 동네에서 한 남자가 하우스를 무료로 대여해 주고 물건도 대주며 판매해서 갚으라고 후원을 해주고 있는데 이는 인성운(丙火)에는 남자의 배려를 받게 되고 식상운(申金)에는 자신이 목적의식을 가지고 남자를 사냥하는 운이니 새로운 인연이 생기고 여자가 바람나기에 딱 좋은 운이기 때문이다.

✦ 3. 정재격

정재격은 월지의 지장간 중 정재가 투출된 경우이고, 투출되지 않았을 경우 본기가 정재면 성립된다. 정재격이 신약하면 비겁과 인성이 필요하며, 신강하면 식상이 필요하다. 정재격이 신강 한 중 겁재가 많으면 하격이며(군겁쟁재), 신약한중 식상이 많아도 하격이 된다.

재성이 왕하고 일간이 약한 사주를 재다신약(財多身弱)이라 하고, 반대로 비겁이 太旺하고 재성이 약한 사주는 군겁쟁재(群劫爭財)가 되었다고 한다.

정재격은 일간의 통근여부가 중요하다. 재물을 감당하기 위해서는 일간이 뿌리가 있어서 튼튼해야 한다. 그리고 정재격은 관성의 유무가 중요한데 정관은 재성을 보호해주니 최고의 길신이며 격국 상신 1순위이다. 다음으로 식상의 유무를 보는데 식상생재(食傷生財) 한다는 것은 일간의 에너지를 식상을 통해 財로 모으는 것이니 아주 중요하다.

1) 정재격의 성격과 파격 요건

가) 成格
- 월지에 정재가 있거나 월지에서 투간된 字가 정재일 때 정재격이 성립한다.
- 신왕하고 재성도 旺한데 재생관으로 재가 정관을 생하면 上格이다.
- 신왕하고 재성이 약한데 식상이 재를 생하여 식신생재를 할 때 成格이 된다.
- 신왕하고 재성이 약한데 식상이 없고 관성으로 비겁을 제화할 때도 成格이 된다.
- 신약하고 재성이 太旺할 때는 비겁이 일간을 조력하여 득비이재를 할 때 성격이 된다.
- 신약하고 재성이 旺할 때 인성이 일간을 생해주면 中格이 된다.
- 신약하고 재성이 旺한데 인성과 겁재가 없고 정관만 있을 때는 下格이 된다.
- 정재격은 정재를 중심으로 식상생재와 재생관이 모두 잘 되어 있어야 上格이된다. 식상은 비겁의 기운을 재로 통관시켜 재를 강하게 만들며, 관은 비겁으로부터 재를 보호하는 역할을 한다.

나) 破格

- 劫財가 重하고 재성이 약한데 사주에 식상이 없을 때는 군겁쟁재(群劫爭財)가 일어나 파격이 된다.
- 일간이 신약하고 재성이 旺한데 칠살이 투출되어 財殺이 태왕할 때는 파격이 된다.
- 재가 정관을 생하지 못하거나, 재성이 生官은 하는데 官이 충이나 합거되었을 때도 파격이 된다.
- 정재격이 재성이 형충 되었을 때는 파격이 된다.
- 정재격이 신약한데 식상이 태왕해도 파격이 된다.

2) 정재격의 중요사항

- 재성은 인성을 극한다. 인성은 정신, 이상, 학문, 지식, 계획력, 윗사람, 부모, 귀인 등을 말하고 재성은 물질, 현실, 욕망, 실천력, 아랫사람, 여자 등을 말하는데 재성과 인성의 사이에 가장 중요한 점은 관성의 통관 여부에 있다. 관성이 통관하면 자신의 학문이나 지식을 현실적으로 이용할 수 있으나 통관하지 않으면 바로 극을 하니 정신적인 면과 물질적인 면의 충돌로 가치관의 혼란이 생길 수 있다. 특히 탐재괴인이 되는 구조는 재물을 탐하여 정신적인 면에 문제가 생기는 것이니 주변에 상당히 많은 문제가 발생한다.
- 정재격이 천간으로 투출되어 있으면 뿌리가 튼튼해야 하며, 뿌리가 약하면 오히려 지지에 있는 것만 못하다.
- 정재격에서는 비겁이 기신이니 비겁의 향방을 잘 살펴야 하며 정재격은 합충에 민감하게 반응한다.
- 정재격은 신왕함을 요하고, 다스릴 수 있는 한도 내에서 격의 왕함도 좋다. 정재격은 편재격보다 일간이 더 강해야 발복할 수 있다.
- 정재격이 정관과 정인이 함께 있으면 三貴가 되어 귀명이 된다.
- 정재격은 신왕함을 필요로 하나 비겁이 많음을 꺼리며, 또한 식상이 혼잡해 탁해짐도 싫어하며, 재관쌍전(財官雙全)함을 기뻐하지만, 일주가 너무 쇠약하면 재생살이 되어 오히려 禍가 따른다.
- 재다신약이면 비록 초년에 좋다 할지라도 여의치 못하고 항상 바쁘고 번잡하다.

혹 중년이나 말년에 인수운이 오거나 삼합국으로 인수나 비겁국을 이루면 발복하게 된다. 중년 말년에 財殺운이 오면 궁핍하고 처량하며 시비분쟁이 많게 된다.

- 월령이 정재라면 부호의 집안에 출생하였더라도 양자가 아니면 서출이다. 월령은 정인의 자리인데 정재가 차지하였기 때문이다.

3) 정재격의 예

가) 정재격 비겁용신

예1) 음식점을 운영하는 남자

丙 丁 庚 乙
午 酉 辰 未
壬 癸 甲 乙 丙 丁 戊 己
申 酉 戌 亥 子 丑 寅 卯

- 丁火일간이 辰月에 생하였고 乙木이 연간으로 투출하였으나 乙庚合이 되었고 월지 辰土는 일지 酉金과 辰酉合金을 이루며 월간의 庚金을 생하니 정재격이 되었다.
- 신약사주로 시상의 겁재 丙火를 용신한다.
- 정재격이 정재를 극하는 겁재를 용신함은 순수하지 못하니 격이 추락한다.
- 사주의 주인공은 음식점을 운영하는 사람으로 초년 己卯, 戊寅 대운이 길하여 어려움 없이 성장하였으나 이후 水運에 사업실패와 가정불화로 이혼과 재혼을 거듭하였다.
- 甲戌대운에 들어서 甲木 인수가 丁火 일간을 생하자 음식점이 잘되고 있다.
- 겁재에게 정재가 극제 되는 것은 정직과 신용의 문제에 결함이 발생할 수 있으니 아무리 잘 해도 흠이 남는다.

예2) 대체의학으로 성공한 여자

癸 丙 己 丁　女 2대운
巳 辰 酉 亥
丙 乙 甲 癸 壬 辛 庚
辰 卯 寅 丑 子 亥 戌

- 丙火 일간이 酉月에 출생했으니 정재격이다.
- 실령 실지 실세하여 신약하니 年干의 丁火 겁재로 억부용신 한다.
- 정재격의 사주가 월간의 己土로 상관생재하고 시간의 癸水로 재생관을 이루니 성격이 되었다. 신약한 일간이 시지의 사화에 통근하여 의지처는 얻었으나 일간을 생해줄 인성이 없어 上格이 될 수가 없다.
- 아무리 정재격이라도 천간에서 일어나는 傷官見官의 폐단은 피해 갈 수가 없어 부부가 이별하고 젊은 시절 水運에 극심하게 고생하였다.
- 42세 이후 甲寅, 乙卯 喜神대운에 귀인을 만나 대체의학을 공부하고 사회적, 경제적으로 성공한 사람이다.

예3) 가난하고 빈천한 사주

丙 丙 乙 庚
申 申 酉 申
辛 庚 己 戊 丁 丙
卯 寅 丑 子 亥 戌

- 酉月의 丙火 일간이 뿌리가 없고 태약 한데 재성이 태왕하여 재다신약이 되었다. 乙庚合으로 탐재괴인이 되니 시간의 丙火 비견으로 재성을 극제 하여야만 한다. 그런데 천간의 乙木과 丙火 희용신이 지지에 전혀 뿌리가 없고 신태약하여 태왕한 재성을 다스릴 수 없으므로 철저히 파격이 된 사주이다.
- 이런 경우에는 반드시 대운이 비겁운으로 가서 득비이재를 하여야만 한다. 그런데 이 사주는 대운이 土 金 水운으로 향하니 일생 가난하고 빈천한 삶을 살았다.

예4) 財生殺의 화장품가게 여사장

乙 乙 戊 辛

酉 酉 戌 卯

乙 甲 癸 壬 辛 庚 己　9대운

巳 辰 卯 寅 丑 子 亥

- 乙木이 戊戌월에 출생하여 정재격이다. 종살격으로 볼 수 있으나 命主와의 문진 (問診) 결과 극신약(極身弱)의 정재격사주로 乙木 비견을 용신해야 한다.(水木火吉, 土金凶)
- 정재격이 편관을 보아 파격이 되었다.
- 財生殺의 命으로 힘들고 고달프고 골병드는 팔자이다.
- 卯戌合으로 일간의 뿌리가 합변하여 기반되었다.
- 辛丑대운에 시어머니 시집살이를 극심하게 했으며 壬寅, 癸卯 대운을 거치며 화장품 가게를 하여 40억 정도의 자산을 일구며 평생 돈과 일 밖에 모르고 살았다.
- 사주에서 비견인 시아버지는 土金이 병이 된 사주의 특성대로 조상 산소를 이전 하고 풍과 당뇨로 흉악사를 하였다.
- 재생살의 특성대로 甲辰대운 壬辰년 초 자궁내막암 수술을 하고 壬辰년 庚戌월 골반과 폐에 癌再發 전이되어 입원하고 癸巳년 상태가 호전되어 퇴원했었다(일반 적으로 대세운에서 辰戌冲이 될 때 암이 가장 많이 발병한다.)
- 乙未년 봄 암이 재발하여 온몸에 전이되어 재입원하고 가을에 65세로 사망하였다.

나) 정재격 식상용신

예1) 뇌종양으로 사망한 후천성 맹인의 사주

丁 甲 己 庚

卯 子 丑 子

丁 丙 乙 甲 癸 壬 辛 庚　1대운

酉 申 未 午 巳 辰 卯 寅

- 甲木일간이 丑월에 己土가 투출(透出)하여 정재격(正財格)이다.
- 연, 월, 일지로 子丑 水局을 이루고 시지 卯木 겁재(劫財)의 세를 얻어 신강한 사주이다.
- 시간의 丁火 상관으로 조후용신을 한다.
- 일반적인 격국용신법에 준하여 보면 신강한 정재격이 시간에 丁火 상관을 보아 상관생재가 되어 成格이 된 사주로 판단할 수도 있다. 그러나 또 년간에 편관 庚金을 보아 재생살이 되었으며 丑月생이 지지에 子丑水局을 이루어 한냉함이 문제인 사주로 甲木 일간도 부목(浮木)이 되고 수다토류(水多土流)로 己土 재성에도 문제가 걸리고 수다금침(水多金沈)으로 관성에도 문제가 생겨 심하게 파격이 된 사주이다. 그러므로 사주를 분석함에는 어느 한부분만을 보고 판단하지 말고 전체적인 상황을 고려해서 보아야 하는 것이다.
- 평생 결혼도 못하고 정확한 직업도 없이 정처 없이 떠돌다가 庚辰년에 뇌종양이 발병하여 수술 후 시력을 잃고 맹인이 되었다. 이 후 46세 午대운 丙戌년에 용신 火운의 덕으로 보험금을 수령하여 자기 집칸을 장만하고 살만하다가 51세 乙未대운 己丑년에 뇌종양이 재발하여 庚寅년에 사망한 사람이다.
- 부목된 사주의 특성대로 사후관곽(死後棺槨)의 명이 되었다.

예2) 도배를 직업으로 하는 남자

丁 甲 己 庚
卯 子 丑 子

丁 丙 乙 甲 癸 壬 辛 庚 1대운
酉 申 未 午 巳 辰 卯 寅

- 甲木일간이 丑월에 己土가 투출하여 정재격이다.
- 연, 일, 일지로 子水가 수국(水局)을 이루고 시지 卯木 겁재(劫財)의 세를 얻어 매우 신강한 사주이다.
- 사주가 한랭하여 조후의 문제가 있는 사주로 시상의 상관 丁火를 조후 용신하여야 한다.
- 庚寅, 辛卯대운은 金 木이 旺하여 용신 丁火가 이를 소통시키기에는 역부족이며,

壬辰, 癸巳 대운에는 천간 壬 癸 水가 丁火용신을 극하니 떠돌아다니며 되는 일이 없었다. 甲午대운에야 겨우 도배 기술자로 밥벌이를 하게 되었으나 원국의 己丑 정재가 토류(土流)되고 庚金에 설기당하여서 인지 나이 50이 될 때까지 결혼을 하지 못하였다.

- 위 맹인의 사주와 동일한 사주로 사주가 같다고 똑같은 운명을 살지는 않지만 커다란 인생행로의 길흉은 상위(相位)함을 알 수가 있다.

예3) 사법시험에 합격한 남자

丙 丁 丙 丙
午 酉 申 辰
甲 癸 壬 辛 庚 己 戊 丁
辰 卯 寅 丑 子 亥 戌 酉

- 丁火일간이 申月에 출생하였는데 투출된 지장간(支藏干)이 없어 정재격(正財格) 이다.
- 실령(失令)하여 신약하게 볼 수 있으나 세 개의 丙火 겁재(劫財)가 시지 午火에 통근(通根)하여 재성인 金을 극하니 연지의 辰土로 통관용신을 삼는다.
- 대운이 희신(喜神) 土金水운으로 향하여 사법시험에 합격했다.
- 정재격(正財格)이 식상을 용신하는 것은 사주를 成格시키는 좋은 작용이다.

다) 정재격 재성용신

예1) 재물지출이 과다한 남자

甲 丙 丁 辛
午 寅 酉 巳
庚 辛 壬 癸 甲 乙 丙
寅 卯 辰 巳 午 未 申

- 丙화 일주가 酉월에 辛金이 투출하여 정재격이다.

- 일시지에 寅午 火局을 이루었고 겁재가 丁火 투출되어 신강사주다.
- 연, 월의 지지가 巳酉로 金局을 이루고 辛金이 투출하여 재성이 약하지 않으나 식상 土가 없고 관성 水가 없는 중에 겁재 丁火가 투간하여 군겁쟁재(群劫爭財)가 일어나니 파격이 되었다.
- 土, 金, 水의 食, 財, 官運이 길하나 巳午未 남방 火 大運으로 흐르니 하는 일마다 순조롭지 못하고 재물의 지출만 과다하여 어려움만 겪었다.
- 신강한 정재격이 관성이나 식신이 없이 財를 용신하는 사주는 破格이 된다.

예2) 고독한 이혼남
戊 辛 戊 乙　男 9대운
戌 未 寅 酉
庚 辛 壬 癸 甲 乙 丙 丁
午 未 申 酉 戌 亥 子 丑

- 辛金 일간이 寅월에 월지 본기 甲木으로 정재격이다.
- 일시지에 酉金과 未戌土 그리고 월간과 시간에 戊土가 투출되어 신강하다.
- 년간의 乙木 편재를 용신하나 일간 辛金을 유출하는 식상 水가 없어 金木이 相戰되니 일간의 세를 감당하기 어렵다.
- 정재격의 신강한 사주가 식상이 없고 관성이 없이 전형적으로 파격이 된 사주이다.
- 목공예조각가인데 부인과 이별하고 고독하고 외롭게 살고 있다.

라) 정재격 관성용신

예1) 공무원의 사주
庚 乙 戊 甲
辰 卯 辰 寅
丙 乙 甲 癸 壬 辛 庚 己
子 亥 戌 酉 申 未 午 巳

- 乙木이 辰月에 戊土가 투출하여 정재격으로 실령했다.
- 乙木일간이 年柱 甲寅과 지지 寅卯辰 木局方으로 비겁강의 신강사주가 되었다.
- 시상의 庚金 정관으로 억부용신을 한다.
- 신강한 정재격의 사주가 시간에 庚金 정관을 相神으로 삼아 成格이 잘된 사주이다.
- 가난한 집안에서 출생하여 초년 南方운에 일찌감치 객지로 나와 공사판을 전전하며 검정고시로 고등학교 졸업장을 취득하였고 壬申대운에 공무원 시험에 합격하였다.
- 좋은 집안의 여성과 결혼을 하고 슬하에 2남 3녀를 두었다.

예2) 재자약살격의 여자

丁 辛 庚 辛　女 7대운
酉 酉 寅 酉
戊 丁 丙 乙 甲 癸 壬 辛
戌 酉 申 未 午 巳 辰 卯

- 辛金 일간이 寅月에 출생하여 실령 하였는데 비겁이 태강하여 군겁쟁재가 일어나 있다.
- 寅월의 정기 甲木으로 격을 삼으니 정재격이며 旺한 비겁 金을 제하는 시상 丁火를 용신한다.
- 정재격이 사주에 식상이 없어 식상생재가 되지 못하였는데 태과한 비겁을 오로지 정화 관성으로 극제를 하여야 하니 어렵게 成格은 되었으나 힘에 부친다.
- 이러한 사주는 대운의 도움이 있어야만 발복(發福)을 할 수 있다.

예3) 은행의 정보전산 요원

庚 辛 庚 辛　坤
午 酉 寅 亥
戊 丁 丙 乙 甲 癸 壬 辛
戌 酉 申 未 午 巳 辰 卯

- 辛金일간이 寅月에 출생하여 월지 본기로 정재격(正財格)이다.
- 실령 하였으나 비겁으로 득지 득세하여 신강사주가 되었다. 시지 午火 편관을 억부용신하여 비겁을 다스려야 한다.
- 정재격의 사주가 천간에 비겁이 중중하여 파격이 될 뻔했으나 년지의 亥水 식신이 식신생재를 해주며 시지의 午火 편관이 비겁을 다스려주어 구응(求應)의 신에 의하여 다시 어렵게 成格이 된 경우이다.
- 대운이 용신 木火로 흘러 컴퓨터 공학을 전공하고 은행에 취직하여 정보전산업무를 취급하는 여성이다.

마) 정재격 인성용신

예1) 능력 있는 병원장

壬 庚 己 庚
午 辰 卯 午
戊 丁 丙 乙 甲 癸 壬 辛 庚
子 亥 戌 酉 申 未 午 巳 辰

- 庚金 일간이 卯月에 출생하여 정재격(正財格)이다.
- 실령하여 실세하여 신약하므로 연, 일, 시지에 통근한 월간의 己土 정인을 억부용신 한다.
- 정재격이 시간에 식신이 투출하여 식신생재가 되며 년지에 午火 정관으로 재생관을 이루니 성격이 잘된 사주로 일지 辰土 편인이 午火의 生을 받아 다시 일간 庚金을 생해주는 관인상생(官印相生)의 구조가 아름답다.
- 오행의 순환상생이 잘 이루어져 모든 오행이 거스르지 않게 되어 귀격(貴格)이 되었다.
- 火 대운에 관인상생으로 공부하여 의사가 되었고 癸未대운에 상관생재(傷官生財)하여 개원을 하였으며 이후 계속 발전하여 서울시내 중심가에 큰 병원을 운영해오던 사람이다. 관성이 좋아서 인지 아들 또한 의사가 되었다.

예2) 유명 연예인 MC

甲 壬 壬 庚
辰 戌 午 戌
庚 己 戊 丁 丙 乙 甲 癸   9대운
寅 丑 子 亥 戌 酉 申 未

- 壬水일간이 午月에 출생하여 투출된 지장간이 없으므로 정재격(正財格)이다.
- 火 土가 강한 신약사주로 연, 일, 시지의 관살을 설기하여 일간을 돕는 연간의 庚 金을 억부용신 한다.
- 辰土에 통근한 시간의 甲木 식신으로 壬水일간을 설기하여 식신생재를 하며 사주 내 오행이 순환상생이 되니 귀격의 사주이다.
- 甲申, 乙酉 용신대운에 씨름으로 천하장사를 하였고, 다시 연예계로 진출하여 성공을 하였다.
- 39세 丙戌 대운에 들어 火勢가 강해져 용신을 극하는 중 辛卯년에 卯戌合으로 火局이 가세되자 세금탈루문제가 발생하여 잠정 활동중단을 선언하고 모든 프로그램에서 하차했다. 그러나 사주가 귀격을 이루기에 평생부귀가 따를 것이다.

예3) 중장비업을 하는 남자

乙 癸 丙 己
卯 亥 寅 酉
戊 己 庚 辛 壬 癸 甲 乙   4대운
午 未 申 酉 戌 亥 子 丑

- 癸水 일간이 寅月생으로 丙火가 월간으로 투출하여 정재격이다.
- 실령, 실세하여 신약하므로 오로지 년지의 酉金 편인으로 억부 용신하여 신약한 일간을 도와주어야 한다.
- 정재격의 사주가 식신생재를 하였으나 다시 년간의 己土로 재생살이 되어 破格이 되었다. 사주에 식상이 태왕하여 일간이 强旺하게 통근을 하여야 하는데 지지에서 일간의 뿌리가 寅亥合木, 亥卯木局으로 합거(合去)되어 더더욱 문제가

된다.

- 34세 壬戌대운에 친구의 보증을 잘못섰다 크게 실패를 보고 44세 辛酉 대운을 맞아 건설장비 및 고철업을 하며 열심히 노력하고 있는 사람이다.

바) 탐재괴인 – 격국과 용신을 고려한 명칭

탐재괴인이란 재성이 태과하여 신약한 사주가 어쩔 수 없이 약한 인수를 용신으로 삼는데, 재성운에 이르게 되면 재성이 약한 용신 인성(印星)을 극하는 것을 말한다. 즉, 재물을 탐한 결과 인성인 직장을 상실하거나 부도가 나거나 신용불량자가 되고 직장인은 여자나 뇌물로 인해 망신을 당하는 사주 등을 탐재괴인(貪財壞印)된 사주라 할 수 있다.

예) 욕심으로 패망한 여자

戊 甲 丁 己　女 10대운

辰 午 丑 亥

甲 癸 壬 辛 庚 己 戊

申 未 午 巳 辰 卯 寅

- 甲木일간이 丑월에 년간으로 己土가 투출하여 정재격이다.
- 실령, 실지, 실세하여 극신약 사주가 되었다. 일간 甲木은 오직 亥水 인성을 억부용신하여 의지하고 있는데 년간 己土와 월지 丑土가 인수를 위협하고 있다.
- 재격의 사주가 상관생재를 이루었으나 재성이 태과하여 비겁으로 득비이재를 하여야만 成格이 되는 경우인데 사주에 비겁이 없어 파격이 되었다.
- 庚辰 대운에 탐재괴인이 되어 재물을 탐내게 되어 문구도매업을 하다 크게 부도를 내게 되었다. 이후 김치공장 등 여러 사업을 하며 노력을 하였으나 무리한 욕심으로 결국에는 壬午대운 壬辰년에 패망을 한 여자의 사주이다. 재물을 탐하면 인성인 亥水가 극을 받아 어려움을 겪게 되는 경우다.

✦ 4. 편재격(偏財格)

편재격을 이루기 위해서는 월지의 지장간 정기(正氣)가 천간에 투출하여야 한다. 그 다음으로는 월지에 지장간 여기(餘氣)나 중기(中氣)가 투출해도 편재격이 될 수 있고 투출된 것이 없으면 월지의 정기(正氣) 편재로 격을 정한다.

재격이 신강한 중 겁재가 많으면 하격이며(군겁쟁재), 신약한 중 식상이 많아도 하격이 된다. 재성이 旺하고 일간이 약한 사주를 재다신약(財多身弱)이라 하고, 반대로 비겁이 太旺하고 재성이 약한 사주는 군겁쟁재(群劫爭財)가 되었다고 한다.

재격은 일간의 통근여부가 중요하다. 재물을 감당하기 위해서는 일간이 뿌리가 있어서 튼튼해야 한다. 그리고 식상의 유무를 보는데 식상생재(食傷生財)를 한다는 것은 일간의 에너지를 식상을 통해 財로 모으는 것이니 아주 중요하다. 또한 재격은 관성의 유무가 중요한데 정관은 재성을 보호해주니 최고의 길신이며 격국의 상신 1순위이다. 그러나 재격이 편관을 보면 재생살이 되어 파격이 된다.

1) 편재격의 成格과 破格 요건

가) 成格

- 월지가 편재이거나 투간된 字字 편재일 때 성립한다.
- 신왕하고 재성도 旺한데, 재가 정관을 보았을 때 성격이 된다.
- 신왕하고 재성이 약한데 식상이 재를 생하면 식상생재로 성격이 된다.
- 신왕하고 재성이 약한데, 식상은 없고 관성으로 겁재를 제화할 때는 成格은 하나 上格이 될 수는 없다.
- 신약하고 재성이 旺할 때 인성이 일간을 생해주면 中格으로 성격이 된다.
- 신약하고 재성이 旺한데, 인성과 겁재가 없고 정관만 있을 때도 성격은 되는데 下格이 된다.

나) 破格

- 겁재가 重하고 재성이 약해서 군겁쟁재가 되었는데, 관성이나 과식상이 없을 때는 파격이 된다.

- 신약하고 재성이 旺한데 칠살이 투출되었을 때는 재생살이 되어 파격이 된다.
- 신강한데 재성이 정관을 생하지 못하거나 생한다 해도 合去 되거나 冲去 되었을 때는 파격이 된다. 그리고 재성이 刑冲 되어도 파격이 된다.
- 財殺이 태왕하여 일간을 극하거나 식상이 태왕하여 일간을 심하게 설기할 때도 파격이 된다.

2) 편재격의 중요사항

- 월지를 중심으로 편재격을 이루게 되면 일간은 실령하게 되니 일간의 뿌리가 있어야 하는데, 비겁이 많게 되면 오히려 成格되기 어려우니 정재격이나 편재격은 비겁의 역할이 중요하다.
- 편재격을 이루었으나 신약하면 재를 감당하지 못하여 부옥빈인이다.
- 편재격이 재성이 너무 많으면 뜻이 크고, 재물을 구하려는 욕심은 많으나 오히려 속으로는 텅 비는 경우가 많다.
- 편재는 중인지재(衆人之財)라 비겁이 겁탈하는 것을 두려워하니 복이 온전하지 못하기 때문이다. 편재격이 만약 칠살이 있으면 우환(憂患)이 끊임없다.
- 편재격은 신약한 것을 꺼린다. 중화를 이루면 재물이 풍성하고 편재가 왕성하면 관성도 왕성하게 된다. 편재격은 사람됨이 인정이 있으나 속임도 많다.
- 편재격은 사주에 비겁이 태과하면 관성이 있어야 좋은데 관운에 발복한다.
- 편재격이 좋아하는 것 – 신왕 할 것, 재왕생관(財旺生官), 식신생재
- 편재격이 꺼리는 것 – 재다신약, 비겁이 중중하여 군겁쟁재가 된 것, 재가 약한데 관성이 강할 때

3) 편재격의 기질과 특징

- 편재격은 잘되면 거부이고 크게 벌고 펑펑 쓰나 안 되면 빚쟁이다 그러므로 편재격은 남의 밑에서 일하기가 어울리지 않고 자신의 마음대로 일을 하려고 한다.
- 이 시대의 주류는 편재이다. 편재격은 재물을 운용하는데 탁월하여 자산(자본+부채)운용의 대가로써 전형적인 사업가스타일이다.
- 편재격은 타인의 재물, 유통되는 재물, 공공의 재물(회사, 조직, 국가 등)을 이용하는

재주가 있다.

- 편재격은 사교성과 화술이 좋고 처세가 뛰어나며 행동의 선이 굵다.
- 편재격은 재물에 대한 응용력이 뛰어나고 크게 놀고 크게 쓰고 풍류를 즐기는데 돈을 아끼지 않는다.

4) 편재격의 예

가) 편재격 비겁용신

예1) 땅값이 오른 농부

庚 辛 乙 癸
寅 卯 卯 酉
癸 壬 辛 庚 己 戊 丁 丙
亥 戌 酉 申 未 午 巳 辰

- 辛金 일간이 卯月에 실령(失令)하고 월 일 시에 재성(財星)이 重重하여 재다신약(財多身弱)의 편재격이 되었다.
- 년간에 식신이 투출하여 식신생재 구조를 이루고 있다. 재성이 태과한 중 시상 庚金이 년지 酉金에 통근하여 상신이 되고 억부용신을 하니 成格이 되었다.
- 초년에 남방 기신운을 가니 빈가 출생으로 丁巳, 戊午대운까지 고생을 하다가 庚申・辛酉 용신대운을 만나 財를 다스릴 수 있게 되자 농사짓던 전답이 주변 토지개발로 수백 배 값이 올라 거부가 된 사람이다.
- 이런 경우를 득비이재(得比理財)라고 한다.

예2) 경제적 안정을 이룬 요양보호사

甲 庚 乙 甲   女 7대운
申 寅 亥 午
丁 戊 己 庚 辛 壬 癸 甲
卯 辰 巳 午 未 申 酉 戌

- 庚金 일간이 亥月에 실령 하고 재성이 중중하여 **財多身弱**의 편재격 사주이다.
- 시지 申金이 억부용신이 된다.
- 월지 식신에 태과한 재성으로 식신생재격을 이루었으나 일간을 도와줄 인성이 없어 재다신약이 되었으니 上格의 사주가 될 수 없다.
- 식당을 하다 현재는 요양보호사로 병원에 근무하는 사람이다. 지난 세월 비겁대운을 오며 돈놀이를 하여 경제적으로 안정을 이루고 사는데 이런 경우를 득비이재(得比理財)라 한다.
- 재다신약이란 사주에 財星이 무리를 지어 太强한 것을 말하는데 재성은 왕성하고 일간은 신약하여 사주에 많은 財가 病이 되는 것을 말한다.

예3) 로스쿨 법대생

己 乙 己 庚　　男
卯 未 丑 午

丙 乙 甲 癸 壬 辛 庚　　3대운
申 未 午 巳 辰 卯 寅

- 乙木이 己丑월에 출생하여 편재격이다.
- **財多身弱** 사주로 卯木 비견이 억부용신이다.(水 木 吉, 火 土 金 凶)
- 재다신약의 사주가 칠살을 보지 않고 년간에 庚金 정관을 보아 다행스럽다. 시지에서 卯未合으로 일간의 뿌리 卯木이 강화되어 成格을 할 수 있다.
- 사주가 전체적으로 財生官이 되어 조직에 희생과 헌신하는 명이다.
- 아버지가 의사였는데 간암으로 사망하였고 어머니는 재혼을 하셨다. 壬辰대운 乙未년에 득비이재의 운으로 로스쿨에 지원하여 합격하였다.

예4) 부자의 사주

丁 丁 丁 辛
未 巳 酉 丑

庚 辛 壬 癸 甲 乙 丙
寅 卯 辰 巳 午 未 申

- 丁火 일간이 酉月에 출생하여 지지에 巳酉丑 財局을 이루고 辛金이 투출하였으니 편재격이 되었다.
- 일주 丁火는 未土에 뿌리를 두고 巳火도 뿌리가 되며 천간에 丁火 비견이 둘이나 있어 재를 감당할 만하니 상격의 사주가 된다.
- 일간의 힘이 조금 약한데 대운이 木 火로 나가니 힘을 얻어 거부(巨富)가 되었다.

나) 편재격 식상용신

예1) 학원강사

壬 癸 甲 辛
子 酉 午 亥
丁 戊 己 庚 辛 壬 癸
亥 子 丑 寅 卯 辰 巳

- 癸水 일간이 午月에 출생하였는데 투출된 干이 없으니 월지본기로 편재격이다.
- 癸水가 연주, 일주, 시주에 비겁과 인성으로 득지 득세하여 신강사주인데 월간의 甲木이 일간을 설기하여 재성을 생하니 억부용신이다.
- 재격의 사주가 甲木 상관이 투간하여 상관생재(傷官生財)로 成格이 될 수 있는데 辛金 편인에게 도식(倒食)되고 지지에서 재성이 亥 子 水에 충극을 맞아 파격이 된 사주이다.
- 문학을 전공하고 작가로 지망했으나 크게 두각을 보지 못하고 寅 卯 대운에서 간신히 성격이 되어 학원 강사라도 할 수 있었다.

예2) 미모의 탤런트

壬 辛 己 庚
辰 丑 卯 申
辛 壬 癸 甲 乙 丙 丁 戊
未 申 酉 戌 亥 子 丑 寅

- 辛金일간이 卯月에 출생하여 월지 본기(本氣)로 격을 잡으니 편재격이다.
- 월간과 일지, 시지의 인성의 도움과 연주의 庚申 겁재의 조력으로 신강하다.
- 일간의 힘을 설기 시켜주는 壬水 상관이 억부용신이며 강한 일간을 생하며 용신을 극하는 기신 土를 잡아주는 卯木 재성이 희신이 된다.
- 비겁으로 신강한 편재격의 경우 일차적으로 관성을 필요로 하나 위 사주는 火 관성이 없기에 申金과 辰土에 통근한 壬水 상관을 상신으로 쌍관생재(傷官生財)하여 成格이 된 사주이다.
- 재성이 강한 인성을 극하는 財剋印구조는 비상한 두뇌를 갖게 되니 서울대학교를 졸업하였다.
- 대운이 용신 水運으로 향하자 상관의 기질을 살려 연예계로 진출, 최고의 인기로 왕성한 활동을 하고 있다.

예3) 초등학교 부장교사

戊 戊 丁 庚
午 辰 亥 子

庚 辛 壬 癸 甲 乙 丙
辰 巳 午 未 申 酉 戌

- 戊土 일간이 亥月에 투출된 干이 없으니 亥중 壬水로 격을 잡아 편재격이다.
- 戊土가 실령했으나 월간과 일지, 시주에 비겁과 인성으로 득지 득세하여 신강하므로 庚金 식신을 억부용신 한다.
- 비겁이 강한 재격의 사주는 일차적으로 관성을 相神으로 하나 사주에 투출된 관성이 없으니 년간의 식신 庚金을 相神으로 상관생재하여 成格이 되었다.
- 초등학교 부장교사로 도항사인 남편을 만나 자녀들을 잘 키우며 안정되게 살고 있는 여자의 사주이다.

다) 편재격 재성용신

예1) 금융회사에 근무하는 남자

己 己 丙 己
巳 巳 子 酉
己 庚 辛 壬 癸 甲 乙
巳 午 未 申 酉 戌 亥

- 己土 일간이 子月에 출생하였는데 월지 本氣를 격으로 삼으니 편재격이다.
- 연간, 월간, 일지, 시주의 인성과 비겁으로 득지 득세한 신강사주로 인성 火를 다스리는 子水가 억부용신이고 연지의 酉金이 희신이 된다.
- 재격의 사주가 비록 식상과 관성이 투간되지 못하여 上格이 되지는 못하였으나 지지에 巳酉合으로 식상국을 이루어 中格의 사주는 된다.
- 대운이 金水 용신운으로 향하자 대학에서 경제학을 전공하고 금융계에 종사하는 사람이다.

예2) 화물 운송업자

甲 甲 壬 戊
子 申 戌 子
庚 己 戊 丁 丙 乙 甲 癸
午 巳 辰 卯 寅 丑 子 亥

- 甲木일간이 戌月에 戊土가 년간에 투출하여 편재격이다.
- 時干에 비견 甲木이 있는 중 지지로 申子水局을 이루고 월간으로 壬水가 투출(透出)되어 신강사주가 되었다.
- 인수가 病이 되니 水를 제화시키는 연간의 편재 戊土로 억부용신을 하고 火運을 기다려야 한다.
- 신강한 재격의 사주가 식상과 관성이 없으니 전형적으로 파격이 된 사주로 사회성이 크게 떨어진다.

- 乙丑대운까지 水 木運이 되어 화물차 운전을 하며 어렵게 살다가 丙寅대운이
되자 丙火가 용신을 돕게 되니 대기업 화물운송 하청을 맡게 되었고 이후 가세가
조금 나아졌다.

라) 편재격 관성용신

예1) 고철장사로 성공한 남자

甲 庚 庚 丙
申 申 寅 子
戊 丁 丙 乙 甲 癸 壬 辛
戌 酉 申 未 午 巳 辰 卯

- 庚金 일간이 寅月에 甲木이 시간으로 투출하여 편재격이다.
- 편재격으로 실령했으나 월간 庚金 비견이 일시지의 申金에 나란히 뿌리를 두고
비겁이 무리를 이루어 중화된 사주로 연간의 丙火 편관을 억부용신(抑扶用神)으로
한다.
- 편재격의 사주가 비겁이 重重한데 년간으로 相神인 관성이 투간하고 지지에서는
申子合水로 식상국을 이루어 財를 생하니 成格이 잘 된 上格의 사주이다.
- 壬辰 癸巳대운 水가 용신 丙火를 극하니 집안이 가난하여 배움이 없었으나 甲午,
乙未 대운에 고철장사로 가업을 크게 일으킨 사람이다.

예2) 미장원을 운영하는 여자

甲 己 丙 癸　女 4대운
子 丑 辰 丑
甲 癸 壬 辛 庚 己 戊 丁
子 亥 戌 酉 辛 未 午 巳

- 己土 일간이 辰月에 출생하였는데 시지에 子水가 있고 辰중의 癸水가 년간으로
투출하였으니 편재격이다.

- 己土 일간이 월간의 丙火와 지지의 비겁으로 신강하니 시간의 甲木 정관을 억부용신으로 한다.
- 비겁으로 신강한 재격의 사주가 成格이 되기 위해서는 식상이나 관성을 필요로 하는데 시간의 정관 甲木이 일간과 甲己合으로 기반이 되어 파격이 된 사주이다.
- 未대운에 무능력하며 외도를 한 남편과 이혼한 후 庚申, 辛酉대운에 식상생재로 成格을 이루니 미용기술을 배워 미장원을 운영하며 사는 여자이다.

마) 편재격 인수용신

예1) 재생살, 탐재괴인이 된 괴로운 사주

壬 丙 甲 庚　여
辰 子 申 申

丙 丁 戊 己 庚 辛 壬 癸
子 丑 寅 卯 辰 巳 午 未

- 丙火 일간이 申月에 출생하였는데 庚金이 투출하여 편재격이다.
- 실령, 실지, 실세하여 極身弱한 사주이므로 월간의 甲木을 용신한다.
- 극신약한 편재격의 사주가 財生殺이 되어 칠살이 태왕한데 甲庚冲, 丙壬冲으로 일간과 억부용신이 충극을 맞으니 破格이 되고 심신에 커다란 트라우마를 안게 된 아주 나쁜 사주이다.
- 결혼 후 1년도 못 살고 이혼했으며 친정엄마하고 사이가 아주 나쁜 여자이다.
- 이렇게 일간과 용신인 인성이 충극을 당하면 정신적 트라우마와 자존감의 상실로 항상 초조하고, 고통 받고, 힘들고, 어렵고, 병마와 질병 생활고에 시달리게 된다. 일생 남편의 덕은 기대할 수 없고, 부모님과도 항상 불편한 관계로 살아가게 되는 운명으로 우울증과 분노조절장애를 앓을 수 있는 사주이다.

예2) 방송국 아나운서

乙 丁 癸 甲
巳 丑 酉 寅

丙 丁 戊 己 庚 辛 壬
寅 卯 辰 巳 午 未 申

- 丁火일간이 월지에서 巳酉丑 金局을 이룬 편재격으로 실령, 실지하여 신약한 사주이다.
- 재성이 旺하여 재를 다스리는 비겁을 용신으로 써야할 것 같으나 시지 겁재 巳火는 巳酉丑 삼합 金局으로 변하게 되어 일간을 돕지 못하니 寅木에 통근한 甲乙木 인성을 억부용신으로 한다.
- 재격의 사주가 지지에 재국을 이루고 천간으로 편관이 투간하여 재생살이 되어 파격이 될 뻔 했으나 연간과 시간의 甲乙木이 살인상생으로 求應하여 절묘하게 성격을 이룬 사주이다.
- 년주에 인수용신이 있으니 명망 있는 학자집안 출생으로 유복하게 성장하여 명문대를 졸업하고 방송국 아나운서가 되었다.

바) 군겁쟁재(群劫爭財)-격국과 용신을 고려한 명칭

사주에 비견과 겁재가 태왕하게 구성되어 있고 재성이 약한 경우를 말한다. 이 격이 되면 운에서 재성을 만나는 것을 꺼리는데 이는 왕자충발(旺者冲發)이 되어 오히려 그 재성을 감당하지 못하고 큰 흉화를 겪게 되기 때문이다. 대운에서 오직 식상과 관성운을 만나야 길하다.

예1) 연해자평의 옛 거지의 사주

丙 壬 壬 壬
午 子 子 子
庚 己 戊 丁 丙 乙 甲 癸
申 未 午 巳 辰 卯 寅 丑

- 壬水일간이 子月에 출생하여 신왕한데 연, 월, 일주가 모두 壬子의 비겁이고 시주 丙午 재성은 군겁쟁재를 심하게 당한다.
- 비겁 强에 오로지 丙午火 재성으로 억부와 조후 용신을 하여야 하는데 재성용신이

충극을 맞아 용신이 불발하고 사주에 희신이 없다. 따라서 재성운이 오면 오히려 큰 재앙을 면치 못하게 된다. 식신 木운이 길하다.

- 이 사주는 양인격의 사주로 成格이 되기 위해서는 관성이 투간 하여 재성을 보호하거나 아니면 식상으로 생재를 하여야 하는데 사주에 관성과 식상이 전혀 없으므로 완전히 파격이 된 사주이다.

예2) 군겁쟁재 된 탁한 팔자

乙 庚 辛 辛
酉 子 卯 酉
甲乙丙丁戊己庚
申酉戌亥子丑寅

- 庚金 일간이 卯月에 출생하고 시간에 乙木이 투출하여 정재격이다.
- 실령 하였으나 연, 월, 일, 시가 온통 비겁으로 이루어져 신강하니 일지의 자수로 통관용신, 억부용신하여 일간의 세를 설기시켜야 한다.
- 일지 子水가 金氣를 설기하여 월지 卯木을 도와 成格이 될 수도 있을 것 같으나 년지 酉金이 정재 卯木을 冲하여 군겁쟁재가 되고 천간에 관성과 식상이 전무하여 철저히 파격이 되었다.
- 대운이 亥子丑 북방으로 흘러 金氣를 설기하여 卯木을 돕지만 이미 子水는 金氣에 의해 탁해졌기에 겨우 목숨을 부지하며 유리걸식(遊離乞食)을 했던 사람이다.

✦ 5. 정관격

정관격은 월지에 암장된 정기가 월간, 시간, 연간 중에 투출하면 정관격이 성립된다. 정기(正氣)가 투출하지 않고 중기(中氣)나 여기(餘氣)가 투간되었어도 격으로 삼을 수 있으며 투출된 지장간이 없다면 월지의 정기를 기준으로 격을 정한다.

정관격(正官格)은 합리적, 이성적, 도덕적으로 살며 공익 준수에 최선을 다한다.

정관격이 成格이 잘 되면 흠잡을 때가 없는 사람으로 남자는 군자형이요 여자는 현모양처형으로 일 처리를 정확하게 하고 품행이 방정(方正)하여 주위의 신임을 얻고 언제나 질서와 예의를 지키며 명예와 체면을 중시하다. 특히 정관격은 준법정신이 투철하여 어지간해서는 법의 테두리를 벗어나지 않으니 성품이 준수하고 도덕성이 높으며 정의로운 가치관을 가지고 있다. 그러므로 공직자나 행정업무를 수행하는 능력이 좋아서 직업으로는 공무원, 교육자, 직장인, 법조인 등에 적합하다.

사주에 관성이 없는 사람은 어디로 튈 줄 모르는 면이 있다. 그러나 정관격이 관인상생(官印相生)만 되면 다소 고지식한 면이 있으며, 관이 튼튼한 중에 식상이 함께하면 변화에도 능동적이고 언변과 설득력도 뛰어나게 된다.

1) 정관격의 成格과 破格 요건

가) 成格
- 정관격은 월지가 정관일 경우와 월지에서 투간된 字가 정관 일 때 성립 된다.
- 정관격은 일간이 왕(旺)하고 재성이 관을 생하면 成格이 된다.
- 일간은 약하고 정관은 강한데 인성이 관인상생으로 도울 때도 成格이 된다.
- 정관격에 인성이 있을 때는 재성이 인성을 극하지 못하는 위치에 있어야 成格이 된다
- 정관격에 상관이 정관을 극하고 있을 때는 정인이 상관을 제화하면 성격이 된다. 그러나 이런 경우는 上格이 되기는 힘들다.
- 정관격인데 관살이 혼잡할 때는 합살유관(合殺留官)하면 成格이 된다.
- 정관격은 합형충이 되면 파격이 되는데 이럴 경우 구응의 신에 의하여 파격의 요인이 해소될 때는 성격이 된다.

나) 破格
- 정관격에 정관이 합이나 형충 되었을 때는 파격이 된다.
- 정관격이 상관이 정관을 극할 때는 파격이 된다.
- 정관격이 관살이 혼잡할 때는 파격이 된다.
- 정관격이 일간은 쇠약하고 정관이 태과하여 편중되면 殺로 변해 파격이 된다.
- 정관격도 일간이 태왕하고 정관이 쇠약할 때 재성의 생조(生助)가 없으면 고관무보(孤官無保)가 되어 파격이 된다.

- 정관격은 재생관이 되어야 하는데 財官이 너무 태과할 때는 오히려 殺이 되어 파격이 된다.
- 정관격은 관을 중심으로 財와 印星이 있어야 上格이 되는데 이때 財가 印星을 극하는 구조이면 파격이 된다.
- 정관격이 인성이 태과하여 정관을 도기하여도 파격이 된다.

2) 정관격의 중요사항

- 정관격은 형이나 충, 합, 공망 등으로 파극 되면 매사 성공하기가 어려우며 너무 신왕하거나 신약한 것도 나쁘다. 또한 격이 태약하거나 너무 태강해도 좋지 않으며 정편관이 혼잡되어도 안 된다.
- 같은 정관격이라도 四正인 子, 午, 卯, 酉가 정관이 된 것이 가장 으뜸이고 귀함이 크다.
- 정관이 간합(干合)하면 일반적으로 흉하나 일간과 합하는 것은 나쁘지는 않다.
- 정관격은 재성을 좋아하는데, 이도 적당해야지 재가 태과하여 관을 지나치게 생조하면 오히려 문제가 생긴다. 그러므로 財官格은 필히 신왕해야 한다. 신약하면 정관도 칠살과 같고 신왕하면 칠살도 정관과 같다.
- 정관격은 상관운이 되면 불길하다. 인수와 관성이 왕성한 운이 와야 발복하고 관직을 얻는다.
- 정관격이 좋아하는 것 - 신왕할 것, 재왕생관(財旺生官), 인수화관(印綬化官), 칠살과 양인이 없을 것, 정관만 일위투출(一位露官)할 것 등
- 정관격이 꺼리는 것 - 신약할 때, 정관이 형충파해 될 때

예1) 女 초라한 직업여성의 사주

壬 庚 丁 丁
午 辰 未 巳
甲 癸 壬 辛 庚 己 戊　5대운
寅 丑 子 亥 戌 酉 申

- 파격의 정관격(巳午未官方局, 혼잡, 重官의 命)

- 결혼 후 이혼. 안마시술소 전전함(하루밤에 15명의 고객도 상대함).
- 개척교회에서 봉사하며 목사와 부적절한 관계를 맺고 있음.
- 친정어머니와 불화가 심함.
- 일찌감치 학창시절부터 남자와의 인연이 많았음.

예2) 정육점을 운영하던 여자

乙 乙 丙 丙
酉 卯 申 午
己 庚 辛 壬 癸 甲 乙 5대운
丑 寅 卯 辰 巳 午 未

- 정관격이 상관견관(傷官見官)되고 정편관이 혼잡하여 탁격이 되었다.
- 巳대운에 이혼 후 유흥업소를 전전하다 업주의 남동생과 재혼하였음.
- 壬辰대운 기간 동안 정육점을 운영하며 나름 안정되게 생활했음.
- 두 번째 남편은 집장사로 돈은 잘 벌었으나 남자구실을 전혀 못했음.
- 甲午년 제발 애인을 만나 하룻밤 섹스로 맘껏 회포를 푸는 게 소원이라 함
- 辛卯대운 乙未년 다시 이혼함.

3) 정관격의 예

가) 정관격 비겁용신

예1) 법사가 된 여성

乙 庚 壬 乙
酉 子 午 卯
己 戊 丁 丙 乙 甲 癸
丑 子 亥 戌 酉 申 未

- 庚金 일간이 午月에 본기 丁火를 격으로 삼으니 정관격이다.

- 신약한 庚金을 생해줄 인성이 없으므로 시지 酉金 겁재를 억부용신으로 한다.
- 정관격이 지지에 子午沖으로 상관견관 되어 파격이 되었다.
- 정관격이 成格이 되기 위해서는 재생관이 되며 관인상생이 되어야 하는데 이 사주에서 억부용신인 겁재는 상관을 생하고 재성을 파극 하기에 격국을 成格하는데 있어 최악의 흉성이 된다. 이렇게 격국과 억부용신이 相戰하는 사주는 인생에 부침이 많이 따르게 된다.
- 사주의 주인공은 20세에 佛家에 입문하여 어설픈 법사가 된 후 작은 셋방을 얻어 포교원을 운영하고 있다. 中和를 이루지 못한 격으로 재생관(財生官)과 상관견관(傷官見官)이 교차하여 종교생활에 있어 언제나 심리적 갈등과 변동이 많음을 엿볼 수 있다.

예2) 부동산경매로 돈을 번 여자
甲 甲 辛 辛   女 5대운
辰 辰 丑 酉
己 戊 丁 丙 乙 甲 癸 壬
酉 申 未 午 巳 辰 卯 寅

- 甲木 일간이 丑月에 실령 실지 실세하여 신약하며 丑월의 중기 辛金을 격으로 삼으니 정관격이다.
- 신약한 일간 甲木을 생해줄 인성이 없으므로 시간의 甲木 겁재를 용신으로 삼는다. 水 木 火운이 길하다.
- 정관격이 극신약(極身弱)하며 중관(重官)이 되어 파격이 되었다.
- 법무사 사무실에 근무하며 부동산 경매업무를 배워 30세 이전에 일찌감치 경공매로 상당한 돈을 번 아가씨이다.
- 편중된 정관격의 특성으로 희생과 헌신의 마인드로 자기책임감은 강하나 인생을 살아가며 중관(重官)의 폐단은 피해가기가 어려울 것이다.

나) 정관격 식상용신

예1) 평범한 가정주부

己 壬 癸 丁
酉 寅 丑 酉
辛 庚 己 戊 丁 丙 乙 甲
酉 申 未 午 巳 辰 卯 寅

- 壬水가 丑月에 己土가 時上으로 투출하여 정관격이다.
- 丑月은 한랭한 계절이며, 월간의 癸水와 시지와 연지에 酉金 인성이 있고 월지와는 酉丑 金局까지 이루어 매우 한냉하고 신강하다.
- 시상 己土 정관으로 억부용신 해야 할 것 같으나 水旺節로 뿌리를 잃고 시지의 酉金에 설기되고 있으니 용신역할을 하기에 미력하다.
- 년간의 丁火 재성을 조후 용신하고 일지 寅木 식신을 희신하여 일간의 水氣를 洩氣하여 조후하고 己土 正官으로 비겁을 극제하여야 한다.
- 정관격의 사주가 년간에 재성이 투간하여 재생관이 되고 일지의 寅木 식신을 酉金 정인이 극제하여 정관격으로 成格이 되었으나 월간의 겁재가 丁癸冲을 하여 上格이 될 수는 없다.
- 초년부터 대운이 희용신인 東南方으로 향하여 가정환경이 좋은 집안에서 태어나 성장하였다. 일지가 희신이므로 성실한 공무원 남편을 만나 두 아이를 두었고 오직 가족들의 내조를 하며 평안하게 사는 여인이다.

예2) 컴퓨터프로그래머

己 己 戊 庚
巳 巳 寅 申
乙 甲 癸 壬 辛 庚 己
酉 申 未 午 巳 辰 卯

- 己土 일간이 寅月생으로 투출된 간이 없으니 정관격이며 비겁과 인성이 왕하여

신강사주가 되었다.

- 월지 寅木 관성은 기신 火를 생하고 있는 중 연지와 寅申 沖이 되어 억부용신을 하기 어렵다. 년지의 申金에 뿌리를 두고 일, 시지의 巳火에 장생지를 둔 庚金 상관으로 억부용신 하여 비겁 土를 설기(洩氣)시키는 것이 좋다.
- 정관격의 사주가 천간으로 재성이 투간하지 못하고 상관이 투출 한 중에 寅申 沖으로 상관견관 되어 전형적으로 파격이 된 사주이다.
- 庚辰, 辛巳 대운에 대학에서 컴퓨터공학과를 졸업하고 중소기업에 취직하였으나 회사가 부도나 퇴사하고 프리랜서로 일을 맡아 컴퓨터프로그램 개발을 하고 있다. 관성이 형충을 당하였으므로 印比食의 사주구조로 전형적인 프리랜서형 사주가 되었다.
- 이 사주는 상관견관 되어 破格이 되었으나 억부의 기신인 巳火 인성이 오히려 구응(求應)의 신이 되어 인생 후반에 간신히 다시 成格이 될 수 있다.

다) 정관격 재성용신

예1) 심리학과 교수

丁 丙 乙 癸
酉 寅 丑 卯

癸 壬 辛 庚 己 戊 丁 丙
酉 申 未 午 巳 辰 卯 寅

- 丙火일간이 丑月에 餘氣 癸水가 년간으로 투출하여 정관격이다.
- 丙火가 실령 하였으나 연지 卯木, 월간 乙木, 일지 寅木 시간 丁火의 세를 얻어 신강사주가 되었다.
- 사주에 인성이 많으므로 시지 酉金 정재를 억부용신 하여 월지 丑土 상관을 극제하는 인성 木을 제화시키고, 연간의 癸水 정관을 生해주어야 한다.
- 이 사주는 정관격이 천간에 乙木 인성이 잘 투간(投干)하고 시지에서 재성이 재생관을 하니 성격이 잘 된 사주로 중화를 이루어 어떠한 운을 만나도 크게 흉함이 없을 명이다.

- 사주의 주인공은 평범한 가정의 둘째 딸로 태어나 대학에서 심리학을 전공하고 戊辰대운 미국유학을 하여 박사학위를 받은 후 귀국하여 금융회사원과 결혼하고 강사생활을 하다가 모 대학의 심리학과 교수가 되었다.

예2) 육류 납품업을 하는 여자

庚 丙 甲 癸　여 3대운

寅 午 子 卯

壬 辛 庚 己 戊 丁 丙 乙

申 未 午 巳 辰 卯 寅 丑

- 丙火 일간이 子월에 출생하고 년간에 癸水가 투출하여 정관격이다.
- 丙火가 寅午 火局을 이루고 卯木, 甲木으로 신강하여 정관 癸水로 억부용신을 하고 庚金 편재로 희신하여 재생관(財生官)을 해주어야 한다.
- 정관격의 사주가 재성 庚金이 時上에 투간되어 재생관으로 成格이 된 사주이다. 그러므로 격국의 相神은 재성 庚金이고 격국의 기신은 식상 土가 된다.
- 주로 관성, 인성, 비겁으로 이루어진 직장생활형의 사주가 33세 戊辰대운부터 육류납품업을 하며 열심히 노력하였으나 격국의 기신이 되어 크게 성공을 하지 못하였다.

라) 정관격 관성용신

예1) 공무원이 된 남자

丙 甲 癸 己

寅 寅 酉 卯

乙 丙 丁 戊 己 庚 辛 壬

丑 寅 卯 辰 巳 午 未 申

- 甲木 일간이 酉月에 출생 하였는데 천간으로 투출된 지장간이 없으니 본기(本氣)를 격으로 삼아 정관격이다.

- 연, 일, 시지로 비겁의 뿌리가 강하여 신강사주다. 사주에 비겁이 태과하므로 월지 酉金으로 비겁을 제화하는 억부용신을 한다.
- 월간 癸水로 관인상생이 되었고 정재 기토가 재생관을 하니 정관격으로 성격이 되었다. 그러나 財와 印星이 서로 간섭을 받고 재생관이 아주 잘 되지는 않으므로 上格의 사주가 되지는 못한다.
- 이사주의 주인공은 초년 관성 金運에 공무원이 되었다. 월지 酉金이 癸水를 생하고 癸水는 일간 甲木을 생하며 일간 甲木은 시상의 丙火로 설기(洩氣)되니 秀氣가 流行하여 성품이 좋은 사람이다.

예2) 직업군인

辛 己 甲 戊
未 未 寅 辰
壬 辛 庚 己 戊 丁 丙 乙
戌 酉 申 未 午 巳 辰 卯

- 己土일간이 寅月에 甲木이 투출하여 정관격이다. 일주가 실령했으나 연주 戊辰과 일, 시지 비겁에 통근하여 비겁강사주로 정관이 격이자 억부용신이다.
- 정관 역시 지지에 寅木이 있고 연, 월, 일, 시 네 지지에 모두 통근하여 왕성하나 사주에 재성과 인성이 없이 시간에 辛金 식신이 투간하여 정관을 극제하므로 上格으로 成格이 되지 못하고 下格의 사주가 되었다.
- 身旺官旺한 사주로 성격이 우직하고 정직하며 융통성을 부리지 않아 규정을 중시하게 된다. 평민집안에서 차남으로 출생하여 전문대학을 졸업하고 丁巳대운에 관인상생(官印相生)이 되니 부사관 시험에 합격하여 직업군인의 길을 선택한 사람이다.

예3) 방송국 카메라 감독

己 壬 乙 癸 男 1대운
酉 申 丑 未
丙 丁 戊 己 庚 辛 壬 癸 甲

辰 巳 午 未 申 酉 戌 亥 子

- 壬水 일간이 丑月에 시간의 己土가 투출하여 정관격의 사주이다.
- 丑月에 득령하고 申, 酉金과 년간의 癸水 비겁으로 한냉하고 신강한 사주로 시간의 己土 정관을 억부용신한다.
- 정관격의 사주가 천간으로 乙木 상관이 투간 되어 파격이 될 뻔 했으나 지지의 인성이 구응(救應)의 신이 되어 파격을 면하였다. 이런 사주는 결혼을 하여 인위적으로 재성이 충족되면 재생관이 되는 이치로 결혼 후에 성가(成家)를 하게 된다.
- 용신 대운인 戌대운에 방송국에 근무 중인 아는 선배를 만나러 갔다가 우연히 아르바이트로 방송국 카메라 일을 돕다가 정규직으로 취직이 된 이후 대운이 인수와 관성운으로 흘러 평생 직장생활을 하였다.
- 인성 金운이 비록 사주가 신강하여 억부에는 흉운이나 정관격에는 成格을 시켜주는 相神운이 되니 이런 경우가 억부용신에 반해도 成格이 되어 사회성은 좋아지는 경우이다.
- 모 방송국의 카메라 감독으로 정년퇴직한 사람인데 현철한 자식을 두었다.

마) 정관격 인성용신

예1) 안정된 생활의 가정주부

辛 甲 癸 甲　女 8대운
未 申 酉 辰
乙 丙 丁 戊 己 庚 辛 壬
丑 寅 卯 辰 巳 午 未 申

- 甲木 일간이 酉월에 출생하고 時干에 辛金이 투출하니 정관격이다.
- 실령, 실지, 실세한 극신약사주로 월간 癸水 정인을 억부용신 한다.
- 정관격의 사주가 월간에 정인 癸水가 투출하여 官印相生을 이루고 지지에서 재생관이 되니 성격이 잘 된 경우이다.
- 이렇게 억부용신과 격국의 相神이 합치될 때에는 사회적 성공도와 개인의 만족도가

함께하니 길흉이 상반되는 이원적 작용이 안 일어난다.

● 위 사주의 주인공은 남편이 은행의 지점장으로 평생 집에서 조용히 살림을 잘하고 있는 사람이다.

예2) 예의바른 공무원

庚 癸 戊 甲
申 巳 辰 辰

丙 乙 甲 癸 壬 辛 庚 己
子 亥 戌 酉 申 未 午 巳

● 癸水가 辰월에 출생하였는데 월간에 戊土가 투출하여 정관격이며 신약사주로 時上의 庚金 인수를 억부용신 한다.

● 이 사주는 정관격이 년간에 甲木 상관을 보아 상관견관으로 破格이 될 뻔했으나 시간의 庚金 正印이 구응(救應)의 신으로 상관을 제화하고 관인상생(官印相生)을 하며 지지에서 정재 巳火가 財生官을 이루니 成格이 잘된 경우이다.

● 위 사람은 고등학교를 졸업한 후 공무원시험 준비를 하여 결국 자신의 꿈대로 공무원이 되었고, 대운이 희용신인 金水運으로 향하여 야간으로 대학과 대학원까지 졸업하였으며 안정된 가정생활을 하며 승진도 잘 하고 있다.

● 공부를 잘했으나 대학진학을 못했던 것은 년간에 정관격의 기신인 甲木 상관이 있어 초년에는 좋은 사회성을 못 얻게 되는 특성 때문이며, 억부용신 庚金 인성에 忌神인 火運으로 가정형편이 어려웠기 때문이다. 성품이 곧고 인정이 많으며 예의바른 사람이다.

✦ 6. 편관격

편관격은 월지 정기(正氣) 편관이 천간에 투출하면 성립한다. 정기(正氣)가 투출되지 않고 중기(中氣)나 여기(餘氣)가 투출(透出)되어도 격으로 삼을 수 있으며 투출된 지장간이 없으면 월지 정기(正氣)를 기준으로 격을 정한다.

편관격은 일간이 강왕(強旺)해야 좋다. 일간이 태약(太弱)하면 아무리 좋은 정관도 흉하고, 아무리 흉한 편관도 일간이 건왕하여 대응할 수 있으면 길할 수 있기 때문이다.

또한 편관은 칠살이라고도 하는데 편관격이 成格이 되면 칠살이라고 하지 않고 편관이라 하며 파격된 명에서만 칠살 작용을 한다.

편관격은 중화가 이루어져 있으면 정관보다 추진력이나 통솔력이 뛰어나고 그릇이 크다. 殺印相生, 合殺, 食傷制殺 등이 적당하면 살이 변하여 관으로 작용하게 되니 매우 탁월한 역량을 발휘한다.

편관격은 결단력과 지도력이 있는 동시에 수단이 좋으면서도 엄정하여 군인, 검찰, 경찰, 정치인, 의사, 형무관, 종교인 등과 같은 생살권(生殺權)을 다루는 직업이 좋다. 편관격이 成格을 이루면 성공이 빠르고 혁혁한 공을 세우는데 파격이 되면 하급 외근직이 되고 과로와 스트레스에 시달린다.

1) 편관격의 成格과 破格 요건

가) 成格

- 월지본기가 편관이거나 투간 된 자가 편관일 때 성립한다.
- 편관격은 신왕하고 편관도 旺해야 한다.
- 편관격은 식상제살이 되어야 成格이 된다. 관살이 강할 때 식상은 일주 편이 되어 보이지 않는 뿌리가 된다.
- 살중신경(殺重身輕)으로 일간이 신약할 때는 인성이 있어서 살인상생을 시켜야 성격이 된다.
- 편관격이 식신제살을 하는데 식신을 편인이 극할 때는, 편재가 구응(救應)의 신이 되어 편인을 제화하여 식신을 보호하면 成格이 된다.
- 편관격이 신약하고 식상이 태왕할 때는, 인성이 일간을 생해주며 살인상생으로 化殺을 하고 동시에 식상을 제화하면 성격(成格)이 된다.
- 양간일 경우 겁재(양인)가 합살하면 성격이 된다. 이런 경우를 양인합살(陽刃合殺)이라고 한다.
- 음간일 경우 상관이 합살하면 성격이 된다. 이 경우는 상관합살(傷官合殺)이라고 한다.

나) 破格

- 살중신경(殺重身輕)으로 신태약(身太弱)하거나, 일간이 태왕(太旺)하고 편관이 쇠약할 때는 파격이 된다.
- 편관격에 식신이 없어 제살을 못하면 편관이 殺星으로 작용하여 파격이 된다.
- 편관격이 식신제살을 하는데 편인이 식신을 파극(破剋) 해버리면 파격이 된다.
- 편관격이 재성이 태과하여 재생살이 되면 파격이 된다. 이런 경우를 재살태왕(財殺太旺)이라고 한다.
- 편관격이 인성이 태과할 때는 신왕관쇠(身旺官衰)하게 되어 파격이 된다.
- 편관격이 식상이 태과할 때는 진법무민(盡法無民)으로 파격이 된다.
- 편관격이 형충이 될 때도 파격이 된다.

2) 편관격의 중요사항

- 편관격은 일간의 강약(통근여부)이 아주 중요한 사항이다. 일간이 강하면 편관을 겁내지 않으나 일간이 약하면 상당한 피해의식과 스트레스에 시달리며 살아간다. (음간은 뿌리가 없으면 편관에 치명적이고, 양간은 음간 보다는 덜하다.)
- 편관격은 제화여부를 잘 판별하여야 한다. 편관격의 成格과 破格의 아주 중요한 판단 근거는 식신제살의 여부와 살인상생의 여부이다. 그리고 다른 십성으로 편관을 合殺하여 순화 시키는가이다.
- 재성이 편관을 생하는 구조는 주의해서 보아야 한다. 신약한데 재성이 강하고 칠살이 강할 때는 재생살이 되어 아주 위험하다. 신왕한데 재성이 있고 칠살이 약할 때는 財慈弱殺이 되어 아주 좋다.
- 편관-인성-일간으로 이어지는 살인상생(殺印相生)구조에서 재운이 들어와 인성을 극해버릴 때는 편관이 바로 일간을 극해 버리니 유심히 살펴보아야 한다.
- 식신제살(食神制殺)은 결과가 빠르나 일간이 뿌리가 없으면 사용하기 어렵다. 그리고 제살이 지나쳐서 제살태과(制殺太過)가 되어 살이 무력하게 되면 오히려 쓸모없게 된다.
- 신약한 편관격에 관살이 혼잡 되면 천격(賤格)이 되고, 남여 모두 결혼 후에 더욱 불행하게 된다.
- 사주에서 식신제살이 되고 행운에서 다시 제살하는 운이 오면 대귀하게 된다.

칠살이 하나 있고 제복이 되면 좋으나 사주에 칠살이 여럿이고 태왕하여 제복할
수 없는데 운로에서 제살하는 운이 오면 오히려 왕자충발 하여 재앙이 발생한다.
이런 때는 제복하려고 할 것이 아니요 인수로 설기하여 일주를 돕는 것이 좋다.

- 편관격이 좋아하는 것 - 신왕할 것, 식신제살(食神制殺), 인수화살(印綬化殺),
  칠살일위투출(一位露殺), 양인합살(羊刃合殺)
- 편관격이 꺼리는 것 - 신약, 관살혼잡, 재왕생살(財旺生殺)

3) 편관격의 예

가) 편관격 비겁용신

예1) 곱추가 된 사주

辛 庚 辛 庚
巳 午 巳 午
己 戊 丁 丙 乙 甲 癸 壬
丑 子 亥 戌 酉 申 未 午

- 巳月의 庚金일간이 지지에 온통 火局이 되어 종살격이 될 것 같으나 천간으로는
  모두 비겁의 세력을 이루고 있으며, 월지와 시지 巳는 庚金의 장생지가 되니
  종살격이 될 수 없다.
- 火金 相戰으로 통관용신 土가 절실하고 水로 旺火를 제살하여야 무난한데 대안이
  없으니 도리 없이 비겁을 억부용신 할 수밖에 없다.
- 지지에 관살 火가 무리를 지어있으니 편관격이 되는데 사주에 인성이 없어
  살인상생이 안되고 식상이 없어 식상제살도 못하니 파격이다.
- 이 사람은 어려서 척추염으로 곱추가 되었고 말 못하는 벙어리 부인과 결혼하여
  가난한 밑바닥 생활을 하였으나 亥대운 이후 말년에 대운이 인성과 식상으로
  흘러 운에서 成格을 이루어주니 자식들은 모두 남부럽지 않게 성공하였다.

예2) 과소비로 고생하는 여자

己 癸 壬 癸
未 巳 戌 丑
庚 己 戊 丁 丙 乙 甲 癸
午 巳 辰 卯 寅 丑 子 亥

- 癸水 일간이 戌月생으로 실령하고 사주에 온통 官殺局이 되어 극신약 하나 년지 丑중의 癸水에 통근한 비겁 壬 癸가 투간되어 종살격이 될 수 없다.
- 편관격에 비겁을 용신으로 정할 수는 있으나 이는 다른 용신이 없기에 용신을 하는 假用神이다. 金, 水, 木運은 길하고 火, 土運은 흉하다
- 월지 정관에 관살이 혼잡한데 사주에 인성이 없어 살인상생이 안되며 또한 식상이 없어 식상제살도 못하는데 지지에서 巳火가 재생살을 하니 전형적으로 파격이 된 사주이다.
- 土와 水의 相戰으로 통관용신인 金운에는 살인상생이 되고 木운은 旺土를 제살하여 무난하다. 이런 경우는 대운에 따라 인생의 기복을 극단적으로 겪게 된다.
- 위 사람은 부모님이 고위 공직자 출신인데 식당 및 여러 가지 사업에서 흥망성쇠를 겪은 후 오빠가 외국에 있어 그 도움으로 외국에서 여행사를 운영하다 망하고 현재는 국내에서 피부관리실의 원장을 하고 있는 사람이다. 결혼에 한번 실패하고 현재는 4급 공무원을 만나 癸巳년에 재혼을 하려하고 있다. 이렇게 편관격에 비겁을 용신하는 사주는 평생 일복이 터진 사주로 남자 뒷치닥거리로 고생을 하는 경우가 많다.
- 태과한 관살의 특성으로 품격과 권위를 유지하기 위하여 경제적으로 어려워도 외제차를 굴리며 명품으로 과소비를 하는 여자이다.

예3) 특수 교육학과 여교수

己 戊 甲 癸
未 子 寅 丑
壬 辛 庚 己 戊 丁 丙 乙
戌 酉 申 未 午 巳 辰 卯

- 戊土일간이 寅月에 출생하고 甲木이 투출되어 편관격이며 실령(失領), 실지(失地), 실세(失勢)하여 신약사주가 되었다.
- 투출된 인수(印綬) 火가 없으니 시지 未土에 통근(通根)한 겁재 己土를 용신하고 火運을 기다려야 한다.
- 편관격이 재생살이 되어 파격이 될 수 있다. 그러나 일간의 세도 강왕하여 대운의 흐름이 인수운을 가면 살인상생(殺印相生)으로 成格이 되고 식상운을 가면 식상제살(食傷制殺)로 성격을 이룰 수 있다.
- 초년 대운이 용신운으로 향하여 좋은 집안에서 출생하였으며 丁巳 대운에 미국에 유학하여 박사학위를 받았고 결혼까지 하였다. 戊午대운에 들자 용신 火土運이 되는 중 월지 寅木과 寅午火局을 이루어 살인상생으로 成格을 이루니 대학의 특수교육학과 교수가 된 사람이다.

나) 편관격 식상용신

예1) 대학교수가 된 씨름선수

壬 癸 己 癸
子 酉 未 卯
庚辛壬癸甲乙丙丁戊
戌亥子丑寅卯辰巳午

- 癸水일간이 未月에 己土가 투출하여 편관격이다.
- 연간 癸水 시간 壬水의 조력과 일지 酉金의 생을 받고 시지 子水에 통근하니 비겁이 강한 신강사주다.
- 己土 편관을 억부용신으로 왕한 비겁을 다스리는 것이 당연하니 초년에 재성 火대운으로 향했을 때는 재생관(財生官)이 되며 억부용신이 충족되니 씨름선수로 많은 상금과 명성을 날렸으며, 乙卯 대운에 들자 식신제살을 하여 씨름판을 떠나 대학교수가 된 사람의 사주이다.
- 신강한 편관격의 사주가 지지에서 식신제살과 살인상생구조를 이루어 成格이 잘 되었다.

- 재성운에는 억부용신 偏官이 살아나 재물과 명성을 날렸고 식상대운에는 식신제 살로 成格이 되어 교육자로서의 사회성을 갖게 된 경우로 운에 따라 용신을 쓰는 묘함이 있는 사주이다.

예2) 일진의 카리스마를 가진 여학생

庚 戊 甲 戊 　女 5대운
申 戌 寅 寅
丁 戊 己 庚 辛 壬 癸
未 申 酉 戌 亥 子 丑

- 戊土 일간이 甲寅月에 출생하여 편관격이다.
- 신약한 일간을 생해줄 인성이 없으므로 시상의 庚金으로 식신제살 하여 용신으로 삼는다. 칠살이 태과 할 때는 식신은 일주 편이 된다. 土, 金運은 길하고 水, 木, 火運은 흉하다.
- 편관이 태과하고 일주는 신약한데 식신이 제살을 해주니 성격이 잘 된 경우이다. 이렇게 成格이 된 경우 군인, 검찰, 경찰, 정치인, 운동선수, 의사, 형무관, 종교인 등과 같은 직업이 좋다. 식신제살격의 사주들은 빠르고 겁 없고 대담한 기질이 있다.
- 이 사주는 초년에 水운을 맞아 재생살이 되니 식신제살을 못하게 되어 대운에서 파격이 된 경우이다.
- 부모님 두 분이 모두 국어교사인데 육상에 대한 천부적인 재능을 부모님으로부터 인정받지 못하고 하기 싫은 공부를 강요받아 학업에 흥미를 잃고 제대로 진로선택을 못하고 있는 여학생이다.

예3) 식신제살격의 사례

丙 甲 庚 庚
寅 戌 辰 申
丁 丙 乙 甲 癸 壬 辛
亥 戌 酉 申 未 午 巳

- 甲木이 辰月의 여기(餘氣) 乙木에 통근하였고 시지 寅木에 녹(祿)을 두어 건왕하다.
- 년월간에 庚金 편관이 지지 申辰戌에 나란히 통근하고 있어 편관격이다. 강력한 편관이 甲木 일간을 극하고 있는 중 인수가 없으니 시상의 丙火로 제살(制殺)해야 한다.
- 시상의 식신 丙火가 시지의 寅木 장생지(長生地)에서 투출되어 충분히 관살을 억제하고 일간을 보호할 수 있으니 식신제살격으로 成格이 잘 되었다.
- 식상제살격은 사주내에 官殺이 旺하고 일간이 太弱하지 않을 경우 印星이 없거나 있어도 무기력하면 食傷으로 관살을 제압하여 일간을 보호토록 하는 것을 말한다.
- 식상제살격은 자신의 희생과 노력으로 세상을 살아가야하며 재능을 이용하거나 후배나 부하 자식의 덕으로 세상을 살아가야 한다. 군, 검, 경, 의약업, 종교인 등이 많고 연설, 강연, 설득력 등이 우수하고 새로운 변혁을 만들어 내는 재주가 있다.
- 이 격에 만약 비겁이 약한데 인수운이 오면 식신용신을 극하니 나쁘다. 만약 사주원국에 인수가 있으면 살중용인격으로 먼저 인수를 쓰고 인수가 없으면 신약함에도 불구하고 식상을 용신하는 것이다.

예4) 두 번 이혼하고 고생스럽게 혼자 사는 남자

己 丙 壬 壬
丑 申 子 子

己 戊 丁 丙 乙 甲 癸
未 午 巳 辰 卯 寅 丑

- 丙火 일간이 子月에 년, 월간에 편관 壬水가 투출하고 申子에 통근되어 丙火 일간을 충극하니 殺이 강한 사주이므로 제살을 해야 한다.
- 시간의 己土로 관살을 억제하니 상관제살격이 되나 일간 丙火의 뿌리가 없고 일지의 申金이 상관의 기를 설기하여 칠살을 도우니 제살을 하기에 미력하여 천격(賤格)이 된다.
- 소규모의 건설 회사를 다니며 입찰브로커 업무를 보다가 37세 辰대운에 한 번 이혼했다가 다시 재혼한 부인과 41세 壬辰년에 폭압적 언행으로 또 다시 이혼을

하고 고향으로 내려가 42세 丁巳대운에 형제가 운영하는 회사에 의탁한 사람이다.

다) 편관격 재성용신

예1) 문구점 운영

己 癸 丁 甲
未 酉 丑 子
甲 癸 壬 辛 庚 己 戊
申 未 午 巳 辰 卯 寅

- 癸水 일간이 丑월에 己土가 시간으로 투출하여 편관격이다.
- 丑月생이 연지 子水와 일지 편인 酉金의 세력을 얻어 신강하다.
- 월간 丁火 편재를 조후용신하고 甲木으로 丁火를 생조하고 己未토로 水氣를 막아서 돕는다. 그러나 용신 丁火와 갑목이 지지에 통근을 하지 못하여 그 세력이 너무 약하니 큰일을 하기에는 부족함이 있다.
- 편관격이 甲木 상관으로 식상제살을 하려하나 丁火 편재가 투간하여 재생살로 파격이 될 뻔 했으나 일지에서 酉丑金局을 이루어 살인상생을 하니 다행히 파격을 면한 경우이다.
- 이렇게 격이 成格을 잘 이루지 못하여 격국의 상신을 쓰지 못하고 억부용신을 쓰는 사주들은 사회성이 뒤떨어지며 일신의 이익을 위한 사적인 삶을 살게 된다.
- 이 사람은 동남방 木火 조후용신 대운으로 흘러 가정을 꾸리고 자녀를 키우면서 학교 앞에서 문구점을 하며 안일하게 살았으나 申대운 기신운에 이르자 金剋木으로 희신을 극제하며 申子合水로 水局을 이룬 후 水剋火를 하니 심장마비로 세상을 떠났다.

예2) 재자약살격의 사주

壬 癸 癸 庚　남 9대운
子 亥 未 午
己 戊 丁 丙 乙 甲

丑 子 亥 戌 酉 申

- 癸水 일간이 未月에 태어나 실령 하였으나 년간의 庚金과 일지의 亥水 시주의 壬子水 비겁으로 신강한 사주이다.
- 비겁으로 신강 하므로 未土 편관을 억부용신(抑扶用神)하고 재성 午火를 조후용신(調候用神) 및 희신(喜神)으로 한다.
- 癸水 일간이 未월에 출생하였는데 천간으로 투출된 干이 없으니 본기(本氣) 편관으로 격을 잡아 편관격이다.
- 년지 午火가 약한 관성을 생조(生助)하여 주므로 재와 살이 서로 상부상조하는 재자약살격(財慈弱殺格)이 되었다.
- 재자약살격은 사주 내에서 용신이 된 관살이 약할 때 재성이 관성을 생하여주고, 반면에 관살을 돕는 재성이 비겁으로부터 극을 당할 때 관살이 비겁을 극제하여 재성을 보호하는 사주유형을 말한다. 이 격은 식상은 약한 관살을 극하기 때문에 식상이 없어야 좋다. 이 격은 보편적으로 남자는 처덕과 자식덕이 좋고 여자는 남편 덕과 재물 복이 무난하다.

예3) 적천수 재자약살격(財滋弱殺格) 사례

庚 庚 丙 己
辰 申 寅 酉

庚 辛 壬 癸 甲 乙
申 酉 戌 亥 子 丑

- 庚金 일간이 寅月에 태어나 金의 기운이 쇠약할 때지만 庚申일주가 년주의 己酉와 시주의 庚辰 인성과 비겁의 세력을 얻어 신강한 사주이다.
- 월지의 寅木은 어리고 金은 견고하니 편관 丙火가 보호하지 않으면 寅木은 비겁에 파극(波剋)될 것이고, 丙火 또한 寅木 재성을 根으로 生火할 수 있으므로 재관(財官)이 서로 상부상조(相扶相助)하는 격이다.
- 이 명조는 甲대운에서 寅을 보강하여 만사태평 하였고 子운에서는 申子辰 수국(水局)을 이루어 木을 생하니 최대 번성기를 맞이했다. 癸亥 대운은 丙火를 극하나 寅

木을 생조(生助)하고 있어 학업에 정진하였고 戌 대운에는 금기(金氣)를 왕성하게 하는 형국으로 형액(刑厄)을 당했으며 辛酉 대운에서 命을 다하였다.(적천수)

라) 편관격 관성용신

예1) 산부인과 전문의

丙 丁 乙 癸
午 卯 丑 巳
戊 己 庚 辛 壬 癸 甲　8대운
午 未 申 酉 戌 亥 子

- 丁火 일간이 丑月에 여기 癸水가 연간으로 투출하여 편관격이다.
- 사주에 인수와 비겁 火가 旺하여 신강사주가 되니 연간의 癸水 편관으로 억부용신하여 비겁을 다스려야 한다.
- 편관격의 신강한 사주가 천간에서 살인상생이 되니 成格을 이루었다.
- 甲子, 癸亥 용신대운으로 향하여 서울대 의과대학을 졸업하고 산부인과 전문의가 되었다. 辛酉대운에 산부인과를 개업하여 크게 富를 이룬 사람이다.
- 연간부터 관인상생이 되고 월지 식신 丑土에 辛金 편재가 암장되어 있으며 巳丑으로 財局의 妙用이 있는 사주다.

예2) 보건행정업무를 보는 여자

辛 癸 己 庚　女 5대운
酉 丑 丑 子
辛 壬 癸 甲 乙 丙 丁 戊
巳 午 未 申 酉 戌 亥 子

- 癸水 일간이 丑月에 己土가 투출하여 편관격이다.
- 丑월에 지지에서 酉丑金局과 子丑合水로 한냉하여 월간의 己土 편관으로 억부용신을 하는데 용신을 도와줄 희신이 없으므로 인덕이 없는 사주이다.

- 편관격이 살인상생은 되었으나 쇠약한 편관을 생해줄 재성이 없이 전체적으로 사주가 한습하여 上格이 될 수 없다.
- 의정부 모병원에서 보건행정업무를 보았는데, 인성과 비겁이 태과한 사주에 財星이 官을 생해주지를 못하니 官이 설기되어 무력해지므로 남편이 외도를 하고 가출하여 떠났다.
- 이렇게 한습하고 조후에 문제가 있는 사주들은 인생을 살아가며 고독하고 외롭고 슬픈 일들이 많이 생기며 체감 행복지수가 상대적으로 떨어지게 된다.

마) 편관격 인수용신

예1) 직업학과를 세운 女 교수

甲 丁 癸 丁
辰 未 丑 亥
庚 己 戊 丁 丙 乙 甲　4대운
申 未 午 巳 辰 卯 寅

- 丁火일간이 丑月에 출생하여 여기 癸水가 월간으로 투출하여 편관격이 된다.
- 丁火 일간이 일지 未土에 통근 했으나 신약하여 시간의 甲木 정인을 억부용신한다. 연간의 비견 丁火는 조후용신으로 좋은 작용을 하고 있다.
- 편관격의 신약한 사주가 시간에 甲木이 살인상생(殺印相生)으로 상조(相助)하여 成格이 잘된 사주이다. 이러한 사주는 항상 매사에 어려움이 없으며 사회성과 개인의 만족을 동시에 성취할 수 있다.
- 초년 甲寅, 乙卯 용신대운에 좋은 집안에서 성장하였고 명문대학에서 심리학을 전공하였으며 24세 丙辰 대운에 결혼하고 정부 기관에 근무하다가 44세 戊午대운 박사를 받고 대학교수가 되었다. 64세 庚申대운에 용신 甲木을 극하며 재생살이 되니 壬辰년을 끝으로 정년퇴직을 하게 되었다.
- 지지에 식상이 왕성하여 개발하는 심리를 소유, 직업학과라는 새로운 학문을 한국사회에 세운 사람이다.

예2) 서예와 명리학을 공부하는 여자

庚 丁 癸 癸　女
戌 卯 亥 卯
庚 己 戊 丁 丙 乙 甲　6대운
午 巳 辰 卯 寅 丑 子

- 丁火 일간이 亥月에 癸水가 투간하여 편관격이다.
- 칠살이 중중하여 신약하므로 일지의 卯木 편인으로 칠살을 설기하여 일간을 생조하는 억부용신으로 함이 가장 좋다.
- 편관격의 사주가 시간에 庚金 재성이 투간하여 재생살이 되니 파격이 된 사주인데 지지의 卯木이 구응(救應)의 신이 되어 살인상생을 하니 묘하게 破格을 면한 경우다.
- 이렇게 천간에는 흉성들만 重重한데 지지에 희용신이 있는 사주들은 대외적인 사회성은 떨어지나 내적인 사생활은 풍요로운 경우가 많다.
- 남편과 일찌감치 이별하고 자식을 혼자 키우고 살았으나 경제적인 어려움이 없이 명리학을 열심히 공부하며 서예를 익히고 있는 사람의 사주이다.

예3) 살중용인격의 고등학교 국어교사

丁 己 甲 癸
卯 卯 寅 卯
丙 丁 戊 己 庚 辛 壬 癸　1대운
午 未 申 酉 戌 亥 子 丑

- 己土일간이 寅月생으로 월간에 甲木이 투출하여 정관격인데 年, 日, 時의 지지가 모두 卯木으로 관살이 태왕하여 일간이 극신약 하다.
- 시상의 丁火가 태왕한 관성의 기를 유출하여 일간을 돕는 억부용신이 된다. 이런 사주를 살중용인격(殺重用印格)이라 한다.
- 태과한 관살이 癸水의 생을 받아 財生殺이 되어 파격이 될 뻔 했으나 시간의 丁火가 살인상생을 하니 어렵게 成格을 하였다.

- 사주의 주인공은 고등학교 국어교사가 되어 재직 중인데 水 대운은 관성 木이 통관을 하여 용신 丁火를 범하지 못하였으나 金대운에 들자 旺木을 沖하여 예상치 못했던 금전손실 등의 어려움이 있었다.

예4) 명리학을 공부한 목사님

甲 戊 甲 癸
寅 午 子 未
壬 辛 庚 己 戊 丁 丙 乙　女 4대운
申 未 午 巳 辰 卯 寅 丑

- 戊土 일간이 甲子월 甲寅시에 출생하여 칠살이 重重한 신약사주이다.
- 다행히 일지에 午火가 寅午合으로 살의 기세를 유출시켜 戊土 일간을 돕게 되었으니 살중용인격으로 유정하게 되었다.
- 54세 庚대운에 남편과 사별을 한 후 목사님이 된 분으로 필자에게 한동안 명리학을 배운 적이 있다. 午火 인수용신, 未土 희신이다.

예5) 살중용인격의 귀격의 여성

甲 丙 壬 壬
午 戌 子 寅
乙 丙 丁 戊 己 庚 辛
巳 午 未 申 酉 戌 亥

- 丙火 일간이 子月에 壬水가 투출하여 편관격이다.
- 실령 실지 실세하여 신약하므로 시간 甲木 편인으로 억부용신 한다.
- 월간의 壬水 편관은 金의 生이 없으니 재생살이 되지 않고 지지에 寅午戌 삼합 火局을 이루며 시상의 甲木 편인이 투출되어 壬水를 살인상생 시키니 身旺官旺으로 成格이 아주 잘 된 사주이다.
- 이 사주는 음양이 中和를 이루었고 氣가 淸하여 일생동안 큰 어려움이 없을 명이다. 이 여인은 직장에서 만난 남자와 일찍 결혼하여 슬하에 두 자녀를 두고

정숙한 부인으로 남부럽지 않게 잘살고 있는 여성이다.

바) 합살류관격(合官留殺格)

정관과 편관이 투간되어 관살혼잡을 이루었어도 다른 육신이 편관을 干合하여 작용을 못하게 하면 정관만 남게 되니 이를 합살류관(合殺留官)이라고 한다. 또한 정관과 칠살이 투간된 관살혼잡의 명에서 정관이 합거되고 편관만 남게 되면 合官留殺이라고 하며 관살이 혼잡된 중 정관을 충거하게 되면 去官留殺이라고 하고 관살이 혼잡된 중 편관을 충거하게 되면 去殺留官이라고 한다. 이것은 모두 육신에 따라 명칭만 다를 뿐 같은 유형의 사주를 말한다.

예1) 공직자로 정년퇴직한 사람

癸 丁 壬 丁
卯 酉 寅 亥
甲 乙 丙 丁 戊 己 庚 辛
午 未 申 酉 戌 亥 子 丑

- 丁火일간이 寅月에 투출된 干이 없으므로 정인격이다.
- 월지 寅木에 득령하고 시지의 卯木 편인과 연간의 비견 丁火의 세를 얻어 신강하다.
- 관성을 억부용신 해야 하나 월, 시간으로 정관과 편관 壬 癸가 같이 있으니 관살 혼잡이 되었다. 그러나 月干의 壬水 정관과 연간의 丁火가 합이 되어 합관류살이 되니 시간의 癸水 편관이 유력한 용신이 되어 사주가 청해졌다. 대운이 서북방으로 흘러 공직에 몸담아 정년퇴직을 하였다.

예2) 합살류관의 명

癸 丙 壬 丁 女 1대운
巳 申 寅 亥
戊 丁 丙 乙 甲 癸
申 未 午 巳 辰 卯

- 丙火 일간이 寅月에 투출한 干이 없으므로 편인격이다.
- 丙火 일간이 월간에 편관 壬水가 있고 시상에 정관 癸水가 있으므로 관살혼잡의 명이다. 그러나 월간의 壬水를 년간의 丁火가 합거(合去)하므로 관살의 작용을 하지 않게 되고 시간의 癸水 정관만 일지 申金의 생을 받아 남으니 사주가 깨끗해지고 용신이 건왕(建旺)해졌다.

사) 관살혼잡격(官殺混雜格)

사주에 정관과 편관이 같이 투간하여 있는 경우를 관살혼잡격이라 한다. 일반적으로 관살이 혼잡된 사주의 명은 격을 낮게 평가하거나 천한 명으로 보기 마련인데 관살이 혼잡 되었어도 살이 약하며 化殺이 잘되어 일간을 도우면 귀한 명을 살게 된다.

예1) 化殺이 잘된 사주

癸 丙 壬 壬
巳 寅 子 辰

庚 己 戊 丁 丙 乙 甲 癸
申 未 午 巳 辰 卯 寅 丑

- 丙火 일간이 천간에 壬, 壬, 癸로 관살이 혼잡 되어 흉한 명으로 보인다.
- 그러나 丙火는 일지에 寅木 장생지를 두고 시지 巳火에 녹근(祿根)하여 관성을 충분하게 대적하고 있다. 사주 내에 편관을 돕는 金이 없고 왕한 官殺을 설기하여 일간을 돕는 寅木 인수를 용신으로 쓰니 관살의 세력이 강하여도 두렵지 않다.
- 편관격이 관살혼잡 되어 있을 때 오직 하나의 인수로 化殺하여 일간을 잘 생하고 있을 경우 관살혼잡의 폐단이 안 나타나는 경우가 많다. 그러나 정관격이 관살 혼잡이 되었을 때는 그 폐단이 크게 나타난다.

예2) 직업안정을 못 이루는 남자

己 辛 丙 丁　　男 6대운
亥 亥 午 巳

戊己庚辛壬癸甲乙
戌亥子丑寅卯辰巳

- 辛金 일간이 천간에 丙, 丁火로 관살혼잡이 되고 일, 시지의 亥水로 극설이 교가하여 흉한 명이다.
- 그러나 억부용신 己土가 지지의 巳, 午火에 통근하여 일간과 유정하게 돕고 있는 것 같으나 상관을 제압하여 상관제살을 하지 못하니 파격이 되었다.
- 사주 내에 관살을 돕는 木이 없고 왕한 殺을 설기하여 일간을 돕는 己土 편인을 억부용신으로 쓰니 살중용인격이 되었다.
- 경영학과를 졸업하고 26세~30세 사이에 사법고시에 낙방한 후 31세~34세 사이에는 국회의원 보좌관을 하다 36세~37세 사이는 수학학원 사업에 실패한 후 직업의 안정을 못 이루고 있는 사람이다.

아) 제살태과격(制殺太過格)

사주에 식상이 태왕하여 관살을 과중하게 극하는 사주를 제살태과격(制殺太過格)이라 한다. 제살태과 사주는 식상이 병(病)이고 인수가 약(藥)이다 약한 인수를 생조하는 관살의 입장에서 식상운을 만나면 살이 극제 되기 때문에 큰 재앙이 따르게 된다. 인수운이 최고 길운이다.

예1) 고전의 사례
壬 丙 戊 辛
辰 辰 戌 卯
庚辛壬癸甲乙丙丁
寅卯辰巳午未申酉

- 네 개의 식신이 하나의 편관을 극하는 사주로 제살태과가 되었다.
- 년지 卯木이 있으나 辛金에 개두되었고 묘술합으로 묶여 旺土를 극제하여 壬水를 보호하기 어렵게 되었다. 丙申운에 재물을 주고 작은 벼슬을 얻을 수 있었으나 사주원명이 제살이 태과한 탓으로 午대운에서 火가 왕하고 土가 강해지게 되어

많은 고초가 따랐다.

예2) 제살태과의 사례

壬 丙 戊 辛
辰 戌 戌 卯
庚 辛 壬 癸 甲 乙 丙 丁
寅 卯 辰 巳 午 未 申 酉

시간에 있는 壬水 官殺을 네 개의 식상이 극제하고 있으므로 제살태과가 되었다. 年支의 卯木으로 용신을 하나 辛金에 개두 되었고 卯戌合으로 묶여 기반(羈絆)되어 旺土를 극제하여 壬水를 보호하기 어렵게 되었다.

자) 시상일위귀격(時上一位貴格)

예1) 문화재단 이사장의 사주

甲 戊 己 己 男
寅 戌 巳 亥
辛 壬 癸 甲 乙 丙 戊   3대운
酉 戌 亥 子 丑 寅 卯 辰

- 戊土 일간이 비겁이 많아 신강하다
- 시상의 甲木이 一位의 편관으로 旺한 土를 제하는 용신이 되는데 이런 경우를 시상일위귀격이(時上一位貴格)라 칭한다.
- 월지 巳火로 편인격이 되는데 신강한 편인격에 관성이 투간 한데다가 년지의 亥水가 편인을 제화시켜 주므로 成格이 매우 잘된 上格의 사주이다.
- 이런 사주는 귀함이 따라 고위직의 공직자나 정치인의 사주가 많다. 모 문화재단 이사장을 맞고 있는 서예교수의 사주이다.

예2) 사례

甲 戊 己 癸
寅 戌 未 亥
辛 壬 癸 甲 乙 丙 丁 戊   3대운
亥 子 丑 寅 卯 辰 巳 午

- 戊土 일간이 비겁이 왕하여 신강사주이다. 시상의 甲木 편관으로 왕한 土를 극제하는 용신을 한다.
- 時上으로 혼잡되지 않은 관성이 일위가 투출되어 용신작용을 하니 시상일위편관격(時上一位偏官格)이라 한다. 오직 시상으로 관살이 하나 투출되어 사주에 귀하게 쓰임이 좋은 작용을 한다.
- 이런 사주는 귀함이 따라 여성도 품격 있는 삶을 살게 되며, 직업으로는 고위직의 공직자나 군, 정치계 등이 좋다.

✦ 7. 정인격

정인격은 월지의 정기(正氣) 중기(中氣), 여기(餘氣) 중에서 정인이 천간으로 투출(透出)하면 성립이 되고 월지 지장간이 천간으로 전혀 투출 되지 못하였을 시에는 월지 본기가 정인이면 성립이 된다. 정인격은 나를 생해주는 오행으로부터 성립되어지니 대부분 신강하여 관성을 기뻐하는데 반대로 신약하게 되면 비견이나 인수를 얻어서 중화를 이루어야 사주가 좋아진다.

정인격(正印格)은 건왕(健旺)해야 발전하는데 약한 인수를 극하는 재성이 있더라도 중간에 관성이 있으면 관성은 재를 설기하여 인수를 돕기 때문에 재생관(財生官) 관생인(官生印)하여 명조가 길하게 된다.

정인(正印)은 나를 생하여주니 최고의 길성이라 하나 정인도 태과(太過)하면 도리어 병이 되니 이때는 정인을 극제(剋制)하는 재성(財星)이 오히려 희신(喜神)이 되기도 한다. 정인격(正印格)이 成格이 잘되어 있으면 부모덕이 있고 가정교육이 잘 되어 타의 모범이 되고 착하고 인품이 준수하다.

1) 정인격의 成格과 破格 요건

가) 成格

- 정인격은 월지본기가 정인이거나 지장간에서 투간된 字가 정인일 때 성립한다.
- 정인격이 일간이 강하고 인수가 약할 때는 官이 있으면 成格 된다. 관성은 재성을 설기하여 정인과 재성의 통관 역할을 하므로 정인격은 관성을 상신으로 한다.
- 정인격이 신인양왕(身印兩旺)으로 신강하고 인성도 강할때는, 식상이 있으면 전문가 형으로 成格한다.
- 정인격도 인성이 태과할 때는 오히려 인성을 제화하는 재성이 있어야 成格 된다.
- 정인격이 재성을 만나면 파격이 되는데, 이때 겁재가 구응의 신이 되어 재성을 극제하면 다시 成格 한다. 그러나 이런 경우는 귀격이 될 수는 없다.
- 정인격이 재성을 만나 파격이 되는데, 이때 재성이 합거(合去)되면 成格된다.

나) 破格

- 정인격이 일간은 강하고 정인은 약할 때 財를 만나면 파격이 된다. 그러므로 정인격은 관성의 유무를 보고 난 후에 재성(격국기신)의 동태를 살펴야 한다.
- 정인격이 식상이 투출하여 설기하는데 이때 재성까지 투출하면 파격이 된다.
- 정인격이 칠살이 투출하여 정인을 생하고 있는데 이 때 재까지 투출하면 파격이 된다.

2) 정인격의 중요사항

- 정인과 관성은 相助하는 관계로 함께 붙어 있을수록 좋다. 정인은 학력과 자격 증이고 관성은 직책과 자리이니 서로의 능력을 보호해 준다.(官印相助)
- 정관에 정인의 구조는 원리원칙, 보수적, 합법적, 합리적인데 반해 명예와 명분을 따지니 고리타분하고 실속은 적다.
- 편관에 정인의 구조는 어디 가서라도 살 수 있는 적응력과 순간 판단력과 지혜가 있다. 그러기에 매우 영리하고 현실감각이 뛰어나다.
- 정인은 상관을 극제하여 상관패인을 시켜주니 아주 좋다. 상관은 정인을 만나면 자신이 갖고 있는 능력과 지식을 잘 표현하며 아주 좋게 작용한다. 그런데 이때 인성이 너무 과다하여 상관을 도식하면 활동력, 생산력이 떨어지고 답답할 수

있다.

- 일간이 태약하지 않는 한 정인이라도 지나치게 왕하면 좋지 않다. 정인격은 월지를 중심으로 성격되어야 하고 관인상생과 재생관이 되어야 상격이 된다.

- 관살이 혼잡하거나 태과한 사주는 흉성인 정인이 탁해져서 기고만장한 성격이 되며, 좋은 명이 될 수 없다. 이때 식상이 있어 관살 중 어느 하나를 제거해 주면 청하게 되어 양호한 격을 갖추게 된다.

- 정인격은 형충이나 공망 등 파극 됨을 싫어하며 干合이 되는 것도 꺼리는데, 간합된 정인은 귀기가 없어지고 흉으로 변할 수도 있다.

- 인수격(印綬格)은 財와의 관계가 적당해야 하는데 잘못되면 탐재괴인(貪財壞印)으로 갓 쓰고 장사하는 꼴이 되어 사람도 볼품없고 사업도 성공하기 어렵다.

- 정인격은 재를 두려워하나 사주에 또는 행운에서 정관을 보면 귀가 되고 복이 된다. 관성이나 칠살은 정인을 생해주니 기뻐하는 것이고 재성은 정인을 파괴하니 꺼리는 것이다.

- 인수격은 재가 많아 왕성하면 반드시 막히는 일이 많으며 인수가 사절지로 행하는 운로를 가장 꺼린다. 대운이 재성운이 되어 인수를 파괴하면 파가하고 집을 떠나며 사절지에 대운이 임하면 실직을 하지 않으면 요절한다.

3) 정인격의 예

가) 정인격 비겁용신

예1) 세탁업 사장

戊 甲 戊 乙
辰 辰 子 未
庚 辛 壬 癸 甲 乙 丙 丁
辰 巳 午 未 申 酉 戌 亥

- 甲木일간이 子月 생으로 월지 본기를 격으로 하니 정인격이며 재성이 태과하여 子水를 극하고 있으니 신약사주가 되었다.

- 연간의 乙木 겁재를 억부용신으로 재성을 다스려야 한다.

- 정인격에 관성이 없어 관인상생이 안되고, 태과한 재성이 인성을 극하니 파격이 되었다.
- 탐재괴인으로 파격된 인수격이 겁재를 구응의 신으로 하여 태과한 財를 제화하여 간신히 成格을 하는데 下格이 된다.
- 丙戌대운에 대학진학에 실패하였는데 乙酉, 甲申대운에 천간은 木으로 억부용신 운이며 지지의 申, 酉 金 이 相神이 되어 旺土를 설기하여 子水를 생하니 관인 상생으로 대운에서 성격을 시켜주어 세탁업으로 김포공항의 하청까지 맡아하며 재물을 모았다. 癸未 인수대운에 변두리에 건물을 짓고 임대수입을 올리는 안정 된 사람이다.
- 비록 재다신약 사주로 인수격이 成格이 잘되지 못하여 사회성은 떨어지더라도 甲 木 일간과 乙木 억부용신이 四地支에 통근하고 억부용신을 극하는 기신이 없으니 희용신운에는 발복하여 재물운은 좋은 사람이다.

예2) 탐재괴인 된 천격(賤格)의 사주

丁 丙 辛 辛　男 4대운
酉 申 卯 酉
癸 甲 乙 丙 丁 戊 己 庚　3대운
未 申 酉 戌 亥 子 丑 寅

- 丙火 일간이 卯月생으로 인수격이다.
- 卯月에 득령하였으나 사주에 金오행이 무리를 지어 卯木 인수를 극하여 旺한 金이 病이 되는 사주가 되었다.
- 시상 丁火를 병약용신하여 왕한 金을 극제 해야 하나 일간과 용신 모두 지지에 뿌리가 없어 미력하기 그지없다.
- 인수격의 사주가 관성이 없어 관인상생이 안되고 거기에 더하여 탐재괴인이 되어 파격(破格)이 되어버린 천격(賤格)의 사주이다.
- 평생을 결혼도 못하고 공장을 하는 형제에 의탁하여 사는 사람이다.

나) 정인격 식상용신

예1) 생명공학자

丙 乙 壬 壬
戌 未 子 辰
己 戊 丁 丙 乙 甲 癸
未 午 巳 辰 卯 寅 丑

- 乙木일간이 子月에 壬水가 월간으로 투출하여 정인격이다.
- 시상의 丙火 상관을 억부 및 조후용신으로 하는데 정인격이 상관으로 설기를 하는 사주이니 두뇌가 비상한 전문가 사주이다.
- 인성이 과다하여 편인이 되므로 재성으로 인수를 다스리고 상관으로 설기하여 억부 및 조후를 해결하여 成格이 된 경우이다. 이 사주는 사주에 관성 金이 없어 관인상생이 안되어 항상 부족함이 따르나 오히려 관(官)이 있었다면 기신인 水를 생해주니 차라리 없는 것이 좋을 수 있다.
- 인수와 상관으로 연구직인 교수의 직업은 천부적으로 타고난 적성이다. 줄기세포 연구로 커다란 관직을 얻었으나 甲申 乙酉 세운에 甲木과 乙木이 相神인 土를 극하고 申金과 酉金이 土의 기운을 설기하여 태과한 편인을 생하니 논문위조가 문제가 되어 일시적으로 破格이 되고 퇴직 당했다. 丙戌年에 다시 成格이 되니 사법처리를 면했고 새로운 후원단체가 제공한 모처의 연구실에서 연구 활동을 재개하였다고 한다.

예2) 국어교사

丙 乙 辛 壬
戌 亥 亥 寅
己 戊 丁 丙 乙 甲 癸 壬 8대운
未 午 巳 辰 卯 寅 丑 子

- 乙木 일간이 亥月에 득령, 득지, 득세하고 년간으로 壬水가 투출하여 매우 신강한 인수격이 되었다.
- 辛金은 水多金沈 되어 용신을 할 수 없으며 조후와 억부상으로 시간의 丙火가 용신이 된다.
- 인수격의 사주가 관성이 투출하고 시지에서 재성인 戊土가 태과한 인수를 제화를 해주므로 成格이 되었다. 그러나 이 사주는 인성이 너무 태과하고 한랭한데 辛金 관성은 기신인 水를 더욱 생하며 丙辛合으로 조후용신 火를 잡고 있으며 년지의 겁재가 寅亥合木하여 相神인 戊土를 극제 하고 있으니 사주의 구조상 上格이 될 수는 없다.
- 35세 이혼 후 딸을 키우며 지방에서 혼자 살고 있는 국어교사의 사주이다.

다) 정인격 재성용신

예1) 면세점 책임자

己 乙 壬 丁
卯 丑 子 未
乙 丙 丁 戊 己 庚 辛
巳 午 未 申 酉 戌 亥

- 乙木 일간이 壬子月에 出生하여 정인격인데 득령하고 시지 卯木의 세까지 얻어 신강하다.
- 겨울의 乙木이 년간의 丁火가 필요한 용신이나 丁壬合으로 묶여 쓰지 못하고 연지 未土와 일지 丑土에 뿌리를 둔 편재 己土를 억부용신 한다.
- 이 사주는 정인격이 丁壬合으로 합거되고 지지에서 財剋印을 당하여 정인격 으로서는 破格이 된 경우이다.
- 억부용신과 격국이 상전하는 구조이므로 대운에서 成格을 시켜 줄 때는 사회성이 좋아지고 억부용신운에는 사회성은 떨어지고 개인적인 만족도는 높아진다.
- 인수격으로 예의가 바르고 책임감이 강한데, 국내 유명 면세점의 책임자로 근무 하고 있다.

- 인수격이 재성이 인수를 극하여 흉하다고 볼 수 있으나 강한 인성을 제화시키는 작용으로 사고의 전환이 빠르고 영리함이 나타나므로 사회생활에 두각을 보인다.

예2) 피겨스케이팅 선수

壬 癸 甲 庚
戌 酉 申 午
丙 丁 戊 己 庚 辛 壬 癸   여 9대운
子 丑 寅 卯 辰 巳 午 未

- 癸水 일간이 申月에 출생하였는데 년간으로 庚金이 투출하여 인수격이다.
- 일지 酉金 시간 壬水의 세력까지 얻어 신강한 癸水에게 필요한 용신은 억부와 조후 상으로 년지의 午火가 용신이다.
- 신강한 인수격이 년지의 午火가 相神으로 成格이 되었는데 대운에서 일생 火木土의 운을 가며 사주를 도와주니 최상의 사회적 성공과 금전적 풍요를 누릴 수 있다.
- 壬午대운 庚寅년에 동계올림픽 금메달에 빛나는 피겨스케이팅 선수의 사주이다.

라) 정인격 관성용신

예1) 공무원을 지낸 남자

乙 庚 丁 己
酉 申 丑 卯
己 庚 辛 壬 癸 甲 乙 丙
巳 午 未 申 酉 戌 亥 子

- 庚金 일간이 丑월에 정기 己土가 연간으로 투출했으니 정인격이다.
- 인수로 득령한 庚金 일간이 일지 申金, 시지 酉金 비겁에 득지, 득세하여 매우 신강한 사주다.
- 월간의 정관 丁火를 조후 및 억부용신하여 한랭함을 녹이고 일간 庚金을 제련하여야 한다. 丁火를 생해주는 연지 卯木이 희신이다.

- 인수격의 사주가 월간에서 관인상생(官印相生)하고 천간과 지지에서 재생관(財生官)을 하므로 成格이 잘 되었다.
- 초년 甲, 乙 木대운에 丁火 용신이 힘을 얻어 공무원이 되었으나 癸酉, 壬申 기신운에 승진을 못하고 가정적으로도 어렵게 지내다가 이후 남방 火운을 만나자 두루 형편이 나아졌으며 정년퇴직을 할 수 있었다.

예2) 뇌경색 환자

壬 戊 甲 辛
戌 子 午 丑
辛 庚 己 戊 丁 丙 乙　女 4대운
丑 子 亥 戌 酉 申 未

- 戊土 일간이 午월에 출생하여 정인격이다.
- 午월에 지지의 丑戌土 비겁으로 신강하다. 월간의 甲木 편관으로 용신하며 水로 희신 한다.
- 정인격의 사주가 甲木 관성이 투출하여 成格이 된다. 그러나 상관 辛金이 년간에서 官을 극제하며 재성 壬子 水가 천간지지에서 정인을 충극하는 구조를 가지고 있어 下格의 사주가 된다.
- 34세 戊戌대운에 고생을 하고 44세 이후 己亥대운을 맞아 가정적으로 안정을 이루고 사는 사람이다. 그러나 辛卯년을 지나며 뇌경색으로 건강에 이상이 생겨 고생을 하고 있다.

마) 정인격 인수용신

예1) 교육대학원에 진학한 여학생

戊 丙 己 庚
戌 戌 卯 午
壬 癸 甲 乙 丙 丁 戊　女 5대운
申 酉 戌 亥 子 丑 寅

- 丙火 일간이 卯月에 생하여 인수격이다.
- 비록 득령은 하였으나 실지 실세하여 신약한 사주가 되어 월지 정인으로 태과한 식상을 제화하고 일간을 도와야 하니 卯木 정인이 용신이다.
- 정인격의 사주가 천간에 식상과 재성이 투출하고 사주에 관성이 없어 대표적으로 破格이 된 사주이다.
- 丙子대운에 丙火 비견이 격국의 기신인 재성 庚金을 극제 해주고 지지에서 子水 관성이 관인상생을 하여주니 인수격의 본성을 찾아 대운에서 절묘하게 成格을 이루어주고 있다.
- 대학에서 실용음악을 전공한 후 뷰티분야에 흥미를 느껴 전공을 미용쪽으로 바꾸고 교육대학원에 진학한 학생의 사주이다. 丙子대운 丙申년에 미용직업학교 교사가 되었다.
- 60세 까지는 대운의 흐름이 水와 木의 관인(官印)으로 절묘하게 받쳐주니 인수격의 특성에 따라 뷰티계통의 교수가 될 수 있다.

예2) 기술직 공무원

癸 戊 壬 庚
丑 子 午 寅
庚 己 戊 丁 丙 乙 甲 癸
寅 丑 子 亥 戌 酉 申 未

- 戊土일간이 午月에 출생하였는데 투출된 간이 없으니 정인격이며 득령은 하였으나 실지, 실세하여 신약사주가 되었다.
- 정인 午火를 억부용신하고 寅木을 희신으로 旺한 水를 소통시켜 午火를 돕는 구조이다. 寅午火局을 이루어 용신이 강해진 구조다.
- 인수격의 사주가 천간에 격국의 기신인 壬, 癸水 재성이 투간되고 지지에서 子午冲으로 財剋印 하니 破格이 될 뻔 했으나 년지에서 편관 寅木이 관인상생으로 도와주고 시지의 축토가 구응의 신이 되어 子丑합으로 재성을 잡아주니 下格의 인수격으로 成格하였다.
- 이처럼 인수격이 財가 旺한 구조는 이공계나 기술계통이 적합하다.

- 사주의 주인공은 기술직 공무원이 되었으며 下格의 사주가 대운의 도움이 부족하여 하급직에 머물렀으나 정인의 본능으로 성실하게 가정을 잘 꾸려가는 사람이다.

✦ 8. 편인격

일간을 대비하여 월지 지장간 중 편인이 천간에 투출하였으면 편인격이 성립된다. 천간으로 투출한 간이 없을 때는 월지 본기가 편인일 때 성립한다. 편인격은 우선 도식(倒食)작용이 일어나는 가를 보아야 한다. 그러므로 편인격이 신강하면 도식을 막기 위해 재성으로 제화되어야 좋은 격이 된다. 도식작용이 발생하는데 이를 해결할 방법이 없다면 일생 어려움을 면치 못하고 질병에 시달리거나 자식 덕을 보기 어렵고 인덕이 없어 사는 것이 힘들어진다.

편인은 정인과 함께 인성으로 통칭하나 실제는 많은 차이가 있다. 편인격은 생각하는 사람으로 집중력이 대단하며 삶의 가치와 인생을 생각한다. 편인격은 종교적, 신비주의적인 성격이며 부정적으로는 비현실적인 면이 많다. 하지만 직감과 순발력이 강하며 남을 의식하지 않는 양면성을 가지고 있다.

편인격이 成格이 잘 되었을 때는 호기심이 대단히 많아 연구력과 이해력이 높고 수집에 소질이 있으며 상황대처능력이 강하고 기회포착 능력이 좋으나 용두사미가 된다. 그런데 편인은 겉과 속이 다른 야누스적인 양면성이 있어 two-job을 좋아한다. 그러므로 편인격은 자기 직업 이외에 꼭 취미를 가지고 있는 것이 좋다.

편인격이 破格이 되었을 때는 생각과 번민만 무성할 뿐 실천을 못하며 무사안일주의로 게으른 사람이 된다.

1) 편인격의 成格과 破格 요건

가) 成格
- 편인격은 월지본기가 편인이거나 지장간에서 투출된 字가 편인일 때 성립한다.
- 편인격이 신왕하고 편인이 약할 때, 관살이 있으면 成格 된다.
- 편인격은 제화가 중요하다. 편인성이 태과할 때는 편인을 극제하는 재성이 있어야 成格이 된다.

- 편인격이 인성이 태과할 때는 왕한 편인을 합화하면 성격된다. (주로 干合의 경우)
- 일간이 신왕하고 편인도 강할 때 식상이 있으면 成格 된다.
- 편인격이 신약한데 관성은 없고 재성이 편인을 극할 때 음일간의 경우 겁재가 재를 합거하면 成格 한다.

나) 破格

- 편인격이 인성이 약한데, 관성은 없고 재성이 인성을 극할 때는 탐재괴인 되어 파격이 된다.
- 편인격이 인성이 강한데, 재성이 제화하지 못할 때는 파격이 된다. 제화가 되지 않은 편인은 도식을 하여 효신이라 한다.
- 편인격이 칠살이 투출하여 殺印相生을 하는데, 재성도 투간된 경우에는 財剋印을 하며 財生殺이 되어 破格이 된다.
- 편인격이 편인이 旺한데 재성이 없이 관살만 있으면 파격이 된다.
- 편인격에 겁재나 양인이 있으면 도식(倒食) 후에 군겁쟁재(群劫爭財) 현상을 일으켜 파격이 된다.

2) 편인격의 중요사항

- 편인격과 정인격은 많은 차이가 있다. 편인은 사흉신(四凶神) 중의 하나로 제화를 시켜야 좋은 작용을 한다.
- 편인격이 인성이 강할 시에는 필히 재성을 보아야 좋다. 인성으로 신강한 편인격이 관살을 보아 생부하면 오히려 좋지 않다.
- 편인이 비록 흉신이라도 약하면 좋지 않다. 따라서 인성이 약한 신약한 사주에서는 관성이 있는 것이 좋다.
- 편인격도 하나만 있어 힘이 있으면 정인격과 동일하게 취용할 수 있으나, 편인성이 강하면 먼저 재성에 의한 제화가 있어야 하며 관과 비겁의 균형 또한 중요하다.
- 편인격이 제화, 합, 공망 등은 좋을 수 있으나 인성이 형충이 되면 나쁘다.
- 사주에 편인과 식신이 함께 있고 편인도식의 구조가 되면 박복하고 수명도 짧다. 일을 하는데 항상 결함이 생기고 방해가 있으며 시작은 있으나 끝은 없고 재물을 모았다가 잃어버리기를 반복한다.

- 편인격이 좋아하는 것은 편재극제편인(偏財剋制偏印), 비견설기편인(比肩洩氣偏印)이고 편인격이 꺼리는 것은 편인견식신(偏印見食神), 칠살생편인(七殺生偏印)이다.
  * 편인을 도식(倒食)이라 하는데 식신을 파괴하고 財와 충하기 때문이다. 재를 용신으로 쓰거나 식신을 용신으로 쓸 때는 편인을 크게 꺼린다.

예) 편인도식의 명

乙 癸 乙 乙
卯 酉 酉 巳
丁 戊 己 庚 辛 壬 癸 甲   3대운
丑 寅 卯 辰 巳 午 未 申

- 癸水가 酉月에 출생하고 巳酉金局을 이루니 편인격이다.
- 편인격이 관성을 보지 못하여 격이 추락하는데 더하여 강왕한 酉金 편인을 제화할 재성이 없어 파격이 되었다.
- 癸水일간이 득령 득지하여 신강 하니 乙木 식신을 억부용신 한다.
- 乙木 식신이 천간에 투출하고 힘이 있지만 지지에서는 巳酉金局을 이루어 금목상전(金木相戰)이 되고 있다. 사주에 비겁이 없어 金과 木을 통관 시키지 못하며 대운도 돕지 못하니 편인도식의 命이 되어 평생 명예와 재물이 없었다.

3) 편인격의 예

가) 편인격 비겁용신

예1) 인생에 뜻을 펴지 못하는 남자

甲 甲 壬 己
戌 戌 申 未
乙 丙 丁 戊 己 庚 辛
丑 寅 卯 辰 巳 午 未

- 甲木일간이 申月에 출생하고 천간에 壬水가 투출했으니 편인격이다.

- 사주에 재성 土가 重重하여 재다신약(財多身弱) 사주이니 旺土를 제화시키고 壬水를 보호하기 위해 비견 甲木을 용신한다.
- 신약한 편인격에 강한 재성이 천간에 투출하여 인성 壬水를 기토탁임(己土濁壬)시키고 탐재괴인(貪財壞印)까지 하니 철저히 파격(破格)이 되었다.
- 월지 申金은 용신 甲木을 극하여 흉하다고 볼 수도 있으나 지지에서는 천간 甲木을 바로 극하지 못하며 오히려 旺土를 설기하여 壬水를 생해주니 財剋印 현상을 소통시키는 통관작용을 하는 수도 있다. 사주 구조에 따라서 상극(相剋)되는 십성을 동시에 희신으로 하는 경우가 이와 같은 구조이다.
- 편인격이 탐재괴인(貪財壞印)되어 머리는 좋으나 공부에는 관심이 없었고 오직 재물을 취하는 일에만 관심이 있었으나 대운이 火 土 忌神운으로 흘러 뜬구름 잡으며 허송세월하는 사람이다.

예2) 득비이재의 재다신약 사주

丁 丁 辛 辛　男
未 酉 卯 酉
甲 乙 丙 丁 戊 己 庚　5대운
申 酉 戌 亥 子 丑 寅

- 丁火 일간이 卯月에 출생하였는데 월지본기를 격으로 잡으니 편인격이다.
- 편인에 득령 하였으나 실지, 실세하여 선강후약의 사주가 되었다.
- 金, 木이 상전(相戰)되어 水로 통관시켜야 하나 사주에 水가 없으니 시간의 비견 丁火를 억부용신으로 旺金을 극제 해야 한다. 이런 경우를 득비이재(得比理財)의 命이라 한다.
- 편인격의 신약한 사주가 관성을 보아야 成格이 되는데 사주에 관성은 없고 재성만 重重하여 탐재괴인(貪財壞印)이 되니 철저히 破格이 된다. 그런데 신약한 편인격이 관성이 없이 재성으로 파격이 될 때는 비겁이 구응(救應)의 神이 되면 다시 成格을 할 수가 있다. 卯월의 丁火가 시지 未土에 통근하니 충분히 成格을 할 수 있다 그러나 이런 경우는 上格이 되지는 못하고 행운에 따라 부침이 심하다.

나) 편인격 식상용신

예1) 프로골퍼

丁 己 丁 戊
卯 丑 巳 申

甲 癸 壬 辛 庚 己 戊
子 亥 戌 酉 申 未 午

- 己土 일간이 巳月에 丁火가 투출하여 편인격인데 인성과 비겁의 세력을 얻어 신강한 사주이다.
- 재성 水로 편인의 火氣를 제화해야하나 지장간에만 있으니 쓰기 어렵다. 그러므로 년지 申金 상관으로 용신하여 설기함이 좋은데 연월지지의 巳申, 월일지지 巳丑 가합으로 용신의 기운이 강해지니 잠재적 작용력이 매우 좋다.
- 이 사주는 신왕한 편인격이 재성이 없어 成格을 이루기 힘들기 때문에 식상으로 설기하여 成格을 이루어야 하는데 사주에 비겁이 강하게 있어 인성과 식상을 통관 시키며 巳丑合으로 식상의 기운을 旺하게 도와줌으로 印-比-食구조의 전문가 유형 사주로 成格이 된 경우이다.
- 庚申대운에 이르자 억부용신(抑扶用神)과 격국상신(格局相神) 모두가 최상으로 성격 (成格)을 이루니 미국에 건너가서 프로골퍼로 성공리에 입성하였으며 이후 계속 대운이 서북방으로 향하자 프로골프선수로 좋은 성적을 내어 인기와 부(富)를 이루고 있는 사람이다.

예2) 감정평가사

乙 丙 甲 戊　女 10대운
未 寅 寅 午

丙 丁 戊 己 庚 辛 壬 癸
午 未 申 酉 戌 亥 子 丑

- 丙火 일간이 甲寅月생으로 甲木이 투출하여 편인격이다.

- 印星과 比劫이 많아 태왕한 명조로 년간의 戊土 傷官으로 설기하여 억부용신(抑扶用神) 한다.
- 년간 戊土 傷官으로 설기하여 成格을 이루고 억부용신(抑扶用神) 및 격국상신(格局相神)으로 하는데 편인도식이 될 사주에 년지의 午火가 寅午合으로 木과 土를 통관시키니 매우 길하다.
- 위 사주는 印-比-食의 전문가 유형사주로 주인공은 30세 辛亥대운에 감정평가사 시험에 합격하고 한국감정원에 감정평가사로 근무하는 여자이다.
- 辛亥대운 말 39세 丙申년에 감정원을 퇴사하고 주변 동료들과 감정평가법인을 만들어 사업을 하려 하는데 40세 庚戌대운부터 향후 30년 동안 己酉, 戊申 대운으로 억부용신과 격국상신이 모두 충족이 되니 사회적 성공과 금전적 성공 모두 기대가 된다.

다) 편인격 재성용신

예1) 컴퓨터 기술자

戊 乙 甲 癸
寅 未 子 丑
丁 戊 己 庚 辛 壬 癸
巳 午 未 申 酉 戌 亥

- 乙木 일간이 子月에 출생하고 년간에 癸水가 투출하여 편인격이다.
- 子月의 乙木이 월간의 甲木과 시지 寅木으로 세를 얻으니 신강하다.
- 乙木이 신강하고 子月로 한랭하니 우선 火로 조후하고 설기함이 절실하나 사주에 火가 투출되지 않았으니 용신을 못하고 시상 戊土 정재를 억부용신 한다. 寅中의 丙火 지장간의 희신은 火運을 만나야 기능한다.
- 편인격의 신강한 사주가 재성으로 상신(相神)하여 인성을 통제하니 성격(成格)을 이루었다 하지만 사주에 관성이 없고 식상이 없어 강한 비겁의 군겁쟁재(群怯爭財) 현상으로 인하여 下格의 사주가 되었다
- 편인은 기록이며 기술이고 정재는 치밀한 설계이며 火는 전자통신으로 컴퓨터

기술자가 된 사람이다.

- 초년 辛酉, 庚申 金대운에는 관성이니 관인상생(官印相生)으로 직장생활을 하고 있으나 후반부에 남방 火운을 만나면 乙木이 開花하여 사업으로 발전할 수도 있을 것이다.

예2) 서양화 교수

```
庚 丙 壬 丁   男 6대운
寅 寅 寅 酉
甲 乙 丙 丁 戊 己 庚 辛
午 未 申 酉 戌 亥 子 丑
```

- 丙火 일간이 寅月에 출생하엿는데 월지본기 甲木으로 편인격이다.
- 년간의 丁火와 지지에서 寅木으로 득령, 득지, 득세하여 신강사주다.
- 인성으로 신강한 사주이니 시상의 庚金 편재로 억부용신 한다.
- 신왕한 편인격이 년지의 酉金에 뿌리를 두고 시간으로 庚金 편재가 투간하여 成格이 되었다. 그러나 월간의 壬水 편관이 丁壬合으로 묶여 合去되었으므로 貴하게 될 수는 없다.
- 편인은 예술이고 재성은 수리공간 활용력과 색채와 원근감이며 火는 빛으로, 종교성향이 강한 원색적 작품을 주로 창작하며 모 대학에서 후학을 지도하고 있는 서양화가의 사주이다.

라) 편인격 관성용신

예1) 편인격의 법무부 공무원

```
戊 癸 乙 乙
午 亥 酉 卯
癸 壬 辛 庚 己 戊 丁 丙
巳 辰 卯 寅 丑 子 亥 戌
```

- 癸水 일간이 酉월에 출생하여 지장간 본기(本氣)를 격으로 하니 편인격이다.
- 癸水가 酉月에 득령하고 亥水에 득지하여 신강한 사주로 午火에 통근한 시상의 戊土 정관을 억부용신으로 한다.
- 편인격의 사주가 정관이 투출하여 관인상생이 되니 성격이 되었으나 시지의 午火가 일지의 亥水에 극제 당하여 재생관이 원활하지 못하며 천간에 투출한 식신이 정관을 극제하여 上格이 될 수는 없다.
- 사주의 주인공은 대학에서 법학을 전공하고 사법시험을 준비하였으나 두 차례 연거푸 실패하자 그 뜻을 접고 곧바로 법무부 행정직 공무원 시험에 도전하여 공무원이 되었다.
- 사주에서 관운은 있으나 초년 대운에서 기신 북방운을 만나 큰 뜻을 이루기는 힘들었다. 사주가 中和를 이루고 대운의 흐름이 순하니 공무원직은 안정될 것이다.

예2) 서예전각 교수

甲 戊 己 己　男 3대운
寅 戌 巳 亥
壬 癸 甲 乙 丙 丁 戊
戌 亥 子 丑 寅 卯 辰

- 戊土 일주가 월지 巳火 지장간 본기 丙火로 격을 정하니 편인격이다
- 戊土 일간이 巳月에 득령하고 득지 득세하여 신강하니 時上의 甲木 편관을 억부용신으로 쓴다.
- 편인격이 신강한데 시주에 편관 甲木이 지지 寅木에 뿌리를 두니 건왕하고 거기에 더하여 년지에서 亥水가 편인 巳火를 제화하여주니 成格이 잘된 上格의 사주이다.
- 미술협회와 문화재단을 이끌며 서예와 전각으로 후학을 지도하고 있는 대학 교수의 사주이다.

마) 편인격 인수용신

예1) 생활고를 겪는 여성

癸 辛 己 癸
巳 亥 未 卯
丙 乙 甲 癸 壬 辛 庚
寅 丑 子 亥 戌 酉 申

- 辛金 일간이 未月에 己土가 투출하여 편인격이다.
- 辛金 일간이 亥卯未 木局으로 실령, 실지, 실세하고 사주에 비겁의 조력이 없어 매우 신약하므로 월간의 편인 己土를 억부용신하고 己土를 돕는 시지 巳火를 희신으로 하여야 한다.
- 신약한 인수격의 사주는 우선적으로 相神인 관성이 투간하여 관인상생이 되어야 하는데 시지의 정관 巳火가 시간 癸水의 극제 및 일지에서 巳亥沖으로 상관견관 되고 년, 월, 일 지지에서 亥卯未 財局이 되어 신약한 인수격의 격국을 극제하여 탐재괴인 현상까지 가중되니 전형적으로 파격이 된 천격(賤格)의 사주이다.
- 초년 비겁 金大運에 고등학교를 졸업하고 지방에 놀러 갔다가 만난 남자와 일찍 결혼하여 아이를 둘 낳고 어렵게 살았다.
- 癸亥대운에 들자 사주원국과 亥卯未 木局을 이루어 용신 土를 극하며 정관을 巳亥沖하니 남편이 도박에 빠져 부부가 이혼하였다. 계속 기신운이 지속되어 여러 남자들을 전전하며 생활고를 해결하는 등 혼란한 생활을 하고 있는 여성이다.

예2) 은행원 퇴직 후 명리학을 공부하는 남자

癸 戊 庚 丙   男 1대운
亥 辰 寅 申
戊 丁 丙 乙 甲 癸 壬 辛
戌 酉 申 未 午 巳 辰 卯

- 戊土 일간이 寅月에 출생하였는데 년간에 丙火가 투출하여 편인격이다.

- 일간이 실령 실세하여 신약의 命이 되었다.
- 年干의 丙火 편인으로 일간을 도와 억부용신 하여야 한다.
- 신약한 편인격의 사주가 월지 寅木에 장생지를 두고 관인상생이 되며 년간부터 시지까지 火剋金, 金剋木, 木剋土, 土剋水 상극관계로 잘 제화되어 中和를 이루니 成格을 이룬 사주이다.
- 은행원으로 근무하다 퇴직한 후 명리학을 공부하는 사람의 사주이다.

예3) 탐재괴인(貪財壞印)된 천격의 사주

丁 乙 庚 辛
丑 巳 子 未
甲 乙 丙 丁 戊 己
午 未 申 酉 戌 亥

- 乙木이 子月에 출생하여 편인격이다
- 이 사주는 乙木이 子月에 출생하여 득령(得令) 하였으나 연, 월간 庚, 辛 金과 지지에서 巳丑 金局이 되어 관살(官殺)이 태과하며, 일지 상관(傷官) 巳火와 시지 丑土, 연지 未土의 편재(偏財)로 매우 신약하게 되었다.
- 그러므로 乙木 일간은 오직 월지 편인(偏印) 子水에 의지하여 억부용신을 하고 있는데 연지 未土와 시지 丑土가 子水를 극제하여 탐재괴인이 되었다.
- 이 학생은 오로지 공부에 열중해야하나 초년 戊戌 대운에 탐재괴인이 되어 가정형편이 어려워지니 학업을 멀리하고 아르바이트를 하여 용돈을 벌어 쓰다가 잔돈푼을 훔치는 게 습관이 되었으며 결국 손대서는 안 되는 큰돈을 훔치다가 잡혀 퇴학당하고 형사 처벌까지 받았다.
- 탐재괴인 된 사주는 재성운(財星運))에 이르게 되면 재성이 용신인 약한 인성을 극제(剋制)하여 흉화(凶禍)가 발생한다. 재물을 탐한 결과 인성이 상(傷)하여 관인상생(官印相生)이 해지되므로 직장을 상실하거나 관직(官職)에서 물러나는 일이 생기며 금융사고 등으로 신용불량자가 되거나 특히 공직자나 직장인들이 종종 뇌물로 인해 망신을 당하는 일 등이 발생한다.

✦ 9. 비견격(건록격)

비견격(比肩格)은 일반적으로 건록격(建祿格)이라고도 하는데 甲일간은 寅月에, 乙일간은 卯月, 丙일간은 巳月, 丁일간은 午月, 戊일간은 巳月, 己일간은 午月, 庚일간은 申月, 辛일간은 酉月, 壬일간은은 亥月, 癸일간은 子月에 출생한 것을 말하는 것이다. 즉, 월지가 일간의 비견(比肩)이 되어야 한다.

비견격(比肩格)은 식상(食傷)과 재성(財星), 관성(官星)이 잘 갖추어져야 成格이 된다. 식상생재로 成格을 하면 큰 재물을 모으고 財生官으로 成格을 하면 관직으로 진출하기에 이롭다.

비견격(比肩格)에 겁재(劫財), 인성(印星)이 많은데 종격이 되지를 못하면 하격(下格)이 된다. 일찍감치 부친이 패망하거나 처가 허약하고 재물이 지켜지지 않는데 일찍 출가하여 자수성가하는 형이다. 비견(比肩)은 재(財)를 극하므로 일반적으로 비견격은 부(富)를 이루기가 상대적으로 어렵다. 비견격의 성격적 장점은 자신감과 추진력, 적극성이 있으며 자기몰입에너지가 강하고 독립심이 강하다. 비겁(比劫)이 강한사주가 식상으로 설기(洩氣)가 아름다우면 인간적인 매력이 있으나 단점은 조급한 성미로 남의 말은 듣지 않고 지기를 싫어한다. 더하여 비견격에 관살(官殺)이 없을 경우에는 자기성찰이 덜 되어 매사를 자기위주로 생각하거나 제멋대로 행동하는 경향이 있다.

1) 비견격(比肩格)의 成格과 破格 요건

가) 성격(成格)

- 비견격이 성격(成格)하기 위해서는 관성이 꼭 필요하다. 비견격이 천간(天干)에 관성이 투출하여 비견을 제화하고 재성을 보호하면 成格이 된다.
- 비견격에 관성이 없을 경우 식상이 투출하여 재(財)를 생하면 성격(成格)이 된다.
- 비견격이 재성이 태과하여 재다신약(財多身弱)의 명(命)이 되었을 때 비견으로 재성을 제화하면 득비이재의 명으로 成格한다.
- 비견격이 식상이 태과하여 신약할 시에는 인성을 보면 成格한다.
- 비견격이 관살이 태과할 시에는 인성으로 살인상생을 시키거나 양인이나 상관으로 합살하면 성격(成格)한다.

나) 파격(破格)

- 비견격이 관성과 식상이 없어 군겁쟁재(群劫爭財)가 일어나면 파격(破格)이 된다.
- 비견격이 인성이 태과하면 파격(破格)이 된다.
- 비견격이 관성을 보아 成格을 이루려고 하는데 식상이 투출하여 관성을 파극하면 파격(破格)이 된다.
- 비견격이 식상을 보아 성격(成格) 하려는데 인성이 투출하여 도식(倒食)하면 파격(破格)이 된다.
- 비견격이 재성이 태과하여 재다신약(財多身弱)의 명(命)이 되었을 때 칠상이 투출하면 파격(破格)이 된다.
- 비견격이 식상이 태과하여 신약할 시에 인성을 못보면 파격(破格)이 된다.
- 비견격이 관살이 태과할 시에 재성이 투출하여 재생살이 되면 파격(破格)이 된다.

2) 비견(건록)격의 중요사항

- 비견과 겁재는 재를 분탈하기 때문에 다른 사람의 것이 될 수 있다.
- 비견격에 관성은 봉사적인 자세와 올바른 자세 그리고 공익적인 자세를 준다.
- 비견은 일간의 확실한 통근처이고 정관과 궁합이 맞다
- 겁재는 아주 강한 기운을 나타내기 때문에 편관과 궁합이 맞다.
- 비겁격에 편관은 권력, 카리스마, 리더쉽이 강하고 보스가 되고 싶어 한다.
- 비겁격에 정관은 조심성과 계산이 깔려있는데 자존심과 자만심이 강하다.
- 건록 즉 비견은 확실히 일간의 편이 된다. 그래서 식상이 있으면 성격(成格)이 되고 식상은 자신의 활동력이 된다.

예) 영어 학원 3곳을 운영하는 사람

戊 乙 癸 壬　男

寅 巳 卯 子

己 戊 丁 丙 乙 甲

酉 申 未 午 巳 辰

- 乙木 일간이 卯月에 출생하여 비견격이다. 비견격이 성격을 이루기 위해서는

우선적으로 관성의 제화가 필요한데 이 사주에는 관성이 없다.
- 두 번째로 비견격이 성격을 이루기 위해서는 식상으로 설기가 이루어져야 하는데 식상이 천간으로 투출하지 못하고 일지에 있어 상격의 사주가 되지 못한다.
- 이 사주는 卯月의 을목이 신강하여 상관으로 억부용신한다. 비견격의 특성대로 자수성가를 영어 학원을 세 곳을 운영하고 있다.
- 관성 부재로 자제력이 모자라 부인과 불화하며 이혼을 원하고 있다.

3) 건록과 양인격의 특징

- 자존심이 강하여 남에게 수그리지 않는다.
- 독립정신과 개척정신이 강하고 자수성가의 형이다.
- 무관체질로 정신력과 신체가 강하고 약자를 보호하고 강자에게 대항하는 의협심이 강하나 너무 강하니 늘 경쟁자가 있다.
- 잘나갈 때는 아주 대단하지만 한번 꺾이면 회생이 힘들다.
- 앞서서 남의 일 처리는 잘하나 개인적으로는 실속(재복)이 없다.

4) 비견격(건록격)의 예

가) 비견격 비견용신

예1) 독일 유학중인 사람

丙 丙 辛 庚
申 申 巳 申
戊 丁 丙 乙 甲 癸 壬 4대운
子 亥 戌 酉 申 未 午

- 丙火일간이 巳월에 출생하고 시간에 丙火가 투출하여 비견격이다.
- 재다신약하여 日干을 돕는 時干의 丙火비견으로 억부용신 한다.
- 비견격의 사주가 재성이 많아 신약하여 비견을 상신(相神)으로 성격하려고 하는데 식상과 관살이 없어 신왕재왕(身旺財旺)으로 성격이 된다.
- 초년壬午, 癸未대운에 부모의 조력이 좋아 공부를 잘할 수 있었다.

- 재다신약의 사주로 이공계 적성이 맞다. 공과대학을 졸업하고 독일로 유학을 가서 대학원에서 의료기 공학을 전공하여 박사까지 마치고 돌아와서 현재 대학교수를 목표로 하는 사람이다.
- 44부터 丙戌대운으로 火運이니 기대해볼 만하다.
- 24세 甲申대운의 천간 甲木 편인이 丙火 용신을 도우니 공부에 전념할 수 있었으며 지지 申金은 재가 강해져 부침은 따르나 용신을 극하지는 않으니 크게 문제가 되지는 않았다.

예2) 비견용비격

癸 丁 壬 庚　 남

巳 丑 午 申

己 戊 丁 丙 乙 甲 癸　 1대운

丑 子 亥 戌 酉 申 未

- 丁火 일간이 午月에 출생하여 투출된 干이 없으므로 정기(正氣)를 격으로 삼아 비견격이다.
- 午月에 득령했으나 金水가 태과하여 신약한 사주이다. 인성 木이 없는 가운데 午月에 축생하여 비견격이자 억부용신이다.
- 비견격의 사주가 재살이 혼잡하여 파격이 되었다.

예3) 형님 공장에 의지하여 어렵게 사는 사람

丙 丙 辛 庚

申 申 巳 子

戊 丁 丙 乙 甲 癸 壬

子 亥 戌 酉 申 未 午

- 丙火가 巳月에 출생하여 본기를 격으로 삼으니 비견격이다.
- 득령(得令)을 했으나 재성(財星)이 태과하여 신약사주이니 巳화에서 시상으로 투출(透出)한 丙火 비견(比肩)이 억부용신(抑扶用神)이다.

- 이 사주가 위의 예1의 사주와 년지의 子水 한글자만 다른데 왜 정반대되는 삶을 살아가는가? 그것은 왕(旺)한 金의 생을 받고 있는 子水가 용신인 丙火의 뿌리 巳火를 극하기 때문이다. 기신이 성하여 용신이 보호를 받지 못할 때는 파격(破格)이 된다.
- 이 사람도 초년이 화운(火運)으로 용신대운이었으나 일찍 부모를 여의고 배우지 못하고 공장 일을 하다가 형님이 운영하는 조그만 의류공장에 의탁하면서 가난하게 살아가는 사람이다.

나) 비견격 식상용신

예1) 불사를 일으킨 비구니 스님

癸 癸 癸 戊
亥 卯 亥 申
甲 乙 丙 丁 戊 己 庚 辛 壬
寅 卯 辰 巳 午 未 申 酉 戌

- 癸水 일간이 亥月생으로 亥月의 정기는 壬水이나 월간에 癸水가 투출하여 癸水를 격으로 삼으니 비견격이다.
- 비견격의 신강한 癸水가 연간의 戊土정관을 억부용신으로 삼아야 하나 정관이 지지에 일점 뿌리가 없고, 戊癸合으로 기반(羈絆)이 되니 일지 卯木 식신으로 설기하여 억부용신 하여야 한다.
- 신강한 비견격이 관성으로 성격(成格) 하여야 하나 戊癸合으로 기반(羈絆)이 되니 파격(破格)이 될 수도 있다. 하지만 일지에서 卯木 식신을 상신(相神)으로 하여 태과한 비겁을 설기(洩氣)하니 성격(成格)을 할 수 있다. 이 경우에는 관성과 식신이 서로 간섭하지 않으니 재성운이 오면 발복할 수 있는 경우이다.
- 초년 金運에 흉운이 되니 결혼과 이혼, 사업실패 등의 풍파를 겪은 후 무속이 되고자 했다가 남방 火운에 이르자 식신생재로 운이 풀려 신도들의 도움을 받아 불사를 일으켰다. 대운에서 성격(成格)이 된 사례이다.
- 이 사주는 비겁이 매우 강한 구조로서 자존심이 강하고 성취욕과 추진력이 강하며

자립심과 독립적인 행동력이 투철하여 매사 자신감이 있고 주관이 뚜렷한데 년간에 정관이 자리잡고 일지에 식신이 상신이 되니 사사로운 일과 불의와는 타협하기 싫어한다.

예2) 꽃집을 하는 인생이 복잡한 여자

辛 己 己 己 女
未 亥 巳 酉
丁 丙 乙 甲 癸 壬 辛 庚 4대운
丑 子 亥 戌 酉 申 未 午

- 己土일간이 己巳月에 출생하여 격으로 잡으니 비견격으로 신강하다.
- 비겁으로 신강한 사주에 관성으로 비겁들을 剋制하여 주어야 하나 사주에 관성이 없으므로 시간의 辛金 식신을 용신하여 비겁의 기운들을 설기시켜 생재를 하게 해야 한다.
- 이 사주는 己土 일간이 己巳월에 태어나 비견격이라 할 수 도 있고, 월지본기로 격을 잡아 인수격이라 할 수도 있으며 년월지에서 巳酉合金을 한 후에 時干에 辛金이 투출하여 식신격이라 할 수도 있다.
- 이렇게 格이 혼잡 되고 合冲이 복잡하여 깨끗하지 못한 사주는 인생에 기복이 많고 가정적, 직업적으로 안정을 못 이룬다.
- 돈 문제와 술과 구타 등의 문제로 2번 이혼하고 현재는 꽃집을 하며 辛卯년에 새 남자를 만나 살고 있는 여자이다.

예3) 자기 발등을 스스로 찍은 여류 작사가

甲 癸 癸 癸
寅 酉 亥 丑
辛 庚 己 戊 丁 丙 乙 甲
未 午 巳 辰 卯 寅 丑 子

- 癸水 일간이 癸亥월에 태어나 비견격(比肩格)이다.

- 년, 월간에 비견(比肩)이 있으며 년, 월지가 亥丑으로 水 방국(方局)을 이루니 신강하여 時上의 甲寅木 상관으로 설기하여 억부용신한다.
- 비견격의 신강한 사주가 관성을 상신(相神)으로 하여 성격(成格)을 하여야 하는데 년지의 관성 丑土는 월지와 방합을 하여 水로 化하기에 상신(相神)으로 할 수 없기에 시상의 甲木 상관을 상신(相神)으로 하여 성격(成格)을 이루는 사주이다. 그런데 일지의 酉金 편인이 기신(忌神)이 되어 상신(相神)인 상관을 극제하므로 격이 추락한다.
- 이러한 사주는 태과한 비겁(比劫)에 관성(官星)이 없으니 제화되지 못하여 자존심이 강하므로 타인을 무시하거나 질투심이 많고 교만하여 불평과 불만을 스스로 자초하여 배우자를 억압하기도 한다.
- 丁卯대운은 용신운이나 일지와 卯酉沖을 하여 심리적 피해의식이 있는 중에 2010년 庚寅년에 庚金이 용신인 상관 甲木을 극하자 한때 연하의 유명가수와 이성 관계였던 과거를 볼모삼아 돈을 요구하는 등 문제를 일으키다 결국 스스로 발등을 찍고 구속까지 당한 작사가의 사주이다.

다) 비견격 재성용신

예1) 영업으로 성공한 여인

乙 丁 乙 丁
巳 酉 巳 酉
甲 癸 壬 辛 庚 己 戊 丁 丙
寅 丑 子 亥 戌 酉 申 未 午

- 丁火 일간이 巳月생이며 연간에 丁火가 월·시지 巳火에 통근한 비견격이다
- 丁火 일간이 천간 지지의 비겁과 월, 시간 乙木 편인의 生을 받으니 신강한 사주이다.
- 火의 기세를 억제할 관성도 없고 유출시킬 식상도 없으니 酉金편재를 용신하고 운을 기다려야 하는 사주이다.
- 비겁이 쟁재 할 것 같으나 연·월과 일·시 지지가 巳酉·巳酉合으로 겁재와 편재가 합하여 財局을 이루며 유정하니 묘하게 좋다.

- 24세 戊申대운에 들자마자 결혼하여 두 아들을 낳아 키우다가 己酉대운에
  보험회사에 들어가 활동하였는데 己酉, 庚戌대운 20년간 식상생재로 成格을
  이루고 억부용신을 충족하여 주니 상당한 경제적 성공을 이룬 여성이다. 항상
  고객들과 관계가 좋은 편으로 그녀는 20여 년 동안 회사에 가장 먼저 출근하고
  가장 늦게 퇴근한다고 한다. 비겁격에 재성용신은 자신의 부단한 노력으로 재를
  얻는데 비겁운은 안 좋다.

예2) 유통업으로 성공한 남자

己 乙 己 庚
卯 丑 卯 午
丁 丙 乙 甲 癸 壬 辛 庚
亥 戌 酉 申 未 午 巳 辰

- 이 사주는 乙木 일주가 卯月에 출생하여 비견격(比肩格)이다.
- 시지 卯木에 통근(通根)하여 신왕한대 월간과 시간의 己土가 연지 午火와 일지 丑
  土에 통근(通根)하니 신왕재왕한 사주가 되었다.
- 비견격이 년간에 庚金 정관이 있어 성격(成格)할 수도 있고, 년지의 午火 식신으로
  설기하여 성격(成格)을 할 수도 있다. 이때 월간과 시간의 재성 己土를 용신하면
  두 조건을 모두 충족하여 줄 수 있다.
- 운로가 巳午未 남방으로 향하여 재(財)를 생하니 전국을 활보하는 유통업을 하여
  많은 재물을 모은 사람이다.

라) 비견격 관성용신

예1) 전 총리 고건

辛 壬 辛 丁
亥 戌 亥 丑
甲 乙 丙 丁 戊 己 庚
申 巳 午 未 申 酉 戌

- 壬水 일간이 亥月에 지장간 본기 壬水를 격으로 잡으니 비견격이다.
- 신강사주로 일지의 戌土 편관을 억부용신으로 쓰니 마치 월지 亥水와 일간 壬水, 시지亥水 삼면의 水를 중앙에서 통제하고 있는 것과 같다.
- 월, 시간의 辛金 정인이 戌土와 관인상생(官印相生)을 이루고 있으며 대운이 용신인 火土대운으로 향하는 동안 대학총장과 국무총리를 두 번이나 역임하였다. 매사에 중용을 지키고 학자적인 온고한 품성으로 정권이 바뀌어도 신망을 얻은 사람이다.

예2) 배드민턴 국가대표선수

乙 己 己 戊　女

丑 卯 未 辰

辛 壬 癸 甲 乙 丙 丁 戊　5대운

亥 子 丑 寅 卯 辰 巳 午

- 己土 일간이 己未月에 득령하였으니 비견격이다.
- 신강사주로 비겁이 강하여 乙木 편관을 억부용신한다.
- 비겁 强의 사주가 일지에 卯未木局을 이루고 시간에 乙木 관성이 투간하여 제화를 잘 해주니 身往官旺으로 成格이 잘 된 베드민턴 국가대표선수의 사주이다.
- 비겁강의 사주는 신체지능을 활용하는 업무에 강한데 편관 乙木을 억부용신 및 격국의 상신으로 하니 가히 국가대표선수로 무관(武官)이 되기에 마땅한 사주이다. 재미있게도 乙木은 물상으로 깃털이 되니 베드민턴이라는 종목도 천성(天性)의 인연이라 할 수 있겠다.

예3) 명예퇴직을 한 교사

戊 辛 丁 辛

戌 酉 酉 卯

庚 辛 壬 癸 甲 乙 丙

寅 卯 辰 巳 午 未 申

- 辛金 일간이 酉月생으로 비겁이 태강한 비견격의 사주이다.
- 월간의 丁火 편관으로 强金을 제하는 억부용신이며 丁火를 생하는 연지 卯木이 희신이 된다.
- 재성 卯木이 丁火를 생하여 편관 丁火로 비겁을 다스리면 卯木은 강한 비겁으로부터 쟁재(爭財)를 면할 수 있다. 이러한 경우를 재자약살격(財慈弱殺格)이라 한다.
- 사주의 주인공은 초년부터 용신 火운으로 향하여 교사가 되어 안정된 생활을 하다가 壬辰대운에 명예퇴직을 하였으며 이후 건강마저 안 좋아진 것은 대운의 壬水가 사주의 용신 丁火를 합거(合去)시켰기 때문이다.
- 재자약살격(財慈弱殺格)은 사주 내에서 용신이 된 관살이 약할 때 재성이 관성을 생하여주고, 또한 관살을 돕는 재성이 비겁으로부터 극을 당할 때 관살이 비겁을 극제하여 재성을 보호해주는 사주유형을 말한다. 이 격(格)에서는 식상은 약한 관살을 극하기 때문에 식상이 없어야 좋다. 이 격(格)은 보편적으로 남자는 처덕과 자식 덕이 좋고 여자는 남편 덕과 재물 복이 무난하다.

마) 비견격 인성용신

예1) 직업군인이 된 젊은이

丙 壬 戊 壬　男 4대운
午 午 申 戌
丙 乙 甲 癸 壬 辛 庚 己
辰 卯 寅 丑 子 亥 戌 酉

- 壬水 일간이 申月에 출생하였는데 년간에 壬水가 투출하여 격으로 삼으니 비견격이다.
- 사주에 火土 財殺이 태과하여 신약하므로 편인 申金으로 용신하고 비견 壬水로 희신한다.
- 신약한 비견격의 사주가 戊土 편관이 투간하였는데 월지에서 편인 申金이 살인상생을 하니 成格을 한다. 그러나 이때 재성이 태과하여 재생살을 하며 재극인을 해버리니 다시 격이 추락한다.

- 현재 辛亥대운을 맞이하여 대운에서 成格을 도우니 하사관에 지원하여 직업군인으로 생활하는 사람이다.
- 대운에서 建旺해진 편인용신의 특성으로 현철한 어머니께서 상당한 부동산을 보유하고 있다.

예2) 공무원으로 정년퇴직

庚 丁 壬 乙
子 丑 午 亥

甲 乙 丙 丁 戊 己 庚 辛
戌 亥 子 丑 寅 卯 辰 巳

- 丁火 일간이 午月에 출생하였는데 투출된 干이 없으므로 비견격이다.
- 丁火 일간이 득령하였으나 年支, 月干, 時支의 水로 관살이 태왕한 신약사주이므로 년간의 乙木 편인을 억부용신 한다.
- *비견격이 정관을 보아 성격(成格)을 하나 일간이 신약한데 재관(財官)이 강하니 파격(破格)이 될 수도 있다. 그런데 년간의 乙木 편인이 관살을 설기하여 일간을 도우니 관인상생의 구조로 다시 成格이 되었다.
- 사주의 주인공은 공무원 시험에 합격한 후 대운이 木火 용신으로 향하자 정년까지 근무했다.

✦ 10. 겁재격(양인격)

겁재격(劫財格)은 甲일간은 묘(卯)月에, 乙일간은 인(寅)月, 丙일간은 오(午)月, 丁일간은 사(巳)月, 戊일간은 오(午)月, 己일간은 사(巳)月, 庚일간은 유(酉)月, 辛일간은 신(申)月, 壬일간은은 자(子)月, 癸일간은 해(亥)月에 출생 한 것을 말한다. 즉, 월지가 일간의 겁재(劫財)가 되어야 한다.

겁재격은 식상으로 잘 설기되어야 하고 아니면 관성으로 극제할 수 있어야 길하다. 만일 식상이 없고 관성만 있으면 보수적이고 식상만 있고 관성이 없으면 약자에게는 잘하나 예의가 없고 제멋대로이다. 겁재격에 비겁과 인성이 많으면 하격으로 희신(喜

神)의 역할이 확실치 않을 경우 가난을 면키 어렵다.

겁재격의 성격적 단점은 조급하고 질투와 의심이 많다. 장점은 비견과 마찬가지로 자신감과 추진력 있고 책임감 강하다. 만약 사주에 관성과 식상이 동시에 있을 경우 상호 대립되면 흉하고, 각각의 위치와 재성(財星)의 역할에 따라 관과 식상(食傷)이 모두 좋을 수 있다. 겁재격도 비견격과 마찬가지로 재성을 극하므로 파격이면 자기가 자기 복을 차는 경우가 많다.

겁재격(양인격)인데 칠살을 용신으로 삼으면 양인로살(羊刃露殺), 살인격(殺刃格)이라고도 한다. 만약 양인격의 사주에 칠살이 없는데 칠살운이 오면 오히려 발복한다.

1) 겁재격의 成格과 破格 요건

가) 성격(成格)

- 겁재격이 성격(成格)하기 위해서는 비견격과 마찬가지로 관성이 꼭 필요하다. 겁재격이 천간(天干)에 관성이 투출하여 비겁을 제화하고 재성을 보호하면 成格이 된다.
- 겁재격에 관성이 없을 경우 식상이 투출하여 재(財)를 생하면 성격(成格)이 된다.
- 겁재격이 재성이 태과하여 재다신약(財多身弱)의 명(命)이 되었을 때 비겁으로 재성을 제화하면 득비이재의 명으로 성격한다.
- 겁재격이 식상이 태과하여 신약할 시에는 인성을 보면 성격(成格)이 된다.
- 겁재격이 관살이 태과할 시에는 인성으로 살인상생을 시키거나 비견이나 상관으로 합살하면 성격(成格)한다.

나) 파격(破格)

- 겁재격에 관성과 식상이 없어 군겁쟁재가 일어나면 파격이 된다.
- 겁재격이 인성이 태과하면 파격이 된다.
- 겁재격이 관성을 보아 成格을 하려는데 식상이 투출하여 관성을 파극하면 파격이 된다.
- 겁재격이 식상으로 성격(成格) 하려는데 인성이 투출하여 도식(倒食)하면 파격이 된다.
- 겁재격이 재성이 태과하여 재다신약(財多身弱)의 명(命)이 되었을 때 칠살이 투출하면 파격이 된다.

- 겁재격이 식상이 태과하여 신약할 시에 인성을 보지 못하면 파격된다.
- 겁재격이 관살이 태과할 때 재성이 투출하여 재생살이 되면 파격이 된다.

2) 겁재격의 중요사항

- 겁재는 재를 분탈하기 때문에 겁재의 재물은 다른 사람의 것이 될 수 있다.
- 겁재와 비견은 확실한 일간의 편이다. 그래서 겁재격이 식상이 있으면 성격이 되는 것이다.
- 겁재는 일간의 확실한 통근처이고 아주 강한 기운을 나타내기 때문에 편관과 궁합이 맞는다.
- 겁재격에 관성은 공익적인 자세와 카리스마 그리고 리더쉽을 준다.
- 비겁에 편관은 권력, 카리스마, 리더쉽이 강하고 보스가 되고 싶어 한다.
- 비겁에 정관은 조심성이 있는데 자존심과 자만심이 강하다.

예) 아파트 건설 시행사 대표

己 戊 丁 己
未 申 丑 亥
己 庚 辛 壬 癸 甲 乙 丙
巳 午 未 申 酉 戌 亥 子

- 이 사주는 戊土 일간이 丑月 己未시에 태어나 겁재격이다.
- 겁재격은 관성으로 제화 하거나 식신으로 설기하여 성격을 이루는데 일지에 식신이 있어 상격이 되지는 못한다.
- 겁재격이 비겁이 중중하니 식신으로 억부용신 한다.
- 축월의 무초 일간이 정화로 조후용신 한다.
- 겁재는 남의 재물이기에 사업적으로 여러 번의 성공과 실패를 반복했다. 지속적으로 젊은 여자와 바람피우고 다니는 사람이다.

3) 겁재격의 특징

- 자존심이 강하여 남에게 절대로 수그리지 않는다.
- 공사가 분명치 않고 재물에 상당히 집착하는 편이다.
- 독립정신과 개척정신이 강하고 자수성가의 형이다.
- 무관체질로 지구력과 신체가 강하고 약자를 보호하고 강자에게 대항하는 의협심이 강하나 너무 강하니 늘 경쟁자가 있다.
- 잘나갈 때는 아주 대단하지만 한번 꺾이면 회생하기 힘들다.
- 신속하게 일 처리는 잘하나 개인적으로는 실속(재복)이 없다.

4) 겁재격(양인격)의 예

가) 겁재격 비겁용신

예1) 경호원이 된 여성

甲 乙 辛 庚
申 酉 卯 戌
甲 乙 丙 丁 戊 己 庚
申 酉 戌 亥 子 丑 寅

- 乙木 일간이 卯月에 출생하였는데 시상에 甲木이 투출하여 겁재격이다.
- 사주에 인성이 없고 전체적으로 비겁木을 극하는 관살이 태왕하여 선강후약(先强後弱)사주로, 인성으로 관살을 설기하여 일간을 생해주던가, 식상으로 제살하여야 하나 주중에 인성과 식상이 없으므로 시상의 甲木 겁재를 억부용신한다.
- 겁재격의 사주가 관성을 보아 성격(成格)은 된다. 그러나 관살이 혼잡하고 재생살이 되어 상격(上格)이 되지를 못하고 격이 추락하였다.
- 이런 구조의 사주는 인성운이 오면 관인상생으로, 식상이 오면 식상제살로 활동을 하게 되는 것이 특징이다.
- 北方水운으로 향하자 살인상생을 이루어 전문대 경호학과를 졸업하고 사설경호 업체에 근무하고 있는 여성이다.

예2) 국가대표 출신의 실업팀 야구선수

癸 辛 甲 乙 男

巳 卯 申 丑

丙 丁 戊 己 庚 辛 壬 癸 4대운

子 丑 寅 卯 辰 巳 午 未

- 辛金 일간이 申月에 출생하였는데 투간된 干이 없으므로 월지 本氣를 격으로 삼아 겁재격이다.
- 辛金 일간이 申月에 출생하여 득령은 했으나 실지 실세한 신약사주로 겁재 申金을 억부용신하고 丑土 편인을 희신한다.
- 겁재격의 사주가 시간에 癸水 식신이 투간 되어 식신생재(食神生財)를 하니 成格을 이룬 사주로 時支의 巳火까지 財生官으로 이어진다.
- 위 사주의 주인공은 국가대표 야구선수 출신으로 실업팀에서 현역으로 활동하고 있다. 편인과 겁재 식상으로 이루어진 사주구조에 발달한 재성은 야구 골프 등의 운동에 천부적 재능을 나타낸다.

나) 겁재격 식상용신

예1) 食官佩用의 겁재격

丙 乙 甲 戊

子 丑 寅 申

辛 庚 己 戊 丁 丙 乙

酉 申 未 午 巳 辰 卯

- 乙木 일간이 甲寅月생으로 본기 甲木이 월간으로, 중기 丙火가 시간으로 투출 하였는데 본기 甲木으로 격을 삼으니 겁재격이 된다.
- 乙木 일간이 甲寅月생으로 득령하고, 시지 子水의 생을 받아 신강하다.
- 寅月의 乙木 일간이 시상丙火로 설기하는 것이 아름다우니 상관을 억부용신 한다.
- 겁재격이 時干의 丙火로 식상생재(食傷生財)하니 성격(成格)이 되었다. 또한 년지의 申

金 또한 旺한 겁재를 제하는 중 상관 丙火와 서로 대립하지 않으니 좋은 구조를 이룬다.

- 겁재격의 사주가 이 사주와 같이 식상과 관성이 서로 대립하지 않는 구조일 때는 모두 희신이 될 수 있다. 운로가 火운으로 향하여 官을 쓰지 않고 食傷을 활용하여 안정적으로 사업을 하는 사람이다.

예2) 힘들게 혼자 사는 비천한 여자

辛 癸 乙 己 女
酉 亥 亥 亥

癸 壬 辛 庚 己 戊 丁 丙 1대운
未 午 巳 辰 卯 寅 丑 子

- 癸水 일간이 亥月 본기 壬水로 격을 삼으니 겁재격이다.
- 癸水 일간이 득령, 득지, 득세하여 매우 신강하다.
- 비겁강의 사주로 己土 관성을 용신 하여야 할 것 같으나 乙木이 亥 중에 甲木에 뿌리를 두고 월간으로 투출하여 관성을 극제하니 관성을 쓰지 못하고 식신 乙木으로 비겁의 기를 설기하여 억부용신한다.
- 이 사주는 겁재격이 乙木 식신으로 설기하여 성격(成格)이 된 것으로 볼 수도 있으나 시간에 편인 辛金이 투간하여 도식(倒食)을 하고 사주에 재성이 없어 식신생재(食神生財)로 이어지지 못하니 성격(成格)이 잘 되지 못한 사주로 모든 일에 결과를 내기 힘들다.
- 특히 식상 乙木은 지지의 과다한 水氣에 부목(浮木)되고 관성 己土도 수다토류(水多土流)되어 강한 비겁의 기운을 제화시킬 능력이 부족하다.
- 위 사람은 남자와 연애에 실패 한 후 결혼도 못하고 자식도 없으며 여러 가지 장사에 실패 한 후 어렵게 직장생활을 하며 혼자 살고 있는 여자이다.

다) 겁재격 재성용신

예1) 자영업으로 성공한 남자

丁 癸 辛 丁

巳 卯 亥 亥
甲乙丙丁戊己庚
辰巳午未申酉戌

- 癸水 일간이 亥月 출생으로 월지 본기로 격을 잡으니 겁재격이다.
- 억부용신법으로 볼 때 비겁으로 신강한 사주에 관성이 없으니 일지卯木 식신으로 설기하는 것이 용신이다. 그러나 겨울생으로 한습하여 丁火를 조후용신으로 선용하고 식신을 희신으로 삼는 것이 좋다.
- 신강한 겁재격의 사주가 亥卯合木으로 식신국(食神局)을 이루고 재성이 투간하여 식신생재(食神生財)로 성격(成格)이 잘 되었다.
- 월겁격의 신강사주는 일생 재물을 혼자 소유할 수 없고 언제나 분탈 당하게 되며 주변에 도둑이 많다. 그러나 이 사주는 식신(食神)이 국(局)을 이루고 식신생재를 하니 자만심을 버리고 순리대로 행하기에 풍요로운 생활을 할 수 있다.
- 초년이후 용신 火運을 만나 자영업으로 성공하였다. 이 사주는 富에 적응능력은 좋으나 貴하기는 힘들다.

예2) 맹인 안마사의 사주
戊 壬 丙 己 男
申 申 子 亥
戊己庚辛壬癸甲乙 3대운
辰巳午未申酉戌亥

- 壬水 일간이 子月에 출생하였는데 지지에 水局을 이루니 身旺한 겁재격(양인격) 이다.
- 한랭한 사주에 丙火로 조후용신하고 木으로 食神生財를 한다면 성공 할 수 있다. 그러나 사주에 식상이 없으니 戊土 관성을 억부용신으로 겁재를 제화하여 財를 보호해야 한다.
- 이 사주는 신왕한 겁재격이 戊, 己 土 관성이 투출하고 丙火가 재생관을 하니 얼핏 보면 성격(成格)이 된 사주로 볼 수 있다. 하지만 火와 土 財官이 지지에 전혀

뿌리가 없고 미력하여 파격이 된 사주이다 대운에서 도와주기만을 기다려야 하는데 대운마저 한랭하게 흘러 발복할 수 없었다.

- 겁재격의 신강사주는 재물을 혼자 소유할 수 없고 언제나 주변에 도둑이 많다. 맹인안마사의 사주인데 壬辰년에 췌장암까지 발병하여 투병 중이다.

라) 겁재격 관성용신

예1) 관공직에 진출한 시상일위편관격

甲 戊 己 癸
寅 午 未 丑
壬 癸 甲 乙 丙 丁 戊
子 丑 寅 卯 辰 巳 午

- 戊土 일간이 己未月에 출생하여 월간에 투출한 己土 겁재로 격을 잡으니 겁재격이다
- 己未月에 득령(得令)한 중 일지 午火에 득지(得支), 연지 丑土의 세를 얻으니 비겁이 강한 신강사주이다.
- 시주 甲木 편관이 억부용신이며 年干 癸水가 희신이다.
- 癸水는 조열한 未月에 단비가 되어 조후용신이 되기도 한다.
- 겁재격의 신강한 사주가 시간(時干)에 甲木 편관을 상신(相神)으로 성격(成格)한다. 상신(相神) 甲木의 뿌리가 튼튼하고 희신 癸水가 재자약살(財慈弱殺)을 하여주니 상격(上格)의 사주가 되었다
- 시상일위편관격(時上一位偏官格)으로 관공직에 진출하였다.
- 초년 南方대운이 불리하여 갈등과 부침이 따랐으나 이후 東北方 용신 운으로 향하니 일생 안정될 것이다. 위 사주는 관인상생을 이루었으니 귀(貴)에 적응능력은 좋으나 커다란 부(富)를 추구하여서는 안 된다.

예2) 수상학 상담가의 사주

丙 甲 癸 壬　男 5대운
寅 申 卯 申
辛 庚 己 戊 丁 丙 乙 甲
亥 戌 酉 申 未 午 巳 辰

- 甲木 일간이 卯月생으로 겁재격(양인격)이다.
- 득령 득세한 비겁강의 사주로 일지 申金 편관을 억부용신 한다.
- 겁재격의 사주가 成格이 되기 위해서는 우선적으로 천간에 관성이 투간 하여 강한 비겁을 제화(制化) 하던가 官星이 없을 때는 食傷으로 강한 겁재를 설기하여 生財를 하여야 한다. 그런데 이 사주는 겁재격의 성격(成格) 조건인 관성과 식신을 모두 가지고 있음에도 財星이 없어 재생관도 안 되고 식신생재도 안되므로 下格의 사주가 되고 말았다.
- 편인에 식신으로 秀氣가 流行을 하며 지지에서 편관과 양인이 제화를 이루니 탁월한 역량으로 30년을 도봉산에서 수행하며 수상학으로 후학을 지도하고 있는 선생의 사주이다.

마) 겁재격 인수용신

예1) 병원이 잘되는 의사
丁 戊 己 庚
巳 申 丑 子
丁 丙 乙 甲 癸 壬 辛 庚
酉 申 未 午 巳 辰 卯 寅

- 戊土 일간이 丑月에 己土 투출하여 겁재격이다.
- 비록 득령은 하였으나 丑月은 水가 旺한 계절이며 년주의 子水와, 일지의 申金이 水局을 이룬 중 식상이 旺하여 설기가 심하다. 또한 사주가 한랭하여 시상 丁火를 억부 및 조후용신으로 한다.
- 이 사주는 겁재격에 식신생재의 구조를 이루며 더하여 시지 巳火에 통근한 丁火 인성이 조후와 억부를 해결해주니 成格이 잘된 上格의 사주이다.

- 사주의 주인공은 의학을 전공하였고 대운이 희용신인 木火운으로 향하여 개원한 병원이 잘 운영되고 있으며 대학병원의 외래교수를 겸직하고 있다. 위 사주는 食神生財가 유력하니 富를 창출하는 능력이 매우 좋다.

예2) 겁재용인격

丁 庚 癸 己　남 9대운
亥 寅 酉 亥
乙 丙 丁 戊 己 庚 辛 壬　3대운
丑 寅 卯 辰 巳 午 未 申

- 庚金 일간이 酉月에 출생하여 겁재격이다.
- 비록 득령은 하였으나 실령 실지하여 신약하고 더불어 金水가 旺하여 한랭하다.
- 년간의 己土 인수로 억부용신하고 시상의 관성 丁火로 희신하여 조후를 맞추어 준다.
- 이 사주는 겁재격의 사주가 金水寒冷 한데 일지의 寅木에 통근한 丁火 관성으로 相神을 하고 조후까지 해결하여 성격(成格)이 잘 된 사주이다.

✦ 11. 외격(外格)의 취용법

　외격(外格)은 내격이 변하여 격을 이루었으므로 변격(變格)이라고도 하며 내격(內格)과는 달리 사주에서 가장 강왕한 오행의 기(氣)를 따른다. 즉 사주내의 오행이 일간을 중심으로 한 가지 오행의 기(氣)로 편중되어 구성될 때를 말하는 것인데 일간이 木이며 타간지가 모두 木으로 구성되어 있으면 곡직격(曲直格)등으로 명칭이 되며 왕신(旺神) 木을 기준으로 순기(順氣)하는 오행을 따라 水木火가 길신(吉神)이고 木과 상극되는 金土가 흉신(凶神)이 된다.

　또한 일간 자체가 아예 무근, 무기하고 타 육신 한가지로 태왕(太旺)할 때 그 세력을 쫓아 격과 용신을 이룰 때 종격(從格)이라 하며 종하는 오행 운이나 종한 오행을 생조하는 운이 길하다. 외격에서는 用・喜・忌・仇・閑神을 구별하기보다는 길운과 흉운으로 구별하는 것이 바람직하다.

주의하여야 할 점은 특별 격들은 사주의 기가 모두 편향적으로 이루어졌고 월지의 기가 주도적 역할을 하기 때문에 월지를 충(沖)하는 것이 매우 민감하며 흉하다.

1) 외격의 종류

가) 종격 – 종아격, 종재격, 종살격, 종강격, 종왕격, 종세격

나) 일행득기격 – 곡직격, 염상격, 가색격, 종혁격, 윤하격

다) 화기격 – 갑기합화토격, 을경합화금격, 병신합화수격, 정임합화목격, 무계합화화격

라) 양신성상격 – 신살양정격

2) 외격의 成格 요건

가) 종격

- 종강격 – 인성이 태과하고 식상이나 재성이 없어야 한다. 관성도 없으면 좋다.
- 종왕격 – 관살이 없어야 한다. 인성은 상관없다.(곡직격, 염상격, 가색격, 종혁격, 윤하격)
- 종아격 – 인성이 없고 비겁도 없어야 한다.
- 종재격 – 인성과 비겁이 없어야 한다.
- 종살격 – 식상이나 인성이 없어야 한다.
- 종세격(從勢格) – 식상, 재성, 관성이 모두 힘이 있어 균정(均正)할 때이다. 이때는 재운이 가장 좋다.
- 종아격, 종재격, 종살격, 종세격은 일간의 뿌리가 없어야 한다.

나) 화기격

종격보다 더 드문 경우로 일간이 타간과 합화하여 자신의 성질을 버리는 것으로 아래의 조건을 갖추어야 성격이 된다.

- 일간의 합이 있어야 한다.
- 합화된 오행이 월지를 장악해야 한다.
- 지지에 합화된 오행이 삼합국, 방국으로 되어 있을 것.
- 천간에 화기된 오행이 투출될 것.

- 화기된 오행을 극하는 오행이 없어야 한다.
- 일간의 뿌리가 없어야 한다.
- 합화된 오행이 합, 형, 충이 되면 안 된다.

다) 종격이나 화기격의 해석

- 종(從) 되거나 화(化)되는 오행의 운을 최고로 친다.
- 종 되거나 화되는 운을 설기하는 운이나 생조하는 운도 괜찮다.
- 종 되거나 화되는 오행을 극하는 운은 나쁘다.
- 종격이든 화격이든 이루어진 오행이 격국용신이 된다.
- 진종격이나 진화격의 경우는 대운의 영향을 별로 받지 않는다.
- 가종격이나 가화격의 경우는 대운의 영향을 많이 받아 기복이 심하다.
- 사주를 볼 때는 항상 내격(內格)이라는 전제를 두고 난 후, 외격(外格)의 성립여부는 대운을 보고 과거의 결과를 꼭 문진한 후 결정해야만 실수를 하지 않는다.

3) 종격(從格)의 예

종격이란 인수, 비겁, 식상, 재성, 관살 등 어느 한 육신이 그 세력이 너무 강하여 통제가 불가능할 때 선불리 통제하기보다는 그 세력에 따라 종(從)하는 것이다. 그러므로 일주가 태왕하면 비겁에 따라 종(從)하고 반대로 일주가 태약 할 때 식상, 재성, 관성 중 어느 한 육친이 태왕하면, 그 육친에 따라 가는 것을 종격이라고 한다. 종격에서 가장 조심스럽게 보아야 할 것은 가종격(假從格)이다. 세력을 거역할 수 없기에 종(從)을 하기는 하나 일간에게 약간의 인성이나 비겁의 생조가 있어 순수하게 종하지 못하는 경우를 말한다.

가) 종아격(從兒格) - 종식격(從食格)

종아격의 용신은 食傷이며 식상과 財星운이 길하고 인수와 관살의 운은 흉하다. 종아격은 반드시 월지가 식신, 상관이라야 하며 食傷局을 이루면 성립되고 成格이라 할 수 있다. 다른 종격과는 달리 종아격은 비겁이 있어도 식상을 생하여 문제가 없고, 재성이 없고 식상만 旺할 경우보다는 재성이 있어 식상생재로 재물을 만든다면 더 부귀하게 된다. 종아격은 문예 교육 육영사업 등에 길하지만 남편궁은(남자에게는 자식궁) 불리하다.

예1) 수목(水木) 종아격

乙 癸 丁 甲　女

卯 卯 卯 寅

己 庚 辛 壬 癸 甲 乙 丙　4대운

未 申 酉 戌 亥 子 丑 寅

癸水 일간이 식신 卯月에 태어나 사주가 거의 木으로 이루어졌으며 癸水를 생하는 인성과 비겁이 없으니 일간은 식상에 종할 수밖에 없다. 종아격이 되며 월간의 丁火 편재가 식상을 꽃피워 좋은 사주이다. 木火운이 길하고 土金운이 대흉하다. 비겁 水 運은 식상을 생하여 흉하지 않다.

예2) 토금(土金) 종식격

庚 戊 辛 戊

申 申 酉 子

戊 丁 丙 乙 甲 癸 壬

辰 卯 寅 丑 子 亥 戌

戊土 일간이 辛酉월에 태어나 일지와 시주가 모두 식상이며, 년지 子水가 일간의 기운을 분산시키므로 일간은 더욱 약해진다. 년간의 비견 戊土 또한 일간과 다름없이 지지에 뿌리가 전혀 없고 인성(印星)의 생조(生助)를 받지 못하니 식상을 따라 종(從)해야 된다. 金水운이 길하고 木火운이 흉하다. 비겁(比劫) 土는 식상(食傷)을 생하니 흉하지 않다.

예3) 적천수천미의 종아격 사례

戊 丙 己 戊

戊 辰 未 戊

壬 癸 甲 乙 丙 丁 戊

子 丑 寅 卯 辰 巳 午

丙火 일간이 사주에 비겁과 인수가 없고 온통 일간을 설기(洩氣)하는 식상(食傷)으로 종아격(從兒格)이 되었으며 이를 거스르는 오행이 없으니 진종격(眞從格)이 되었다. 하지만 사주에 金이 없고 土가 지나치게 건조한 것이 병(病)이다. 이 사주 『적천수천미』에 나오는 사주로 乙卯 대운에 왕토(旺土)를 범하여 흉함이 극에 달해 자살하였다는 사주이다. 土金운이 길하고 水木운은 흉하다. 火운은 식상(食傷)을 생하여 흉하지 않다.

나) 종재격(從財格)

종재격은 일간이 무근하고 사주가 대부분 재성으로 구성되어 있어서 일간이 財의 세력을 따라 종할 때 종재격(從財格)이라 한다. 食財官 운이 길하며 인수와 비겁운은 흉하다. 사주가 재성과 재를 생하는 식상이 강하면 재물운에 최상이고, 식상이 약하고 財官이 강하면 富와 貴를 좋아한다. 대운에 따라 식재관의 활용을 적절히 선택할 수 있다. 종재격의 사주는 남녀를 불문하고 부자의 아버지를 만나거나 부유한 배우자를 만나게 된다. 그러나 물질만능주의는 경계하여야 할 부분이다.

예1)
庚 乙 戊 丙　女
辰 酉 戌 戌
辛 壬 癸 甲 乙 丙 丁　3대운
卯 辰 巳 午 未 申 酉

乙木 일간이 戊戌月에 태어나고 연간의 丙火가 土를 생하고 년지 시지가 모두 財星 土로 이루니 종재격이 된다. 火, 土, 金運은 길하고 水, 木운은 흉하다.

예2)
戊 甲 己 丁
辰 辰 酉 未
壬 癸 甲 乙 丙 丁 戊
寅 卯 辰 巳 午 未 申

甲木일간이 酉月에 생하여 실령(失令)했다. 사주내 대부분이 재성(財星) 土로 이루어져 종재격(從財格)이 된다. 위 사주의 주인공은 火運에 안정되었으며 木運에 여러 가지 재화(災禍)를 많이 겪었다고 한다. 火, 土, 金運이 길하고 水, 木運은 흉하다.

예3) 종재격의 강남 며느리

己 甲 己 戊　女 1대운
巳 戌 未 午
甲 乙 丙 丁 戊
寅 卯 辰 巳 午

甲木 일간이 未月에 생하여 실령(失領)했다. 사주가 모두다 재성 土로 이루어져 종재격이 성립된다. 위 사주의 주인공은 부유한 강남며느리의 사주이다. 火, 土, 金 運이 길하고 水, 木運은 흉하다. 이 사주는 甲己合化土格의 예도 된다.

예4)

丙 乙 丙 戊
戌 未 辰 戌
戊 己 庚 辛 壬 癸 甲 乙　3대운
申 酉 戌 亥 子 丑 寅 卯

乙木 일간이 왕성한 土 재성으로 종하여 종재격이 된다. 丙火는 힘을 土로 모으니 火가 많더라도 종아격으로 보면 안 된다.

다) 종살격(從殺格) – 종관격(從官格)

종살격은 일간이 신약하여 강한 관살(官殺)을 따라 從하니 관살을 생하는 재성이 길운이며 인수와 비겁운은 흉하다. 관살이 태왕하면 좋고 관살을 극하는 식상(食傷)이 없어야 종살격이 성립한다. 관살이 태왕해도 인성이 조금이라도 있으면 관살을 설하여 일간을 도우므로 종할 수 없다. 그럴 때는 殺重用印格이 된다. 종살격이 성립되면 인성은 忌神이 된다. 종격이 청하지 못하거나 가종격이 되면 부는 누리나 귀할 수 없거나 귀함이 있으면 부를 누릴 수 없다.

예1) 시어머니와 갈등하는 며느리
乙 己 乙 癸　女 1대운
亥 未 卯 亥
癸 壬 辛 庚 己 戊 丁 丙
亥 戌 酉 申 未 午 巳 辰

己土 일간이 지지에 亥卯未 木局을 이루고 천간으로 乙木 七殺이 강하게 투출한중에 재성의 생부를 받아 종살격이 되었다. 水, 木運은 길하며 火, 土, 金運은 흉하다. 부친께서 고위직 공무원 출신이나 대운의 흐름이 좋지를 못하여 크게 발전하지 못하고 결혼 후 화장품장사를 하는 시어머니와의 갈등으로 고생을 하고 사는 여자이다.

예2) 왕따를 당한 종살격
丁 癸 丁 己　男
巳 未 丑 巳
己 庚 辛 壬 癸 甲 乙 丙　4대운
巳 午 未 申 酉 戌 亥 子

癸水 일간이 丑月에 출생하여 천간지지가 전부 財와 殺로 되었고 년간에 己土가 투간하여 종살격을 이루었다. 火, 土運은 길하고 金, 水, 木運은 흉하다. 이 집안에는 이사람 태어난 후 종재살격(從財殺格)의 특성대로 아버지가 사업에 발전하였다. 丙子대운에 대운의 흐름이 흉하여 학교에서 친구들에게 왕따를 당하였으나 현재는 호주에 유학을 하여 호텔조리학을 전공하고 있다.

예3) 고관직의 종살격
乙 乙 乙 庚
酉 酉 酉 戌
癸 壬 辛 庚 己 戊 丁 丙

巳 辰 卯 寅 丑 子 亥 戌

乙木 일간이 三酉金에 庚이 투출(透出)하고 월간의 乙은 庚과 합해 金으로 化하고 戌土는 酉戌金局으로 金을 生할 뿐이다. 일간과 비견은 뿌리가 전무한 상태이니 왕한 金의 세력을 따라가는 종살격(從殺格)이 되었다. 사주의 주인공은 높은 벼슬을 지녔다. 土, 金運은 길하며 水, 木, 火運은 흉하다.

라) 종왕격(從旺格) **– 종비격**(從比格)

종왕격은 사주의 대부분이 비겁으로 이루어져 극신강한 사주를 말하며 용신은 비겁이 되며 인수와 식상운이 길운이고 관살과 재성운이 흉하다. 일간을 극하는 관살은 매우 흉하고 아울러 재성은 관성을 생조(生助)하므로 꺼린다.

예1) 종왕격의 후리랜서
戊 辛 甲 庚 男 7대운
戌 酉 申 申
辛 庚 己 戊 丁 丙 乙
卯 寅 丑 子 亥 戌 酉

辛金 일간이 申月에 태어나 지지에 申酉戌金局이 되고 年干의 庚金이 월간의 甲木을 甲庚충으로 제거하여 그 세력을 따라 종왕격이 되었다. 土, 金, 水運에 길하고 木, 火運에 흉하다. 27세 丁대운 동안 공무원 시험에 도전 했다 실패하고 전문가 후리랜서로 인생을 새 출발한 사람이다.

예2) 물개라는 별명을 가진 사나이
庚 癸 辛 壬 男 3대운
申 亥 亥 子
己 戊 丁 丙 乙 甲 癸 壬
未 午 巳 辰 卯 寅 丑 子

癸水 일간이 亥月에 출생하여 득령, 득지, 득세하고 지지가 申子亥水局으로 이루어 졌으며 庚, 辛金이 일간 癸水를 생하고 있다. 사주에 水를 거역하는 오행이 전혀 없으니 水로 종왕격을 이루니 윤하격(潤下格)이 된다. 金, 水, 木運은 길하고 火, 土運은 흉하다. 경영학과를 졸업 후 아버지의 건축회사를 물려받아 건설업을 하고 있다. 물에 들어가서는 하루 종일도 놀 수 있는 사람으로 별명이 물개이다. 건설현장도 다리공사, 제방공사, 수중보공사 등을 하는 사람이다. 甲午년 부인과 이혼하였다.

예3) 오점을 남긴 종왕격

癸 丙 甲 丙
巳 午 午 寅
丙 丁 戊 己 庚 辛 壬 癸
戌 亥 子 丑 寅 卯 辰 巳

丙火 일주가 午月에 출생하고 전 지지가 화국(火局)을 이루니 그 세력를 따라 종 할 수밖에 없다. 시간 癸水는 일점 뿌리가 없이 火局에 증발하므로 종왕격(從旺格)을 이루나 인생의 오점(汚點)으로 남게 된다. 木, 火, 土運에 길하며 金, 水運에 흉하다.

마) 종강격(從强格) - 종인격

종강격은 사주의 대부분이 인성으로 이루어진 것을 말하며 용신은 印星이 되고 비견과 인수는 길운이고 食, 財, 官運은 흉운이다. 인수와 비견은 일간을 생조해주어 길운이 되나 재성과 관살은 일간을 剋하므로 흉하다. 따라서 인성운에는 대길하며 식상운은 인성의 극제를 당하므로 불길하다. 재성과 관살은 세력을 거슬러 일간을 剋하므로 꺼리게 된다.

예1) 목공예가

庚 庚 己 戊   男 7대운
辰 辰 未 午
丙 乙 甲 癸 壬 辛 庚
寅 丑 子 亥 戌 酉 申

庚金일간이 己未月에 출생하고 사주 전체가 인성으로 이루어져 종강격을 이루었다. 초년에 庚申, 辛酉대운의 흐름이 좋아 어머님이 화장품장사로 크게 부를 일으켰으나 이후 27세 壬戌 대운부터 운이 좋지를 못하니 癸亥대운 乙未년 어머니가 암으로 사망한 사람의 사주이다. 土, 金運이 길하고 水, 木運이 흉하다. 직업은 목공예가인데 어머니가 돌아가신 후부터 수많은 파란을 겪고 있다.

예2) 회계사

庚 癸 庚 庚
申 亥 辰 申
丁 丙 乙 甲 癸 壬 辛
亥 戌 酉 申 未 午 巳

이 사주는 癸水일간이 辰月에 출생하였으나 일지 亥水와 년지, 시지의 申金에서 년, 월, 시간으로 庚金이 투출(透出)하였으며 辰土는 庚金을 생 할 뿐이니 庚金을 따라 종(從)하여 종강격(從强格)이다. 이 사람은 유복한 집안에서 대학을 졸업하고 甲申년 회계사 시험에 합격하였으며 대기업에 취직하였다가 다시 로스쿨에 들어간 남성이다.

예3) 탁격의 종강격

癸 癸 辛 辛
丑 酉 丑 丑
甲 乙 丙 丁 戊 己 庚
午 未 申 酉 戌 亥 子

癸水가 丑月에 출생하여 습토가 중중(重重)하고, 한겨울의 한랭한 金이 첩첩(疊疊)하여 水가 탁(濁)하고 냉하여 한랭(寒冷한) 사주가 되니 잘 되는 일이 없었다. 종강격(從强格)을 이루었으나 가종격이 되어 편고(偏枯)한 생을 살다가 요절(夭折)한 사주이다.

바) 종세격(從勢格)
종세격이란 사주에 일간을 생하는 인성과 비겁이 없고 식상, 재성, 관성이 서로 비슷한 세력을 이루고 있는 중에 식신과 관성의 사이에서 재성이 통관시키고 있는 유형의 사주를 말하며 그 세력에 따른다 하여 종세격(從勢格)이라고 한다. 월지를 득한 것을 旺者로 보며 또 재성을 용신의 기준으로 삼아 재를 生하는 식상이 강하면 식재(食財)로, 관성이 강하면 재관(財官)으로 용신을 정하며 食, 財, 官 삼자가 모두 희신이나 결과는 모두 吉로만 나타나지는 않는다. 대운에 따라 식재(食財)운에는 사업으로 성공하고 재관(財官)운에는 공관직으로 진출하는 등 변화가 많이 따른다.

예1)

庚 丁 己 辛　남 3대운
戌 未 亥 亥

　丁火 일간이 亥月에 출생하였는데 사주에 인성과 비겁은 전혀 없고 戌土와 未土 식상이 있고 戌土에 통근한 庚金과 辛金 재성 또한 왕한 중에 년지, 월지에 亥水가 있어 食, 財, 官의 기세가 고루 강하니 종세격을 이루었다. 食, 財, 官運은 길하고 印, 比運은 흉하다.

예2)

丙 乙 甲 辛　여 2대운
戌 未 午 丑
壬 辛 庚 己 戊 丁 丙 乙
寅 丑 子 亥 戌 酉 申 未

　乙木 일간이 午月에 출생하여 실령, 실지, 실세하였다. 월간에 甲木이 있어 신약한 일간에 의지가 되어 종하지 않으려고 하나 겁재 甲木 또한 지지에 입묘가 되고 뿌리가 없으므로 종세격이 되었다. 시상으로 丙火가 투간되어 식신 또한 왕성하니 총명하다. 년주의 재성이 식상과 관성을 통관시켜주고 있는 종세격으로 食, 財, 官運이 吉하며 인성과 비겁운은 凶하다. 편안한 성장기를 지나 결혼 후 안정적인 가정생활을 해오다가 47세 이후 亥대운을 맞아 흉운에 우연히 피부관리실을 인수하여 운영하다 오히려 가정적 불화를 겪게 된 사람이다. 철저히 우뇌형(比-食-財구조)의 사주가 대운에서

좌뇌(官-印)를 사용할 것을 강요당하게 되니 자신의 가치관과 행동관습의 변화로 인해 심리적 갈등을 겪게 된 경우이다. 식신과 관성의 발달로 교사의 자질이 있어 庚子대운에 보건대학원에 진학하여 교육자로서의 꿈을 키우고 있다.

4) 일행득기격(一行得氣格)의 예

일행득기격은 연해자평(淵海子平)에서 취급한 격국 중의 일부이다. 후에 적천수(適天髓)에서 말하는 다섯 가지(종아 · 종재 · 종살 · 종강 · 종왕격) 종격 중에 대부분 비겁으로 이루어진 종왕격(從旺格)과 같은 구조기에 별도로 취급할 필요는 없다. 그러나 一氣로 이루어진 오행의 특성을 좀 더 깊이 이해하기 위하여 특수격의 사주일수록 고전의 이론을 참고하는 것도 바람직하다. 주의해야 할 점은 일행득기격에서 왕한 오행과 대적하는 오행의 운에서는 흉함을 면하기 어렵지만 사주에 방어능력이 있을 경우에는 그런 흉함을 피해갈 수 있다. 예로 木으로 이루어진 곡직격이라도 火식상이 발달되어 있을 때는 재운이 와도 木生火 火生土로 수기되어 평범한 운이 될 수도 있다.

가) 곡직격(曲直格)

곡직인수격이라고도 하며 나무가 자라는 특성을 딴 것으로 곡직격이라 하였다. 木이 곡직격을 이루려면 甲, 乙日생이 亥, 子, 寅, 卯月에 생하고 지지에 亥卯未 木局 및 寅卯辰 木局을 이루거나 寅, 卯, 亥, 子로 구성되어 있고 천간에도 甲, 乙木을 만나 주중에 木이 태왕하여 타 오행이 그 기세를 제할 수 없으면 그냥 木에 종하게 된다. 사주 가운데 金이 있으면 진격(眞格)이 못 되고, 운에서 土, 金을 만나는 것도 크게 꺼린다.

예1) 곡직격
乙 甲 乙 甲
亥 寅 亥 寅

甲木 일간이 亥月에 태어나 지지가 寅亥木局을 이루고 木氣를 극하는 金氣가 없으므로 순수한 곡직격(曲直格)을 이룬다. 강한 木局을 따라 水, 木, 火운이 길하고 격을 극하는 土金운이 흉하다.

예2) 곡직격

癸 乙 乙 甲
未 卯 亥 寅

乙木 일간이 亥月에 태어났는데 지지에 亥卯未 木局을 이루고 木氣를 극하는 金이 없으므로 순수한 곡직격(曲直格)을 이룬다. 강한 木기운을 따라 水, 木, 火運이 길하고 격을 극하는 金, 土運이 흉하다.

예3) 곡직격

乙 甲 乙 癸
亥 寅 卯 卯

甲木이 卯月에 득령(得令)하였는데 시지 亥水는 일지와 寅亥合木을 이루니 곡직격(曲直格)이다. 水, 木, 火運이 길하고 격(格)을 파(破)하는 土, 金運은 흉하다.

나) 염상격(炎上格)

염상격은 火가 용신이며 木, 火, 土가 길신이며 水가 기신이다. 즉 丙, 丁日생이 사주에 火氣가 태왕하여 火에 從하는 사주를 염상격이라 한다. 염상격이 이루어지려면 丙, 丁日생이 지지에 寅午戌이나 巳午未가 대부분이고 천간에도 木, 火가 많으며 火를 극하는 水오행이 없어야 한다. 그러므로 丙, 丁日에 火가 태왕 하더라도 壬, 癸, 亥, 子, 水가 사주 내에 있으면 염상격이 될 수 없다.

예1) 염상격

甲 丁 丙 丁
午 未 午 巳

丁火 일간이 午月에 출생하여 지지 巳午未가 火局이며 연·월간이 丙丁 비겁으로 이루어져 염상격이다. 火勢를 거역할 수 없어 火氣를 따를 수밖에 없으니 木, 火, 土운이 길하고 金, 水운이 대흉하다.

예2) 염상격

甲 丙 丁 戊
午 午 巳 寅

丙火 일주가 巳月에 출생 하였으며 전 지지가 午, 午, 巳, 寅으로 일간과 함께 화염(火炎)되어 있으니 염상격(炎上格)이다. 격을 파하는 水, 金運이 흉하고 木, 火, 土運은 길하다.

예3) 염상격

庚 丙 丙 丁
寅 午 午 巳

丙火가 午月에 출생하여 지지에 寅, 午, 午, 巳가 火局이며 년, 월간이 丙, 丁 火로 火勢가 치솟아 염상격(炎上格)이다. 시상 庚金이 있으나 旺한 火를 대적할 수 없어 오히려 병(病)이 된다. 火勢를 거역할 수 없으므로 火의 강세를 따를 수밖에 없으니 木, 火, 土運은 길하고 金, 水運은 흉하다.

다) 가색격(稼穡格)

가색격은 土가 용신이며 火, 土, 金運은 길하고 水, 木運은 흉하다. 일간이 戊己土로서 地支가 辰, 戌, 丑, 未 土로 이루어지고 사주 내에 木이 없어야한다. 가색(稼穡)이란 농사를 지어 곡식을 거둔다는 의미로 사주에 온통 土가 많으므로 붙여진 명칭이다.

예1) 가색격

己 戊 戊 己
未 午 辰 未

戊土 일간이 지지가 모두 火土이며 사주 전체가 土로 이루어져 가색격(稼穡格)이다. 火, 土, 金운은 길하고 水, 木운은 흉하다.

예2) 가색격

戊 戊 壬 戊
午 辰 戌 戌

戊土 일간이 월간의 壬水 외엔 사주가 모두 土로 이루어져 가색격(稼穡格)이 되었다. 壬水는 土의 세력을 감당할 수 없으므로 무용지물이 되어 오히려 사주에서 병(病)이 되어 예1) 보다는 격이 떨어진다. 火, 土, 金運에 길하고 水, 木運에는 흉하게 된다.

예3) 가색격

戊 己 丙 乙
辰 未 戌 未

己土 일간이 전 지지가 土이며 사주에서 土의 세력을 거스를 수 없으니 가색격(稼穡格)이다. 년간에 乙木 관성을 억부용신(抑扶用神)으로 생각할 수도 있으나 乙木은 丙火에 분목(焚木)되어 관(官)으로서의 기능이 없다. 火, 土, 金運은 길하고 木, 水運은 흉하다.

라) 종혁격(從革格)

庚, 辛日生이 巳酉丑과 申酉戌金局을 이루고, 土, 金이 합세하거나 庚申, 辛酉가 사주 대부분을 차지하여 일주가 태왕해지면 종혁격이 된다. 이 격도 종왕격과 마찬가지로 용신 金을 극하는 官殺 火가 없어야 하며 지지에 관살이 암장된 경우에는 격은 성립되어도 병이 있는 사주가 된다. 종혁격은 金이 용신이며 土, 金, 水가 길운이고 木, 火가 흉운이 된다.

예1) 종혁격

戊 辛 庚 庚
戌 酉 辰 申

辛金 일간이 辰月에 지지가 申酉戌金局을 이루어 왕하며 시간 戊土는 金을 도우므로 金 세력을 거역할 수 없어 종혁격(從革格)이 성립된다. 격의 기세에 순응하는 土, 金,

水운이 길하고 木, 火운은 대흉하다.

예2) 종혁격

辛 庚 己 壬
巳 申 酉 申

庚金 일주가 酉月에 출생하고 지지에 申金이 왕하며 월간의 己土는 金을 도우므로 金 세력을 거역할 수 없으니 종혁격(從革格)이다. 그러나 시지에 巳火가 있어 진격(眞格)이 못된다. 격(格)의 기세에 순응(順應)하는 土, 金, 水운이 길하고 木, 火운이 대흉하다.

예3) 종혁격

己 辛 丁 辛
丑 酉 酉 巳

辛金 일주가 酉月에 출생하였는데, 지지에 巳酉丑 金局을 이루고 년간에 辛金이 투출(透出)하여 金氣가 태왕하다. 년지 巳火에 통근(通根)한 월간의 丁火가 억부용신일 것 같으나 丁火의 뿌리 巳火가 巳酉丑金으로 化하여 종혁격(從革格)이 되었다. 하지만 월간의 丁火로 인하여 격이 매우 추락한다. 土, 金, 水運이 길하고 木, 火運이 대흉하다.

마) 윤하격(潤下格)

윤하격이 되려면 壬癸日생이 지지에 申子辰이나 亥子丑으로 水가 대부분을 차지하고 천간에도 金, 水가 많아야 한다. 丑土는 亥, 子를 만나면 亥子丑으로 水局을 이루고 辰土는 申, 子를 만나면 申子辰으로 水局을 이루니 무방하다. 윤하격은 水가 용신이며 金, 水, 木이 희신이고 火, 土는 기신이다. 물은 부드럽고 윤기 있게 만물을 적셔준다. 윤하격은 이처럼 水의 흐르는 성질을 가리켜 칭한 것이다.

예1) 윤하격

壬 壬 壬 壬
子 辰 子 子

壬水 일간이 子月에 태어나고 지지에 子辰水국을 이루었으며 사주 전체가 水로 이루어져 윤하격이다. 金, 水, 木운이 길하고 火, 土운이 대흉하다.

예2) 윤하격
癸 癸 壬 壬
丑 亥 子 辰

癸水 일간이 子月에 태어나고 子辰과 亥子丑 水局으로 지지가 온통 水局이 되었다. 천간도 癸, 壬, 壬으로 사주 전체가 水局을 이루었으니 윤하격(潤下格)이 되었다. 金, 水, 木運이 길하고 火, 土運이 흉하다.

예3) 윤하격
戊 壬 壬 壬
申 辰 子 辰

壬水 일간이 子月에 출생하고 地支에 申子辰 水局을 이루어 潤下格이다. 유년 시절 대운이 좋아 부모의 덕으로 공부를 훌륭히 할 수 있었다. 의학박사가 된 사람의 사주다. 윤하격(潤下格)의 사주로 金, 水, 木은 吉하고 火, 土는 凶하다.

5) 화기격(化氣格)의 예

화기격(化氣格)이란 천간오합이 木, 火, 土, 金, 水 다섯 가지 오행으로 합변 하여 이루어지는 격이다. 일주가 힘이 없고 月干 또는 時干과 합이 되며 화신(化神)이 지지에 뿌리가 있을 때 합화격이 된다. 화기격이 성립되면 역시 합화한 오행을 기준으로 길신과 흉신이 정해지며 化하는 오행을 방해 하는 오행이 있으면 가화격(假化格)이 되거나 또는 화기격 자체가 성립되지 않게 되므로 잘 살펴서 정해야 한다.

종격은 따르는 오행이 용신이지만 化氣格은 화하는 오행을 생하면 길하고 극하면 흉하다. 화기격은 종격과 같이 자기 命을 버리고 힘센 자를 따라가는 것인데 종격과 다른 점은 종격은 자기 혼자 남을 따라가자니 좀 어렵고, 합화격은 남과 합하여 따라가는 것이니 종격보다 從하기가 더 쉽다.

합화(合化)의 기준은 첫째, 일주가 지지에 뿌리인 비겁과 인성이 없어야 한다. 천간의 비겁이나 인성1~2개는 지지에 뿌리가 없으면 合化할 수 있다. 둘째, 합하는 간지(月干, 時干)도 지지에 뿌리가 없어야 한다. 단, 합하여 자신에게 이로울 때는 합하여 종한다. 셋째, 化神이 월령에 있어야 하고 힘이 있어야 더 확실하다.

化神이 왕성하면 化神을 설기하는 오행이 용신, 化神이 약하면 化神이 용신이다. 예컨대 甲己合土일 때 土를 거스르는 오행이 忌神이다. 土가 강하면 土, 金이 길하고, 土가 약하면 火, 土가 길하며 木과 水는 기신이 된다.

가) 갑기합화토격(甲己合化土格)

甲日이 己를 만나거나 己日에 甲이 있으면 甲己合을 해서 土가 되는데 土의 절기인 辰, 戌, 丑, 未月에 출생했고 사주가 戊, 己, 辰, 戌, 丑, 未의 土와 丙, 丁, 巳, 午의 火로 되어있고 土의 기운을 거스르는 木이 없어야 갑기합화토격이 된다.

예1) 갑기합화토격

甲 己 戊 丙

戌 未 戌 午

己土 일간이 시간의 甲木과 합을 하고 戊戌月에 未戌土가 있어 갑기합화토격이 성립된다. 火, 土 운은 길하고 水, 木운은 흉하며 金운은 사주의 구성에 따라 吉, 凶이 달라질 수 있다.

예2) 갑기합화토격

己 甲 壬 戊

巳 辰 戌 辰

甲木 일간이 戌月에 태어나고 지지에 土가 왕한 사주인데, 甲木일간이 시간 己土와 甲己合土로 화(化)하니 갑기합화토격이다. 土를 생하는 火土운은 길하고 水木운은 흉하다. 金운은 길하다고 보나 천간으로 투출(透出)하여 기신(忌神) 水를 생하고 甲木을 극하면 흉할 수 있다는 점을 유의해야 한다. 월간의 壬水는 사주의 기세를 거역할 수는 없으나 甲木을 생하니 격이 추락하여 가화격(假化格)이 되었다.

예3) 갑기합화토격

己 甲 甲 己
巳 戌 戌 卯

위 사주는 천간에 두 甲木이 각자 己土를 만나서 서로 합을 하였는데 戌月에 출생하였으니 갑기합화토격(甲己合化土格)이 성립된다. 연지의 겁재(劫財) 卯는 戌土와 卯戌合을 하니 토를 거스를 뜻이 없다. 하지만 卯木이 있어 가화격(假化格)이 된다. 火, 土運은 길하고 水, 木運은 흉하며 金運은 사주의 구성에 따라 吉, 凶이 다르게 나타날 수 있다.

나) 을경합화금격(乙庚合化金格)

庚日생이나 乙日생이 사주의 천간에서 乙이나 庚을 만나 간합을 하여 金이 되는 격을 말한다. 월지가 申, 酉, 戌月에 출생하고 지지에 巳酉丑, 申酉戌 金局을 이루거나 사주가 대부분 金으로 이루어져 있으며 사주에 丙, 丁, 巳, 午 火가 없으면 화기격이 되어 金을 용신으로 삼는다. 土, 金運은 길하며 木, 火運은 흉하다. 사주에서 水는 水生木으로 乙木의 기운을 생하여 합화에 방해가 되며 만일 亥水가 있어 乙木의 根이 된다면 합이불화(合而不化)로 화기격(假化氣格)이 될 수 없다.

예1) 을경합화금격

乙 庚 辛 戌
酉 戌 酉 申

庚金 일간이 酉월에 당령하고, 年月日지가 申酉戌 金局으로 월간에 辛金이 투출했으며 시지 乙木과 일간 庚金이 합하여 을경합화금격이 되었다. 土, 金, 水운이 길하며 木, 火운이 대흉하다.

예2) 을경합화금격

乙 庚 癸 丁
酉 子 丑 丑

庚金 일간이 丑月에 출생하여 癸水가 투출(透出)하였으니 상관격(傷官格)이다. 그러나 년, 월지의 丑土는 시지 酉金과 금국(金局)을 이루고 있으며 연간의 丁火는 乙木의 생을 받기에 요원하며 癸水에 충거(冲去)되었다. 시간의 乙木은 일간과 乙庚合金이 되어 당권한 金氣를 거역할 수 없으니 을경합화금격을 따를 수밖에 없다. 土, 金, 水운이 길하고 木, 火운은 흉하다. 하지만 이런 사주는 화기격(化氣格)으로 분류할 수도 있지만 실제 임상에서는 조후를 기뻐하여 木, 火運에 발전할 수도 있으니 상담 시에 꼭 문진을 통하여 잘 살펴보아야 한다.)

다) 병신합화수격(丙辛合化水格)

丙日생이나 辛日생이 사주의 천간에서 辛이나 丙을 만나 합하여 水로 변화 되는 격을 말한다. 亥, 子月에 출생했고 壬, 癸, 亥, 子의 水가 많으면 화기격(化氣格)이 된다. 水로 용신을 삼고 金, 水운으로 가면 길하고 火, 土운은 불길하다. 木운은 사주의 환경조건에 따라 수기 (受氣)할 경우는 吉하고 丙火의 뿌리가 되거나 生을 해주는 역할이 될 경우는 불리하다.

예1) 병신합화수격

丙 辛 壬 壬
申 亥 子 辰

辛金 일간이 子月에 태어났고 지지에 申子辰合水局을 이루고 시상 丙火와 병신합 (丙辛合)을 하니 병신합화수격(丙辛合化水格)이 된다. 金, 水運은 길운이고 火, 土 運은 흉하다. 위에서 언급했듯이 木운은 사주의 환경조건에 따라 길흉이 나타난다.

예2) 병신합화수격

丙 辛 壬 丁
申 巳 子 丑

辛金 일주가 子月에 출생하여 천간에서 丙辛合을 하니 화기격이 될 수 있다. 일지 巳火에 녹(祿)을 둔 시상 丙火가 관으로 조후용신 할 수도 있을 것 같으나 일, 시지가 사신합수(巳申合水)로 化하는 동시에 천간이 병신합수(丙辛合水)로 화하게 되어 화기격이

되며 연간에 丁火는 壬水와 합하여 합거되니 기세를 따를 수밖에 없다. 그러나 격의 질이 매우 낮아 천격(賤格)이 되는 경우이다. 천간 지지로 丁壬合, 丙辛合, 子丑合, 巳申合으로 합다(合多)하고 수기(水氣)가 많아 음란하니 수려한 미모로 여러 남자들을 전전한 사주이다. 金, 水, 운은 길하고 火, 土운은 대흉하다.

예3) 병신합화수격

丙 辛 辛 壬
申 亥 亥 辰

辛金 일주가 亥月에 태어났고 壬水가 년간으로 투출하여 상관격(傷官格)인데 일간 辛金이 시상 丙火와 丙辛合 水가 되어 화기격(化氣格)이 성립한다. 金, 水運은 길운이고 火, 土運은 대흉하다. 이 사주에서는 木운은 길함이 나타난다.

라) 정임합화목격(丁壬合化木格)

丁日생이나 壬日생이 사주의 천간에서 壬이나 丁을 만나 합하여 木으로 변화되는 격을 말한다. 寅, 卯月에 생하고 甲, 乙, 寅, 卯가 많으면 정임합화목격이 된다. 단 木을 극하는 庚申, 辛酉의 金이 없어야 한다. 水오행은 천간으로 투간하여 丁火를 극할 경우 파격(破格)이 되어 크게 흉할 수도 있음을 참고해야 한다.

예1) 정임합화목격

丁 壬 乙 癸
未 寅 卯 亥

壬水 일간이 卯월에 출생하여 월간에 정기 乙木이 투출하고 지지에 亥卯未 木局을 이루니 정임합화목격이 되었다. 水, 木, 火運은 길하고 土, 金運은 흉하다.

예2) 정임합화목격

甲 壬 丁 己
辰 午 卯 卯

壬水 일간이 월간 丁火와 합이 되는데 壬水의 뿌리가 없다. 따라서 丁火와 합하여 木으로 따라간다. 丁火는 비록 지지에 木火가 있어 뿌리가 되지만 합하여 木을 따라가더라도 자기 뿌리가 튼튼해지는 것이니 더 좋아한다.

마) 무계합화화격(戊癸合化火格)

戊日생이나 癸日생이 사주의 천간에서 癸나 戊를 만나 합하여 火가 되는 격을 말한다. 이 경우 巳, 午月에 출생하고 다른 곳에 水가 없고 丙, 丁, 巳, 午의 火가 많으면 화격이 성립된다. 주의할 것은 水가 투간 하였거나 癸水의 뿌리가 될 경우 합이불화(合而不化)로 흉한 작용이 나타나고 특히 己土가 투간하여 癸水를 극하면 파격이 되어 불길하다.

예1) 무계합화화격

丁 戊 癸 丙
巳 戌 巳 戌

戊土 일간이 巳月에 출생하고 지지에 火土가 왕성하니 戊癸合化 火格이 된다. 木, 火, 土운이 길하고 金, 水운이 대흉하다.

예2) 무계합화화격

丙 癸 戊 丙
辰 巳 戌 午

癸水 일간이 戌月에 출생하고 戊土가 투출(透出)하여 정관격(正官格)을 이루었다. 그러나 癸水일간은 일간을 생해줄 金이 없고 년간과 시간의 丙火가 일지 巳火와 년지 午火에 통근하고 있으며 午戌火局으로 火氣가 旺한 중에 火의 기세를 억누를 水가 없으니 월간의 戊土와 戊癸合하여 火로 변하니 화기격(化氣格)이 성립되었다. 金, 水運은 흉하고 火, 土運이 길하다. 만약 從官格이 된다고 해도 火, 土運이 길하다. 木運의 길흉은 문진(問診)을 하여보아야만 알 수 있다.

6) 양신성상격(兩神成象格)의 예

양신성상격(兩神成象格)이란 서로 상생하는 두 개의 오행으로 구성된 것을 말한다. 즉, 木火, 火土, 土金, 金水, 水木 등과 같이 상생되는 양신으로만 구성되어 있는 사주를 말한다. 사주 전체에 두 가지 오행으로 구성되어 양신이 되었다 하더라도 火金, 木土, 水火, 土水, 金木과 같이 상극되어 이루어지면 양신성상격이 성립되지 않으며 억부법(抑扶法)의 용신에 따라 용신을 정해야 한다. 즉, 양신성상격이란 두 가지 오행이 상생하여 이루어질 때만 성립된다.

가) 양신성상격(兩神成象格)

예1) 양신성상격

戊 戊 戊 戊
午 午 午 午

사주가 土와 火로만 이루어졌으니 양신성상격이 되었다. 戊土 일간이 종왕격이다. 사주에 양신을 방해하는 水와 木이 없으니 순수한 양신성상격이다. 火, 土運은 길하고 水, 木運은 흉하다.

예2) 양신성상격

庚 戊 庚 戊
申 辰 申 戌

土와 金 두 가지 오행으로 반반씩 양신으로 구성되어 양신성상격이 되었다. 戊土 일간을 수기하는 庚金 식신을 용신으로 삼고 격을 파하는 오행이 전무하니 양신성상격이 되었다. 수기하는 土, 金, 水운이 길하며 木, 火운은 흉하다.

예3) 양신성상격

丁 甲 丁 甲
卯 午 卯 午

木과 火오행으로만 이루어졌으니 木火 양신성상격이다. 용신은 木, 火이고 기신은 金, 水이다. 같은 양신성상격이라도 이와 같이 일주가 힘이 있고 설기되는 것이 더 좋다.

나) 신살양정격(身殺兩停格)

신살양정격은 양신성상격과 같이 사주내에 두개의 오행 세력이 있으나 상생관계가 아닌 서로 대립을 하고 있는 것을 말한다. 주의할 것은 양신성상격의 용신법으로 보아서는 안 된다는 것이며 이때는 일주의 강약을 구별하여 신약하면 일주를 도와주는 내격의 용신법을 적용해야 한다.

예1) 신살양정격

癸 戊 癸 戊
亥 戌 亥 戌

두개의 오행으로만 이루어져 있어 양신성상격으로 볼 수 있으나 이 경우는 신강 신약을 구별하여 내격법으로 취용해야 한다. 일간과 水가 상전을 하고 있으므로 火, 土운이 길하며 金, 水, 木운은 흉하다.

예2) 신살양정격

己 癸 己 癸
未 亥 未 亥

사주가 己未, 癸亥 두 개의 간지로 구성되고 있으며 상호 극하는 관계이므로 신살양정격(身殺兩停格)이 성립한다. 이런 경우는 강약을 구별하여 내격 용신법으로 취용해야 한다. 癸水일간이 土의 극을 받고 있으므로 癸水를 생해주는 金과 水運은길하다. 관살(官殺) 土를 생하는 火運은 흉하며, 木運은 일간의 기를 설기(洩氣)하지만 관살(官殺)을 억제하는 식신제살(食神制殺)작용을 하므로 길하다.

✦ 12. 잡격론

위 내격(內格)과 외격(外格)에서 구별하고 설명한 격국명(格局名) 외에도 명리역사의 흐름에서 갖가지 많은 사주의 작용을 설명 하기위한 격명(格名)이 제시되고 설명되었다. 실로 그 이론을 활용하기에는 난해하다고 생각되나 공부하는 사람들은 명리학의 모든 역사적 학문발전체계를 바로 알아야 하는 의무가 있는 것이니 나름대로 참고하기 바란다.

잡격(雜格)의 성립형태를 보면, 천간(天干)의 작용 또는 지지(地支)의 작용으로 이루어지는 격(格), 일주(日柱)로 이루어지는 격(格), 시주(時柱)간지(干支)로 이루어지는 격(格), 일(日)과 시(時), 일간(日干)과 시지(時支)로 이루어지는 격(格), 일(日)과 연(年)으로 이루어지는 격(格), 일(日)과 사주(四柱)천체로 이루어지는 격(格) 등등을 볼 수 있다.

1) 천간작용에 의한 격

가) 천원일기격(天元一氣格)

사주의 간지 중 천간을 천원(天元)이라 하고, 연월일시의 글자가 모두 같으면 하나의 기가됨으로 일기(一氣)라고 한다. 예를 들어 甲年 甲月 甲日 甲時면 천원일기 격에 해당한다. 귀격으로 취급하지만 지지와의 구성을 참고하여 논함이 옳다.

예)

乙 乙 乙 乙
酉 亥 酉 丑

사주의 천간이 모두 乙木으로되어 천원일기를 이루어 귀격(貴格)이다. 천원일기나 지전일기는 모두 청귀할 격이기 때문이다. 지지에 巳酉丑으로 金氣를 이뤘으나 亥水가 殺印相生을 하여 대귀격이다. 남방의 火운이 조후(調候)를 하므로 신왕한 운에서 대발하였다.

나) 양간부잡격(兩干不雜格)

이 격도 위 천원일기와 비슷하게 연월일시의 오행은 같고 음양(陰陽)만 다르므로 甲乙甲乙·丙丁丙丁 식으로 글자 자체만 틀릴 뿐이다. 이격은 정격(正格)의 원리로 길흉(吉

凶)관계를 결정하되 귀기(貴奇)한 의미가 포함되어 있다는 것이다.

예)

乙 甲 乙 甲
丑 戌 亥 子

이 사주는 년·월간에 甲乙이 있고 일시에도 甲乙이 있으니 위에서 말한 대로 청귀한 기운이 있다. 재관(財官)을 용신(用神)으로 삼으니 丑戌 중의 관성(官星)이 있기 때문이다. 재관(財官)이 왕한 운에서 발복하여 이름을 얻었다.

다) 천간순식격(天干順食格)

사주의 천간이 연월일시의 순서에 따라 연간은 월간을 생하고, 월간은 일간을 생하고, 일간은 시간을 생하는 것을 말한다. 년에서 시까지 생해 나가면 선대의 유업을 부모가 받고, 다시 내게 이어지며 또 자식에게 물려주게 된다는 의미가 있다.

예)

丁 乙 癸 辛
丑 亥 巳 卯

年干 辛金이 月干 癸水를 生하고, 癸水는 日干 乙木을 生하고, 乙木은 時干 丁火를 生하는데다 연월시의 음양(陰陽)이 같으므로 천간순식격이 이루어졌다. 게다가 시간 丁火는 다시 時支 丑土를 生하니 생생불식(生生不熄)으로 순환상생(循環相生)을 이루어 대귀·대길한 사주다.

라) 삼기격(三奇格)

삼기란 甲戊庚, 乙丙丁, 壬癸辛이 연월일시 천간에 구비된 것이니 삼기가 있으면 영웅수재(英雄秀才)의 명(命)이라 한다. 사주 구성이 좋은데다 삼기가 있으면 영웅수재로 출세할 것이요, 사주 구성이 나쁜데다 삼기가 있으면 출세는 못해도 흉액이 감소된다.

삼기에 대한 또 다른 이론을 볼 수 있다. 즉 사주천간에 財官印이 투출되었다거나 년월에 재·관·인이 모두 있으면 삼기(三奇)라 하여 명문가 출생으로 안강한 명으로 본다는 것이다.

예)
辛 甲 癸 己
未 午 酉 卯

이 사주는 일간 甲木의 입장에서 볼 때 재(己), 관(辛), 인(癸)이 천간에 모두 있다. 정재(正財) 己는 午未에 통근(通根)하고 정관(正官) 辛은 월지 酉에 뿌리를 두었고 정인(正印) 癸는 월지의 생조(生助)를 받고 있다. 재, 관, 인이 생화유정하고 칠살(七殺), 상관(傷官)이 없으니 귀격이 되었다. 그러나 일간이 卯未에 통근(通根)하고 있는데 卯酉沖으로 卯가 극을 당하니 신약해져 재, 관을 감당하기 힘들다.

2) 지지작용에 의한 격

가) 지진일기격(支辰一氣格)

이 격은 연월일시 네 개의 支가 모두 같으면 성립되는데, 子年 子月 子日 子時라든가 寅年 寅月 寅日 寅時로 되면 사주가 기이하여 길격으로 보는 것이다.

예)
戊 庚 丙 甲
寅 寅 寅 寅

이 사주는 지지에 寅자만 있으므로 귀격이다. 정월의 庚金이 한냉한데 丙火가 寅木에 장생되어서 생을 받고 있으므로 조후(調候)를 하여 길하다. 또 木이 많고 丙火가 왕하여 庚일주는 약한데 寅木 중에서 戊土가 투출(透出)하여 생조(生助)하며 火金의 운으로 행하니 대발하였을 것이다.

나) 사위순전격(四位純全格)

寅·申·巳·亥는 5양간이 장생하는 지지로 사생(四生), 사맹(四孟), 사절(四絶)이라

한다. 子·午·卯·酉를 사왕(四旺), 사중(四仲), 사패(四敗)라 하며, 辰·戌·丑·未를 四季, 四墓, 四庫 또는 화개(華蓋)라고 한다.

❶ 사생구전격(四生具全格)

사생(四生)이란 오행의 장생지(長生地)에 해당하므로 붙여진 명칭이다. 즉, 寅申巳亥로 寅은 火의 장생지이고, 申은 水의 장생지이며, 巳는 金의 장생지이고, 亥는 木의 장생지이다.

예)

戊 庚 辛 丁
寅 申 亥 巳

庚日 亥月에 실령(失令)했으나 일지 申에 녹근하고, 년지 巳는 金의 장생지며, 월간 辛金에 시간 戊土 인수(印綬)가 있어 신약이 아니다. 능히 관성(官星)을 용할 수 있는바 사주에 식상(食傷)·재·관성(官星)의 세력이 비슷하여 중화(中和)를 이루었는데 식상(食傷)이 약간 더 왕한 셈이다. 오행이 구비되고 寅申巳亥가 전부 갖추어 대귀하게 된 고 박정희 전 대통령의 사주이다.

❷ 사패구전격(四敗具全格)

사주에 子午卯酉가 다 있는 것을 칭함인데 남녀를 막론하고 패가망신(敗家亡身)하게 된다고 한다. 子午卯酉는 함지(咸池) 또는 목욕(沐浴)이라고도 한다. 때문에 남자는 주색에 빠져 방탕한 건달이 되기 쉽고 여자도 음란(淫亂)하여 수치를 모른다고 한다.

예)

丁 丙 癸 戊
酉 午 卯 子

이 사주는 생년으로 酉가 도화(桃花)요, 일지 기준으로 卯가 도화(함지·목욕살·패살)인데, 사주에 도화가 중중하면 색을 탐하다가 패가망신하기 쉽다고 한다. 뿐만 아니라

年月日時에 子午卯酉를 다 갖추어 사패구전이라 일생 부랑방탕(浮浪放蕩)한 생활로 세월을 보낸 사람이다.

❸ 사고구전격(四庫具全格)

사주에 진술축미가 다 있는 것인데 남자는 구오지존(九五之尊)에 오른다는 귀격이니 극품(극품: 임금·수상)의 지위에 군림한다고 한다. 그러나 여자가 다 갖추면 팔자가 세어 남편을 극하기 쉽고 또는 수치를 모르는 음천격(淫賤格)이라 한다. 그러나 비록 고독해도 귀히 되는 여성이 많다.

예)

癸 癸 戊 丙
丑 未 戌 辰

이 사주는 연월일시에 辰戌丑未가 다 있어 사고구전 하였으니 귀격이다. 한편 癸日 戌月에 사주 대부분이 土로 구성되어 관살(官殺)이 태왕이다. 종(從)을 잘하는 陰干일생에 時干·癸水 하나의 도움으로는 왕한 殺을 감당키 어렵다. 그래서 순수한 종살격(從殺格)까지 놓아 귀히 된 사람의 예이다.

3) 간지에 의한 격

가) 오행구전격(五行具全格)

연월일시 간지, 즉 사주팔자에 木火土金水 오행이 다 갖추어져 있으면 길격이 된다. 오행이 모두 구비된 사주는 상생의 시작과 끝에 상관없이 막힘이 없기 마련이다. 설사 어느 오행 하나가 미약하거나 강왕하더라도 자연히 소통되어 중화(中和)를 이룬다. 오행구전격은 납음오행도 해당되며 이때는 입태월(入胎月)도 포함한다.

예)

己 癸 癸 癸
未 巳 亥 丑

이 사주는 얼핏 보아 木金이 없어 오행구전이 아닌 것 같다. 그러나 자세히 살펴보면 月支와 時支가 亥未합 木局을 이루고, 年支와 日支가 巳丑합 金局으로 드러나지 않았던 木金이 있는 것과 같다. 이와 같이 명조에 갖춰진 오행뿐 아니라 三合 등 합으로 탄생되는 五行도 포함시켜야 한다.

나) 십간구전격(十干具全格)

사주는 연월일시라 투출(透出)된 干은 네 개뿐이다. 그러나 지지에 암장된 干이 있으므로 이를 합쳐 甲에서 癸까지 十干을 다 갖춘 사주가 있다. 십간이 다 있으면 자연히 오행구전(五行具全)이 이루어지며, 더욱 귀기(貴奇)하다. 즉 오행이 생생불이(生生不已)로 막힘없이 순환상생(循環相生)됨으로써 길격을 이루는 것이다.

예)

壬 癸 庚 辛
戌 丑 寅 卯

이 사주는 십간구전격(十干具全格)이다. 사주에는 네 개의 천간만이 있는데 기이하게도 열개의 천간을 다 갖춘 위와 같은 사주가 있으니 살펴보자. 月支 寅中甲木, 年支 卯中乙木, 月支 寅中丙火, 時支 戌中丁火와 戌中戊土, 日支 丑中己土, 月干 庚金, 年干 辛金, 時干 壬水, 日干 癸水까지 십 천간이 모두 있다. 木·火·土·金·水 오행이 고르게 모두 있으니 동서남북 어느 운을 만나도 문제가 없고 으뜸가는 길격으로 지속적인 발전을 거듭할 것이다.

다) 사주동일격(四柱同一格)

연월일시 간지가 모두 같은 것이니 이렇게 이루어질 수 있는 사주는 열 가지가 있다. 즉 四甲戌·四乙酉·四丙·申·四丁未·四戊午·四己巳·四辛卯·四壬寅·四癸亥로 구성될 수 있다. 이러한 사주를 천원일기격(天元一氣格)이라고도 한다. 고서에 말하기를 천간과 지지가 일기로 모이면 정승의 사주라고 했다. 그러나 辛卯는 가난한 팔자이고, 甲戌의 네 간지는 집이 망하게 되고 사람은 영리하지만 성공을 할 수는 없는 사주라고 한다.

예)

戊 戊 戊 戊
午 午 午 午

이 사주는 공명현달하는 영웅사주이다. 壬水의 대운은 戊土 위에 있으므로 죽지는
않을 것이고, 癸水 운은 戊癸合化하니까 무방하다. 亥水 대운은 亥中 甲木이 불을 생하고
亥중 戊土가 있으므로 운을 넘겼으나 子水 대운은 왕한 午火를 충하므로 사망한다.

4) 일주에 의한 격

가) 괴강격(魁罡格)

괴강격은 넷이 있는데, 日柱가 壬辰, 庚辰, 戊戌, 庚戌이다. 아울러서 주중에도 괴강이
많이 있다면 반드시 복이 많은데, 신왕해지는 운을 만나면 백가지의 복이 생겨나고,
재관운을 만나면 완전히 깨어지게 된다. 성격이 총명하고 문장이 뛰어나며 일을
처리하는 능력 또한 결단력이 있는데, 살생을 좋아하는 성품이 있어서 만일 사주에
형살이 포함되어 있다면 재앙이 극심하다.

예)

庚 庚 庚 庚
辰 辰 辰 辰

이 사주는 네 간지가 모두 괴강이고 金氣가 중중한 신왕사주니 소년에 이름을 얻고
중년대권을 장악할 명이다. 용맹을 떨쳤던 신라의 김유신 장군의 사주라고 한다.

나) 일귀격(日貴格)

日貴라는 것은 甲戊庚이 丑未, 乙己는 申子, 丙丁은 亥酉, 辛은 寅午, 壬癸는 巳
卯,를 마나는 것, 즉 天乙貴人을 말한다. 일귀격은 사람이 순수하고 인덕이 있고
모양도 빼어나며 오만하지 않은 인격자이나 간혹 刑이나 害를 범하면 도리어 재앙을
자초하기도 한다.

예)

庚　丁　癸　癸
辰　亥　亥　亥

위 사주는 종살(從殺)하여 귀격을 놓은 데다 丁亥日로 日支에 천을귀인과 정관성(正官星)을 함께 놓았다. 뿐만 아니라 亥年 亥月이라 年日支에도 천을귀인 정관성(正官星)을 거듭 만난데다 亥水가 용신(用神)되어 더욱 귀기(貴奇)하고 기쁘다.

다) 일록격(日祿格)

녹(祿)은 건록(建祿)을 칭하며 또는 정관성(正官星)을 칭하기도 한다. 그러나 여기에서의 녹은 장관이 아닌 건록인 바 日支에 건록을 놓은 경우를 일록격(日祿格)또는 전록격(專祿格)이라 한다. 한편 月支에 건록을 놓으면 건록격, 時支에 건록을 놓으면 귀록격 또는 일록귀시(日祿歸時)라 한다.

예)

乙　甲　己　戊
亥　寅　未　寅

日干 甲木이 未月에 생하여 실령(失令)이나 日支에 寅을 만나 녹근하고 亥未寅으로 木이 무리를 지어 신왕이다. 이 격에 꺼리는 관살(官殺)이 없어 격이 순수하며, 월간 己土가 착근하니 신왕재왕이 되었다. 초년 申酉金운에 녹이 손상될 것 같으나 時支 亥水가 金의 生을 받아 살인상생을 이룬다. 甲木이 六月 염천(炎天)에 생하여 水氣가 아쉬운 바 亥水가 있어 축여준다. 고로 일록격에 亥水로 조후(調候)하게 되는바 亥子丑 水運에 물이 흡족하여 부귀를 누렸던 사주이다.

라) 일덕격(日德格)

일덕에 다섯 종류가 있으니 甲寅, 戊辰, 丙辰, 庚辰, 壬戌 이다. 복이 두터우나 刑冲破害는 꺼리고, 재성(財星)이나 관성(官星)도 싫어하는바 이러한 흉신이 모이거나 空亡이 되거나 괴강(魁罡) 등을 만나면 크게 나쁘다. 일덕의 주인은 성격이 자비롭고 선량하며 복이 많은 사람이다.

예)
```
壬 壬 壬 甲
寅 戌 申 午
```

사주의 주인공은 꺼리는 관살(官殺)이 왕하지 않고 공망 및 형·충·파·해와 괴강이 없으니 파격(破格)되지 않았다. 寅午戌 火局을 이루어 사주의 病이되나 운로가 서북방으로 향하여 火, 病을 제거하니 크게 성공했다는 사주다.

마) 일인격(日刃格)

일인은 羊刃과 같은 것인데, 日支에 있음을 말한다. 즉 戊午, 丙午, 壬子가 이것이다. 활용법은 羊刃과 동일한데, 刑冲破害나 合은 꺼리지만 官殺은 반가워한다. 三刑이나 自刑이나 괴강 등이 있다면 입신출세를 할 것인데, 무정하고 냉혹함이 있다.

예)
```
乙 戊 壬 壬
卯 午 子 申
```

이 사주는 戊午일에 태어나서 일인인데, 乙卯시를 얻은 것은 대단히 기쁘다. 년월에 水가 왕하며 午의 양인을 冲剋하므로 병이다. 木이 水를 설기(洩氣)하여 다시 生火를 하니까 동남방의 木火運에서 발전하게 된다.

5) 일간과 월지에 의한 격

가) 건록격(建祿格)

건록격이라고 함은 관록재마(官祿財馬: 官은 祿이요, 財는 馬이다) 즉 官祿의 祿을 말하는 것이 아니고 十干의 正祿을 月建에 놓았다하여 建자와 十干 正祿이라는 祿자를 따서 建祿이라 하는 것이고 또 그로서 격을 이루었다하여 건록격이라고 하는 것이다.

예)
庚 辛 己 丁
寅 丑 酉 亥

이 사주는 건록격(建祿格)인데 신왕하여 丁火 칠살(七殺)이 용신(用神)이 된다. 戊申운은
어렵게 자랐으며 丁未대운부터 발전하기 시작하였고 南方火旺運에서 부귀를 누리였으니
이는 약한 칠살(七殺)이 旺火의 힘을 얻은 연고이다. 오십일세 이후 만주에서 이름을
떨치다가 癸運에 약살이 피상되고 무력하던 중 乙酉年에 사망하였으니 이는 칠살(七殺)
의 사궁이 된 연고이다.

나) 월인격(月刃格)
이 격은 양일간(陽日干)에만 해당할 수 있는데 월지에 양인(羊刃)을 놓고 정격(正格)이
없을 때 생각해 볼 수 있는 격이다.

예)
壬 丙 庚 辛
辰 申 午 未

日干 丙火가 午月에 生하여 득령(得令)으로 일단 신왕이다. 그러나 申辰水局에 壬
水가 透出되고 年月干 庚辛金이 관살(官殺) 水를 도우니 신약이 되었다. 신강이었다면
시상편관격(時上偏官格)을 놓아 壬水 칠살(七殺)을 쉬히 쓰겠는데 신약되어 살을 감당키
어렵다. 다행이 月支의 午火 양인이 午中丁火로 壬水 살과 丁壬으로 干合 化木하고 木은
日干 丙火를 生하도록 하니 칠살(七殺)은 양인 때문에 日干을 극하지 않고 도리어 日
干을 돕는 결과가 되었다. 역시 살인상정의 원리가 적용된 셈이다.

6) 일과 년에 의한 격

가) 세덕부살격(歲德扶殺格)
세덕부살격은 일간이 편관(偏官)을 년간 만나는 예이니 귀함이 있다. 비유컨데 年
柱는 君主가 되고 일주는 신하가 되는 것인데, 신하가 임금의 권위를 얻은 것이기

때문이다. 그러므로 年은 조상이 되고 日主는 자신이니 칠살(七殺)이 제함이 있으면 조상이 귀하였을 것으로 본다.

예)
甲 丙 乙 壬
午 戌 巳 申

일간 丙火가 巳月에 득령(得令)하고 午戌로 火局하여 일주를 도우니 丙火가 태왕되었다. 태왕자는 그 세력을 억제하는 게 원칙이니 같은 값이면 정관(正官)보다 칠살(七殺)을 용하는 데 효과적이다. 년간 壬水가 년지 申에 장생하여 명관과마(明官跨馬)로 능히 태왕한 火를 억제 하게 된다. 일주에 비해 살이 미약한 중, 대운이 申酉戌亥子로 金水運이라 용신(用神) 壬水殺이 힘을 얻었으므로 승승장구 발달한 사주이다.

나) 세덕부재격(歲德扶財格)

용신(用神)법칙에 인수(印綬)로 인해 태왕하면 재성(財星)을 용하여 인수(印綬)를 억제, 더 이상 日干을 生해 주지 못하도록 해야 되니 재가 용신(用神)이다. 그런데 타에는 재가 없고 오직 年干에 재성(財星)이 투출(透出)하여 용신(用神)이 될 경우 세간(歲干-年干)에 있다하여 세덕부재격이 되는바 만일 재운이 有氣하면 일주는 조상의 유산을 받을 것인데 신약하면 허망할 따름이다.

예)
辛 壬 乙 丙
丑 子 酉 寅

이 사주는 타 간지에는 재가 없고 오직 年干에 丙火 재성이 투출 일지 寅에 장생하고 있어 용신한다. 時支 丑土는 時干 辛金을 생하고, 辛金은 일간 壬水를 생하고, 壬水는 월간 乙木을 생하고 乙木은 년간 丙火를 생하여 기운이 丙火에 몰려 기쁘다. 대운이 용신(用神) 巳午未 남방 火運을 연속해서 만나니 부귀가문에서 성장하여 부귀한 문중에 출가한 후 남편도 출세하고, 자손도 영귀하여 복록을 누리며 살았던 여인의 사주이다.

7) 일과 시에 의한 격

가) 귀록격(歸祿格)

甲日이 寅時에 태어나면 甲木의 祿이 寅木에 있으므로 귀록격이 된다. 요컨대 사주에서 官殺을 보지 않아야 하는데, 관살(官殺)이 있으면 귀록격이 되기 어렵다. 印綬, 比劫운이 반갑고 食傷운이나 財운에도 발복하는데, 다만 충파는 꺼린다.

예)

丙 甲 癸 丙
寅 子 巳 午

이 사주는 甲子일이 寅時에 태어나서 귀록격이 되었으니 財,食傷,官운에 발복하여 북방운에서 공명을 이뤘고, 재상이 되었다.

나) 전재격(專財格)

時에 정재(正財)가 있으면 이에 해당한다. 전재란 남이 빼앗아갈 수 없는 오직 나만의 재물이란 뜻으로 시지에 재고(財庫)가 있을 때도 이와 같다. 그 재를 탈취할 수 없는 형상이 되어서이다.

예)

丁 癸 壬 己
巳 丑 申 巳

癸日 巳時로 전재격을 이루고 丁火가 투출(透出)하니 아름다운데 일주 癸水로 추수통원으로 신왕하여 巳중의 丙火로 용신(用神)한다. 巳午寅卯 木火運에 용신(用神)이 힘을 얻어 금융계에서 성공하였다.

다) 시묘격(時墓格)

시묘라고 하는 것은 財·官·印이 時支의 묘(墓)에 들어있다 것을 말하며 冲이 와서 묘(墓)를 열어주는 것을 기다린다. 경에 말하기를 '소년이 발하지 못하는 것은 財官印이

庫에 들어있는 까닭이니 기신(忌神)이 제압하는 것은 더욱 불길하다'고 했다. 또 경에 말하기를 '귀살(鬼殺)이 庫에 들면 심히 위험하니 이때에는 신왕해야 한다. 이 방법은 비밀인데 경솔하게 누설하지 말라'고 했다.

예)

壬 丙 丁 壬
辰 寅 未 寅

이 사주는 未月로서 음이 싹트는 계절이나 丁火가 透出하고 未中 丁火가 상존하니 炎熱하여 壬水로 용신(用神)하는데 辰中 癸水에 뿌리하고 있어 아름답다. 그러나 火旺節 壬水가 무기하고 시묘에 충함이 없어 중년 金水運에도 기발하지 못하고만 사주이다.

라) 공록격(拱祿格)

拱이란 둘 사이에 끼어 있다는 뜻이다. 일간의 祿이 日支와 時支의 사이에 끼어 있으면서 月支와 年支에 녹이 없으면서 일간과 시간의 천간이 같을 때 공록격이라고 한다. 여기서 녹은 正官을 뜻하는 녹이 아니고 일간의 건록, 임관의 지지를 의미한다. 공록격은 癸亥日 癸丑時이면 亥子丑의 지지의 순서에 의해 子가 일지 亥와 시지 丑 사이에 보이지 않게 끼어 있는 것이다. 癸丑日 癸亥時는 역시 일지 丑과 시지 亥 사이에 일간의 녹인 子가 끼어 있는 것이다. 丁巳日 丁未時이면 午가 끼어 있고, 己未일 己巳時이면 午가 끼어 있고, 戊辰日 戊午時이면 巳의 녹이 끼어 있다. 격이 성립되려면 반드시 일간과 시간이 같아야 함은 물론이고 월지나 년지에 일간의 녹이 있으면 성립되지 못한다.

예)

戊 戊 癸 癸
午 辰 亥 卯

이 사주는 戊辰일이 戊午시를 얻어서 공록격이다. 辰午의 사이에 巳火가 끼어들어서 그 巳火를 戊土의 祿으로 삼는다는 의미에서 록이 끼어있다는 의미로 공록격이 된 것이다. 地支에 木局을 이뤄서 土의 기운이 약해지는 것은 아쉽고, 초년 戌대운은 辰을 충하므로 장애가 생기고, 서방의 운은 木局을 충하므로 보통이었을 것이며, 남방의 火 土運에서는 공을 이루게 되는데, 巳火 대운은 공록의 운이니 흉하게 된다.

마) 공귀격(拱貴格)

여기에서 귀(貴)는 정관성(正官星)과 천을귀인(天乙貴人) 두 가지를 말한다. 그러므로 공귀란 일과 시지사이에 정관(正官) 혹은 천을귀인을 끼고 있다는 뜻이다. 정관(正官) 과 천을귀인은 吉神으로 작용하는 까닭에 사주 내에 있음을 기뻐하지만 사주 내에 없더라도 지지 사이에 끼고 공있으면 사주 내에 있는 것보다도 더 귀기하게 여겨 길격을 놓을 수 있다는 것이다. 그래서 정관(正官)이나 천을귀인을 끼고 있더라도 사주에 이미 나타나 있으면 공격을 놓지 않는다.

예)

甲 甲 丙 丁
子 寅 午 巳

이 사주는 甲木 일주이므로 귀인은 丑에 있는데, 子水와 寅木이 나란히 있으므로 그 사이에는 丑土가 공협으로 끼어들게 된다. 이것이 공귀이다. 그래서 공귀격이라고 부른다. 그리고 아무것이나 공귀격이 되는 것이 아니고 이 사주 외에는 壬子일 壬寅시, 甲申일 甲戌시, 戊申일 戊午시, 乙未일 乙酉시에만 해당이 된다. 이 사주는 丑土의 辛 金을 정관(正官)으로 삼는바 官貴라고 부르니 더욱 귀하다. 다만 子午沖하고 寅巳刑이 있어서 크게 귀하지는 못하는데, 다행히 寅午가 합하여 해소하고 丑土가 천을귀인을 겸하게 됨으로써 귀하게 된 것이다.

바) 교록(交祿)

여기에서의 녹(祿)은 정관성(正官星)이 아닌 건록을 칭한다. 교록이란 녹을 교환한다는 뜻인데 일간의 건록은 타에 있고 타의 건록은 일지에 있을때 서로 교환해 가짐으로써 그 녹이 자기 것이 되어 귀기한 격을 놓게 되는 것이다.

이 交祿이 이루어지려면 日干의 건록은 시지에 있고, 시간의 건록은 일지에 있어야 하며 타(年·月支)에는 日干과 時干의 건록이 없어야 한다.

예)
甲 庚 丁 己
申 寅 卯 酉

이 사주는 재관격(財官格)이다. 즉 신왕에 재관도 왕하여 능히 재관격을 놓을 수 있다. 日干 庚金이 卯月에 실령(失令) 신약이나 시간 甲木과 祿을 교환, 신에 녹근(祿根)하고 년지 酉金이 도우니 왕한 재관을 감당할 만하다. 즉 재·관·인수(印綬)가 상생을 이룬 사주라 귀격이다.

사) 금신격(金神格)

金神이라고 하는 것에는 癸酉時, 己巳時, 乙丑時를 말한다. 금신은 파괴신이니 제어를 해주는 火運을 만나야 하고, 사주에 다시 칠살(七殺)과 양인이 있으면 귀한 사람이다. 용맹함과 난폭함으로 위세를 떨치게 되는데 인격을 수양하지 않는다면 후회할 행동을 많이 한다.

예)
癸 己 癸 丁
酉 未 丑 亥

이 사주는 時柱에 癸酉가 있어 金神格이다. 신왕하고 金局을 이뤄서 土氣를 설기(洩氣)해주니 土金가상관(假傷官)의 金神격이 되었다. 서방 金운에서 발하였다.

아) 합록격(合祿格)

여기에서 녹(祿)은 正官星을 칭하는 말이다. 정관(正官)은 관직에 비유되므로 녹은 관록(官祿)과 뜻이 같기 때문이다. 명리학 술어에 녹마(祿馬)라는 명칭을 쓰게 되는바 녹은 관성(官星), 마는 역마가 아닌 재(財)를 일컬어 재관을 합칭 녹마라고도 한다. 합록격이란 干合 및 支合(六合)해서 얻은 정관성(正官星)을 귀히 쓴다는 뜻이다. 그러므로 이 격을 놓으려면 사주 가운데 관성(官星)(정관·편관)이 없을 때 時干이나 時支에 있는 어떤 육친이 정관성(正官星)과 간합 혹은 육합되어야 한다. 다시 말하여 사주에 없는 정관(正官)을 시간이나 시지가 허합(虛合: 허공에서 불러들임)해서 불러다 쓰는데 묘(妙)가 있어 귀격을 놓게 된다는 것이다.

예)

庚 戊 己 壬
申 午 酉 午

이 사주는 戊土 일간으로써 庚申시를 만나서 乙庚으로 합하여 정관(正官) 乙木을 불러들이고 卯申으로 합해서 합록격이 되었다. 가을에 생했으니 일찍이 발달하고 甲寅 乙卯대운은 흉운이다. 인성(印星)이 있으니 복이 줄어드는 구조이다.

자) 형합격(刑合格)

이 격은 사주 내에 없는 관성(官星)을 시지로 형출(刑出)해 쓰는데 의의가 있다. 이 격이 이루어 지려면 사주 내에 관살(官殺)이 없어야 하고, 형출(刑出)의 주인공인 時支가 충극(沖克) 및 형, 충, 합을 만나지 않아야 한다.

예)

辛 丙 辛 丙
卯 子 卯 子

이 四柱는 年月日時에 刑合이 되었고, 두 子水가 두 丙火를 剋하니 丙火는 子座에 앉아서 身弱하게 되었다. 26대운 甲午와 丙申 대운에 羊刀이 있고, 원명의 두 子가 午火를 충하여 양인과 형이 함께 갖춰지게 되어 주색으로 탕진하고 죽었다.

차) 자요사격(子遙巳格)

日時의 子가 사주 내에 없는 관성(官星)을 멀리서 불러다 쓰는데 귀격을 놓을 수 있다 함이다. 이 자요사격을 놓으려면 오직 甲子日 甲子時에 해당하고 사주 가운데

庚·辛·申·酉 관성(官星)과 丙·丑·午가 없어야 한다.

예)
甲 甲 乙 己
子 子 亥 巳

이 사주는 甲子日이 甲子時를 만나서 자요사격인데, 사주에 인수(印綬)가 많아서 신강하다. 대운이 서방의 金운으로 들어가니 어려서 출세를 했다. 酉金 운에 출발해서 辛未庚의 운까지 발하였다가 午火대운에서 旺水를 冲하니 모든 것이 물거품으로 돌아갔다.

카) 육음조양격(六陰朝陽格)

辛金 일간이 戊子시를 만나면 子중의 癸水가 巳중 戊土를 합하고, 戊土는 다시 丙火를 끌어오므로 辛金의 官星을 삼게 된다. 이때 子水는 한 글자만 있어야 하고, 많으면 적중하지 않는다. 만약 사주에 丙丁午의 火가 있다면 子를 冲하므로 효력이 떨어진다. 세운이나 대운에 있어도 같다.(즉 화운을 꺼린다.) 서방운이 가장 반갑고 남방운을 가장 꺼린다.

예)
戊 辛 辛 戊
子 酉 酉 辰

이 사주는 戊子시에 출생하고 사주에 丙丁 午火가 없으니 眞格이 되었다. 東方운이 길하고 대운에서 木火가 왕하므로 뜻을 이루게 되었다.

타) 육을서귀격(六乙鼠貴格)

육을서귀격은 乙亥 일이 을기서귀격이 되는 것처럼 丙子시를 얻어서 子水가 巳火와 암합하고, 巳火가 다시 동해서 申金과 합하니 庚金의 녹이 申金에 있으므로 庚金을 인출해서 乙木의 정관(正官)으로 삼는 것이다. 子亥卯월을 기뻐하고 乙巳일은 앞은 자리에 庚金 관성(官星)이 있으므로 乙丑이나 乙酉일과 함께 꺼리게 된다. 寅木이 巳

火를 충하는 것도 꺼리게 되는데, 재관이 있는 것도 꺼리게 되는바 그 이유는 六乙이 丙子時에 출생하면 원래의 관성(官星)이 있기 때문이다.

예)

丙 乙 己 丙
子 亥 亥 戌

乙日 丙子時에 관성(官星)인 庚申申酉와 방해자인 丑·卯·巳·午가 없으니 육을서귀격이 분명하다. 즉 乙日 亥月에 生하고 인수(印綬)가 중중 신왕이라 관성(官星)을 기뻐하는데 사주 내에 관성(官星)이 없다. 그런데 묘한 것은 子中癸水가 巳中戊土를 그리워하여 사주 내에 없는 巳를 허(虛)로 불러들여 戊癸合하니 巳는 같이 따라온 戊土가 癸水와 戊癸로 干合하는 것을 보고 자신도 샘이 나서 자기의 합(六合)인 申을 불러들이니 申에 암장된 庚金은 바로 乙日의 정관(正官)이라 그렇지 않아도 관성(官星)이 있음을 바라던 차에 子로 인해 생각지도 않은 관성(官星)을 얻게 된 셈이라 그 申 中 庚 金 관성(官星)을 용하게 되므로 사주가 기묘하여 귀격을 놓게 되는 것이다.

예)

丙 乙 戊 甲
子 亥 辰 寅

이 사주는 乙木 일간이 丙子시를 얻어서 을기서귀격이 되었다. 子 申은 乙己 일주에게 천을귀인이 되기 때문인데, 申金은 庚金 관성(官星)이 있으므로 용신(用神)으로 삼지 않는다. 金運은 나쁘고, 未土의 운은 길한데, 水木運에서 크게 빛났다.

8) 일과 시간에 의한 격

가) 시상일위귀격(時上一位貴格)

일위의 귀라 함은 오직 시상에만 있는 것을 가리키는 말이니 일위(一位)만 있어야 귀(貴)하다. 만일 연월일에 또 있으면 도리어 신고노역(身苦勞役)의 사람이다. 시상에 일위 칠살(七殺)이 있을 것이고 다시 신왕하여야 하니 삼처(三處)에 제복(制伏)함이 많을 경우엔 대운이 칠살(七殺) 왕운으로 행하거나 삼합하여 칠살(七殺)을 이루어야 발복하게 된다. 만일 제복함이 없을때는 대운이 제복의 운으로 향하여야 발신(發身)한다.

예)
庚 甲 庚 壬
午 午 戌 午

이 사주는 時干의 庚金으로 偏官을 삼는데, 다시 月干에 편관(偏官)을 보게 되어 金旺節인 가을에 戊土조차 金을 생조(生助)하니 편관(偏官)이 대단히 왕성하다. 傷官은 또 年日時支에 있으니 寅午戌의 火局 형태라 극히 왕하다 이때의 甲木은 午地에 死하고 金왕절에 허약하니 의지할 곳이 없는데, 다행히도 年干에 壬水가 金기운을 설하여 生木하니 一氣의 청함이 있다. 북동방의 운에서 대운이 도와주니 대귀하였다. 이른바 殺印이 化權한다는 말이 그대로 적용된 경우라고 하겠다.

나) 시상편재격(時上偏財格)

시상편재는 시상일귀와 마찬가지로 시상에 일위만 있어야 길하고 많이 있으면 불길하다. 또 간지에 형제가 많은 것을 꺼리고 만일 이때에 관성(官星)을 만나면 화(禍)를 당한다. 시상정재(正財)는 또 시상정관(正官)과 동일하니 상충을 만나지 않아야 한다.

월상의 편재(偏財)는 중인(衆人)의 재물이니 쟁취하려는 비겁(比劫)을 꺼리고 신강, 재왕하여야 복이 된다. 또 편재(偏財)는 중인의 재물이므로 비겁(比劫)이 있을 경우엔 지지에 암장(暗藏)됨을 요하고 비겁(比劫)이 없으면 노출하여도 무방하다.

예)
戊 甲 乙 庚
辰 子 酉 寅

무릇 財星이란 노력을 낭비하여 이익 되는 바를 취하는 것을 말하니 노력과 활동을 요한다. 時에 있는 재성(財星)은 특히 귀한 것이니 이는 의외의 횡재수를 의미하기도 하는데, 또 한편 비겁(比劫)이 있으니 재물을 형제와 나눠야 하기도 한다. 또 乙庚합으로 인해서 去殺留官되니 귀격이다. 관성(官星)이 왕한데 지지에 水局을 이루어 木을 생하고 年支의 寅中 丙火가 따뜻하게 해 준다. 또 甲木으로써는 寅木에 통근(通根)이 되었으니 財官印이 겸비하여 부귀를 겸하게 된다. 水木이 왕한 운에서 일국의 재상을 지냈다. 인격이 준수하며 효성이 지극했고 학문이 출중하였으니 陰陽五行의 조화가 아닐 수 없다.

9) 일과 전국에 의한 격

가) 복덕수기격(福德秀氣格)

乙酉丑이 전비(全備)되면 복덕수기(福德秀氣)라 하여 길격으로 본다. 그런데 여기에서는 오직 己日生이 日支를 포함, 巳酉丑으로 金局을 이루어야 복덕격이라 칭하게 된다.

예)

辛 乙 乙 庚

巳 巳 酉 子

乙巳일 생으로 陰木 양덕격(陽德格)인바 酉月 殺旺한 계절에 태어나서 庚金 관성(官星)이 透出하고 金局을 지으니 살이 너무 왕하다. 壬子 인성(印星)을 반가워하고 북방 운에서 좋을 사주이다.

나) 비천록마격(飛天祿馬格)

녹은 건록이 아닌 官星이요, 馬는 역마가 아닌 財星이니 녹마(祿馬)란 財官을 합칭한 말이다. 그리고 비(飛)란 충(沖)을 의미함이고 천(天)은 하늘, 즉 허공이란 뜻이라 사주내에 실제로 없는 재관을 허(虛)로 충출(沖出)해 쓴다 해서 비천녹마(飛天祿馬)라 한다.

예)

丙 庚 丁 丙

子 子 酉 子

이 사주는 庚金이 子水가 많으므로 午火를 沖해서 불러오기 때문에 午火 중의 丁

火로서 正官을 삼아서 비천록마격이다. 그러나 이 사주는 月干에 정관이 있으니 파격이어서 복이 반감된다. 따라서 파란을 면하기 어려웠는데, 羊刃이 살을 견제하고 金水傷官을 겸하였으니 영웅격이라, 총명하고 문장이 뛰어난 위인이다. 壬寅 운에 丁火를 壬水가 합하고 대발해서 수상이 되었다 대운이 북 동방으로 흘렀기 때문에 그렇게 된 것이다.

다) 축요사격(丑遙巳格)

辛丑日과 癸丑日 두 일지만 丑遙巳格이 될 수 있다. 辛丑日이 사주에 관성(官星)이 없고 지지에 丑이 많으면 丑의 지장간(支藏干) 辛金이 巳의 지장간(支藏干) 丙火를 합해 와서 일간의 정관(正官)으로 사는 것이다. 癸丑日이 사주에 관살(官殺)이 없고 지지에 丑이 많으면 丑의 지장간(支藏干) 癸水가 巳의 지장간(支藏干) 戊土를 합하여 와서 일간의 관성(官星)으로 삼는다. 축요사격은 子가 있거나 운에서 子가 와서 丑과 합하면 파격이 되고 未가 있어서 丑을 충해도 파격이 되며 巳가 있어도 전실(塡實)이 되므로 파격이 된다. 즉, 팔자에 子, 未, 巳가 없어야 한다. 전실이란 없어야 격이 성립되는데도 있는 것이다.

예)

庚　辛　辛　辛
寅　丑　丑　丑

이 사주는 丑土가 많으니 축요사격이다. 丙火를 합해와서 관성(官星)으로 삼는다. 북방 水運과 金왕절의 서방운이 길하여 대귀하게 되는데, 丙丁火가 천간에 오면 장애가 발생하고 午火운은 깨어진다. 또 亥水가 불리한데, 巳亥충이 발생하여 관성(官星)을 얻지 못하기 때문이다.

라) 육갑추건격(六甲趨乾格)

육갑이란 甲日이요, 건(乾)은 戌亥로 여기에서는 亥만을 취하여 甲日生에 亥가 많고 巳가 없으면 무조건 이 격을 놓을 수 있다. 甲日에 亥가 많으면 어째서 귀격이 되느냐 하는 것인데 亥는 천문(天門)이라 대신(大臣)이 출입하는 궁궐문에 비유되어서이고,

한편 亥는 甲木의 장생궁(長生宮)이며, 또 亥는 寅과 六合되는 자라 사주에 없는 寅을 허합해서 불러들여 甲日의 녹으로 쓰기 때문이다. 즉 甲日에 亥가 많으므로 인해 천문 (天門)과 장생(長生)과 녹(祿)을 한꺼번에 얻게되어 귀격으로 여기는 것이다. 단, 巳가 있으면 巳亥沖이라서 진격을 이루지 못한다.

예)
乙 甲 癸 戊
丑 子 亥 辰

이 사주는 甲日 생이 亥水가 많은 상황이므로 육갑추건격이 되었다. 더구나 亥子丑의 북방 기운이 완전하므로 귀하게 될 사주이다. 巳火대운은 亥를 충하므로 대흉하고 戊 己의 재운은 장애가 있다. 소년시에 이름을 얻었고, 계속 발전해서 관리가 되었다.

마) 육임추간격(六壬趨艮格)
육임이란 壬日이요, 간(艮)은 간궁(艮宮)인 丑寅에 속하는바 寅을 칭함이라 임일생이 寅이 많고 亥가 없으면 이 격이 이루어진다. 왜 壬日에 寅이 많으면 귀격을 놓느냐 하면 壬日에 寅이 많을 경우 亥를 허합(虛合)해서 壬日의 녹(祿:건록)으로 쓰는데 묘리가 있다. 亥가 있으면 녹이 진실이라 허합이 아닌 실합(實合)이라 이격이 해당 안 되고, 申은 寅 申으로 沖하여 寅이 亥를 허합할 수 없기 때문이다.

예)
壬 壬 壬 壬
寅 寅 寅 寅

이 사주는 壬水가 寅木이 많으니 大貴하고 대권을 장악할 사주이다. 다시 天元一 氣도 되니 청귀하다. 巳火대운은 삼형이 되니 장애가 있고, 午火운은 寅木을 기반으로 묶어서 불로 化하므로 불길하고 申金운은 寅木을 충해서 나쁜 재앙이 발생한다.

바) 임기용배격(壬騎龍背格)

壬辰日에 한하여 地支에 辰이 많으면 戌을 충하여 와서 戌 중의 丁火로 재를 삼고 戌 중의 戊土로 편관(偏官)을 삼는 것이다. 辰은 龍이다. 임기용배격이란 문자 그대로 壬이 龍의 등에 올라탄 격이다. 사주에 寅이 있으면 더욱 좋으니 戌과 壬으로 합해 재국을 이루기 때문이며 財는 능히 官을 생하기 때문이다.

예)

壬 壬 甲 壬
寅 辰 辰 辰

이 사주는 壬辰일에 辰土가 많으므로 戌土를 암충해서 戌중의 丁戊 재관을 끌어와서 귀하게 된다. 서방 水운에 대발하여 국가의 기밀을 맡은 재상이 되었다.

사) 현무당권격(玄武當權格)

현무는 북방지신(北方之神)이요, 북방은 水에 속하므로 壬癸를 현무라한다. 권(權)은 또 財官인데 사람이 權을 행사하려면 재물이 많거나 벼슬이 훌륭해야 되므로 재와 관성 (官星)을 權이라 칭한다. 그러므로 壬癸日生이 재관을 얻으면 현무당권이라 할 수 있다. 그러나 한두 개의 재관이 있어 왕한 것을 말하는 게 아니고 壬癸日生에 재나 관살(官殺) 로 방(方)이나 국전(局全)을 놓아야만 이 격이 성립된다.

예)

辛 壬 壬 庚
亥 寅 午 午

이 사주는 壬水가 火局이 되었고, 재성(財星)이 왕한 계절에 생했으므로 현무당권격이 되었다. 時支에 뿌리를 얻고 인성(印星)과 비견(比肩)이 천간에 투출(透出)해서 일주를 생해주므로 심하게 약하지 않은 상태에서 운이 金水의 방향으로 향함으로써 성공을 했다. 子運에서는 午火를 충하므로 火局을 깨게 되니 명이 다하였다.

아) 구진득위격(句陳得位格)

구진은 중앙을 사령(司令) 한 토신(土神)이요, 土는 戊己요, 득위(得位)란 지위를 얻었다는 뜻이요, 지위는 즉, 財官이라 戊己日生이 지지에 財나 관살(官殺)로 방국(方局)을 이루면 구진득위격에 해당한다.

예)

戊 己 丁 丁
辰 卯 亥 亥

이 사주는 무기일이 亥卯未의 木局을 얻어 관성(官星)이 되거나 申子辰을 얻어서 재성(財星)이 되면 구진득위격이 된다는 구조에 해당한다. 財星과 官殺이 많은데, 丁火가 생조(生助)를 해 준다. 사주에 戊辰의 겁재(劫財)가 도와주므로 身旺 殺旺 財旺 한데, 殺印相生이 되므로 대권을 장악하게 된다. 남방운에서 조후도 되고 木의 기운을 설해서 土를 생해주니 대발하게 되는데, 巳火대운은 월령을 충하고 巳中의 庚金이 木局을 沖하므로 망하는 운이다.

자) 정란차격(井欄叉格)

이 격은 庚申, 庚子, 庚辰이 모두 있어서 사주에 申子辰을 전부 갖춰야 하지만 반드시 천간에 庚金이 셋이 다 모여 있기를 원하는 것은 아니다. 만일 庚金이 셋이 모두 있다면 더욱 귀하다고 본다. 다만 반드시 요구되는 것은 庚申일이어야 한다는 것이다. 戊子나 戊辰이 있는 것을 크게 꺼리지는 않으나 申子辰은 모두 있어야 한다. 만일 時에 丙子가 된다면 편관(偏官)이 되고, 申時라면 귀록격이니 이들은 정란차격이 아니다.

예)

庚 庚 庚 戊
辰 申 申 申

이 사주는 庚申日에 申辰이 있으므로 정란차격인데, 신왕하므로 귀한 사주가 되었다. 甲子年 이후로 대발하여 국가의 대들보가 되었다.

차) 잡기재관격(雜氣財官格)

雜氣란 辰戌丑未의 土안에 들어있는 支藏干을 말한다. 즉 월령이 土에 해당하면 잡기재관격이니 가령 甲木이 丑月에 생하면 丑中에 辛金은 관성(官星)이 되는 것이다. 잡기재격은 재격으로 잡기관격은 관격에 준하여 보면 되는 것임으로 이격에서는 잡기정관 잡기편관, 잡기정재, 잡기편재를 가리지 않고 그대로 잡기재관이라고 하여 통용하게 하는 것이다. 본래 잡기는 정위가 아님으로 잡기정재, 잡기정관이란 모순된 말은 있을 수가 없으나 엄격히 따져보면 丑月 甲日에 辛金이 투출(透出)되었다면 辛金은 甲日의 정관(正官)이 되는 것이니 이것은 잡기정관격이라 할 수 있겠지만 이것을 통칭하여 잡기재관격이라고 하는 것이다.

예1)
辛 丁 乙 戊
亥 未 丑 子

丑中의 辛金은 재성(財星)인데 時干에 투출(透出)되었으니 잡기재관의 진격이다. 일주 丁火는 未 중 丁火에 통근(通根)해서 地支에 木局을 이루니 身命을 유지할 수가 있겠다. 겨울에 生한 丁火가 金水之氣와 土氣가 旺하니 丙寅 丁卯의 운은 길하지만, 戊辰 己巳 庚辛의 운은 장애가 많았을 것이다. 丑月은 二陽이 발하는 시기이므로 남방의 운에서 발복한 것이다.

예2)
甲 壬 丁 己
辰 辰 丑 酉

丑月 壬水가 극설(剋洩)이 심하여 酉金으로 인수(印綬) 용신(用神)을 정하니 水木 火土金으로 오행이 용신(用神) 酉金을 생하여주니 더욱 아름답고 대운 金水運에서 국회의원을 지낸 사주이다.

카) 월상편관격(月上偏官格)

身主가 왕성함을 좋아하고 충이 많음을 꺼리며 성품이 무겁고 강하여 고집이 있다. 시상편관이 또한 그렇다. 양인살이 사주 내에 있으면 좋고 월상 편관(偏官)은 지지에 있어야 하는데 신왕하고 양인이 있을 경우엔 편관(偏官) 운을 요(要)한다. 또한 편관(偏官)은 일위만을 요한다.

예)

辛 辛 甲 丙
卯 亥 午 子

午중의 丁火가 偏官이니 월상편관격(偏官格)이다. 정화가 당령하니 辛金으로써는 열기에 단련이 심하므로 壬水와 己土와 결합을 해서 生助를 해줘야 대발하는 사주이다. 申 酉운 중에 급제하고 亥운에 낭중이 되었다. 己土가 없어서 一品은 되지 못했으나 水가 도와주고 운이 서북으로 흘러서 요직을 행하게 되었다.

타) 도충격(倒沖格)

무릇 사주에 관성(官星)이 없어야 이격으로 취용되는 것인바 丙日干이 午가 많아서 子를 沖해오면 子중 癸水가 丙日干의 관성(官星)이 된다. 이때 합이 되면 기반이 되므로 午는 子水를 沖해 올 수 없게 된다. 癸와 子는 대기하니 있으면 복력을 반감하게 되고 세운이나 대운 또한 그렇다.

예)

戊 丙 壬 庚
戌 戌 午 寅

午月의 맹렬한 丙火가 火局을 이루고 있으니 申子辰의 水局을 충으로 불러와서 관성(官星)으로 취하게 된다. 또한 炎上格도 되는데, 壬水와 庚金이 있으니 도충격이 되어서 大貴하였는데, 子水대운에서 쇠약해졌다.

파) 일덕수기격(日德秀氣格)

일덕수기격은 천간에 乙木이 3개가 있고, 地支에는 巳酉丑이 전부 있어야 한다. 또 丙子, 壬子, 辛酉, 丁酉일이라야 하는데, 이것이 수기(秀氣)가 되기 때문이다. 沖剋을 꺼리고 운에서도 또한 마찬가지다.

하) 협구공재격(夾丘拱財格)

이격은 공록공귀격과 비슷한데 그 차이점은 공록격은 일시에서 녹을 공협하여 이루어진 격이고 공귀격은 일시에서 官貴를 협공하여 이루어진 격인데 이 협구공재격은 일시에서 財를 공협하여 이루어진 점이 다르다.

예)
癸 癸 戊 庚
亥 酉 子 戌

이 사주는 酉金과 亥水 사이에 戌土가 공협되어 있다. 그래서 戌中의 丁火를 재성 (財星)으로 삼게 되는 것이다. 이 사주는 월령에 비견(比肩)이 있고, 신왕하니 동남방의 재운(財運)에서 발하였다. 사주에 본래 관성(官星)이 유세하여 귀한 사주인데 東南方에서 조후까지 해주니까 발복하게 된 것이다. 이 사주가 年支에 戌土가 있어서 중복이 된 감은 있지만 戌中의 丁火를 용신(用神)으로 삼은 것이니 丁火가 직접 투출(透出)되지 않았으므로 귀하게 된 것이다.

✦ 13. 결 론

그 동안 명리학을 공부하고 연구하여오며 격국과 용신에 대한 많은 이론과 주장들을 보고 접하였으나 나름대로 이에 대한 의견을 아래와 같이 정리하여 본다.

格이란 사주를 구성하고 있는 출생 월지의 오행을 기준으로 일간에게 대표적인 영향을 주게 되는 십성을 지칭하여 부르는 말로 이는 곧 그 사주 주인공의 기본적이며 대표적인 사회적 스타일(직업유형)을 말해준다. 局이란 하나의 격을 이룬 사주가 전체적인 음양 오행의 편성 즉 십성의 구성이 어떠한 생, 극, 제, 화, 합, 충 등의 관계로 이루어져 있는지의 상태를 말하는 것으로 이 둘을 합하여 격국이라 하며 격국이 조화롭게 잘 이루어진 상태를 성격(成格)이 되었다고 하며 격국이 조화롭게 이루어지지 못한 상태를 파격(破格)이 되었다고 한다. 그러므로 이 격국의 구성 상태를 잘 보면 바로 그 사주 주인공의 사회성 여부와 적응능력, 성공지수, 직업정신, 더하여 부귀빈천의 심도 등도 가늠할 수 있는 것이다.

格의 종류는 월지를 기준하여 잡은 내격으로 비견격, 겁재격, 식신격, 상관격, 편재격, 정재격, 편관격, 정관격, 정인격, 편인격의 十正格이 있으며 이외에 10정격의 기준을 벗어난 외격으로 종격, 화기격, 일행득기격, 양신성상격, 삼기성상격 등이 있다.

사주를 판단할 때는 格을 기초로 상신의 구비 여부와 구응의 상태를 보고 성격과 파격의 여부를 판단하며, 여기에 억부용신, 조후용신, 병약용신, 통관용신, 전왕용신 등의 상태를 살피면 전체적인 사주의 상태를 알 수가 있다. 이에 따라 사주를 대강 상격, 중격, 하격으로 구분하고 상국, 중국, 하국으로 분별할 수가 있으니 결과적으로 사주에 따라 격국의 상태를 각각의 격별로 9단계로 세밀하게 분별하여 볼 수 있다. 더하여 그 동안의 실무상담에서 경험한 9등급의 상태에 따른 생활상의 특성을 대강 정리하여 보면 아래와 같다.

1) 사주의 등급은 上, 中, 下格으로 나눌 수 있다.

上格이란 군왕신왕(君旺臣旺)한 사주에 재, 관, 인 등의 길성(희신)이 있는 경우이고, 中格은 군약신왕(君弱臣旺)한데 일주를 생조하는 희신이 있는 사주이다. 下格은 군약신왕(君弱臣旺)한데 기신이 있거나, 군왕신약(君旺臣弱)한데 격국을 극제하는 기신이 있는 사주이다.

君이란 일주를 말하고, 臣이란 격국을 의미한다. 上格인 군왕신왕이란 일주도 강하고 격국도 강하니 개인의 능력과 사회성이 모두 튼튼하고 건전하니 좋은 명이라 하겠다. 즉 월령을 얻고 태과하거나 불급하지 않으며 격이 투간되어 상하지 않은 상태로서, 吉凶神에 따라 오행의 생극이 적절한 경우이다. 上格은 가문의 근기(根氣)가 튼튼하고 직업적 사회성이 크며, 흉운의 역경이나 어려움에서도 쉽게 꺾이지 않는 복덕이 숨어있다.

가) 上格 중에서도 格과 用이 건왕(健旺)하고 혼잡되지 않은 신왕 한 사주가 상격에

上局이고, 格, 用이 건왕 하더라도 신약한 경우는 中局이며, 格, 用은 뚜렷한데 혼잡된 사주가 上格중에서 下局이 된다.

나) 군약신왕(君弱臣旺)한데 일주를 생조하는 희신이 있는 中格 사주 중에서 가장 좋은 上局의 사주는 格, 用이 건전하고 臣旺한데 時에 있는 경우이며, 格, 用은 건전한데 약간의 결함이 있는 경우는 中局이 되고 格, 用이 혼잡되었거나 억부의 조화를 못 이루었을 때는 하국이 된다. 이런 경우에는 집안이 풍족하지 못하고 제대로 사회적 활동을 하지 못하고 산다.

다) 군약신왕(君弱臣旺)한데 억부의 기신이 있거나, 군왕신약(君旺臣弱)한데 격국을 극제하는 흉신이 있는 下格의 사주 중에서 일주가 중화를 이루지 못했어도 格, 用이 약하게나마 성격이 되었을 때에는 上局이 되어 재물은 없어도 사회성은 있어 자가용을 굴리는 등 외면적으로는 잘 쓰고 사는 경우가 있으며, 일주가 중화를 잃고 格은 있으되 상신이 없을 때가 中局이고, 破格에 희용신도 없고 일주가 극신약하거나 年月上에 忌神이 뿌리를 내리고 있을 때가 가장 나쁜 下局이 된다.

2) 사주등급에 따른 생활특성

가) 上格上局
각 분야에서 최고의 성공과 부귀영화를 누리는 최상급의 인생이다.

나) 上格中局
남들 눈에는 다 가진 사람이지만 정작 본인은 그것에 만족하지 못한다. 최상이 눈앞에 있는데 그 앞에서 멈춘 꼴이니 나름은 아쉬운 인생이다.

다) 上格下局
겉모양은 갖추고 살지만 실제로는 아무것도 가지지 못한 꼴이라 허무한 인생으로 뱁새가 황새를 쫓아가는 격이다.

라) 中格上局

알찬 인생이 된다. 부는 이루나 귀를 얻지는 못한다. 스트레스가 가장 적은 유형이다.

마) 中格中局

부자로는 못 살아도 중산층으로 살아가는 데는 문제가 없지만 본인이 그 정도에 만족하지 못하면 스스로 괴로움에 빠진다.

바) 中格下局

늘 전전긍긍하며 생활에 걱정이 끊이질 않는다. 집 문제 돈 문제 자식문제 등 이것을 해결하면 저것이 문제이고 저것을 해결하면 이것이 문제인 삶에 애환이 많은 유형이다.

사) 下格上局

주로 기술직 기능직 혹은 노무직에 종사하는 사람이 많으며 기술이나 기능이 높이 평가를 받아서 많은 급여나 그와 관련된 사업으로 금전적으로는 넉넉하다. 이 경우는 세상만사 걱정이 없다. 열심히 일해서 돈 잘 벌고 막걸리 한잔이면 그것으로 인생의 시름을 잊는 유형이다.

아) 下格中局

주로 현장노동직, 생산직, 트럭운전직 등 산업현장의 최일선에서 구슬땀을 흘리면서 살아간다. 금전적으로 어렵기에 근면 성실하게 아끼고 알뜰히 저축하며 살아가는 유형이다.

자) 下格下局

단순 일용직에서 많이 보는 경우이다. 하루 벌어 하루 먹고 사는 유형으로 최악의 경우는 노숙자가 되는 경우도 있다.

참고문헌

『정석명리학개론』(梁星模)

『명리상담통변론』(梁星模)

『격국용신정해』(金基昇)

『命理學史』(李容俊)

『珞琭子三命消息賦註』(徐子平)

『玉照神應眞經註』(徐子平)

『明通賦』(徐子平)

『命理略言』(陳素庵)

『命理正宗』(張楠)

『三命通會』(萬民英)

『淵海子平』(徐升)

『適天髓闡微』(任鐵樵 增註)

『窮通寶鑑』(徐樂吾註)

『造化元鑰』(余春臺發刊)

『命學講議』(韋千里)

『子平眞詮』(沈孝瞻)

『命理探原』(袁樹珊)

정석 격국용신 종합분석론

초판발행	2024년 7월 30일
지은이	양성모
펴낸이	안종만·안상준
편 집	탁종민
기획/마케팅	장규식
표지디자인	BEN STORY
제 작	고철민·김원표
펴낸곳	(주) **박영사**
	서울특별시 금천구 가산디지털2로 53 210호(가산동, 한라시그마밸리)
	등록 1959.3.11. 제300-1959-1호(倫)
전 화	02)733-6771
f a x	02)736-4818
e-mail	pys@pybook.co.kr
homepage	www.pybook.co.kr
ISBN	979-11-303-0873-9 93180

copyright©양성모, 2024, Printed in Korea

정 가 25,000원